CRIANÇAS ÍNDIGO E MACACOS ATREVIDOS

Compreendendo e Celebrando a Singularidade de Cada Criança

Scott Alexander King
e Dr. Ralph Ballard M.B.B.S.

CRIANÇAS ÍNDIGO E MACACOS ATREVIDOS

Compreendendo e Celebrando a Singularidade de Cada Criança

Tradução:
Larissa Ono

MADRAS®

Publicado originalmente em inglês sob o título *Indigo Children & Cheeky Monkeys*, por Blue Angel Publishing.
© 2013, Blue Angel Publishing.
Direito de edição e tradução para o Brasil.
Tradução autorizada do inglês.
© 2016, Madras Editora Ltda.

Editor:
Wagner Veneziani Costa

Produção e Capa:
Equipe Técnica Madras

Tradução:
Larissa Ono

Revisão da Tradução:
Soraya Borges de Freitas

Revisão:
Jerônimo Feitosa
Arlete Genari

Dados Internacionais de Catalogação na Publicação (CIP)
(Câmara Brasileira do Livro, SP, Brasil)

King, Scotte Alexander Crianças índigo e macacos atrevidos/Scotte Alexander King, Ralph Ballard; [tradução Larissa Ono]. – São Paulo: Madras, 2016.
Título original: Indigo children & cheeky monkey: understanding and celebrating the uniqueness of every child

ISBN 978-85-370-0997-0

1. Crianças – Aptidão psíquica – Estudo de casos 2. Evolução humana 3. Parapsicologia I. Ballard, Ralph. II. Título.

16-03467   CDD-133.8083

Índices para catálogo sistemático:
1. Crianças cristal: Talentos e dons psíquicos: Fenômenos psíquicos: Parapsicologia 133.8083

É proibida a reprodução total ou parcial desta obra, de qualquer forma ou por qualquer meio eletrônico, mecânico, inclusive por meio de processos xerográficos, incluindo ainda o uso da internet, sem a permissão expressa da MADRAS Editora, na pessoa de seu editor (Lei nº 9.610, de 19/2/1998).

Todos os direitos desta edição, em língua portuguesa, reservados pela

MADRAS EDITORA LTDA.
Rua Paulo Gonçalves, 88 – Santana
CEP: 02403-020 – São Paulo/SP
Caixa Postal: 12183 – CEP: 02013-970
Tel.: (11) 2281-5555 – Fax: (11) 2959-3090
www.madras.com.br

À memória dos irmãos Travis e Anthony Hall,
"Ambos guerreiros índigo".

Agradecimentos

Scott Alexander King:

A Trudy, meu anjo, o amor da minha vida e mãe de meus três lindos filhos: Rosie, Kaleb e Oskar.

Este livro foi escrito em homenagem às "crianças" com as quais tive o privilégio de trabalhar e conhecer ao longo dos anos – a maioria das quais agora são jovens adultos fazendo o bem no mundo. Sinto-me privilegiado por conhecer todos e tê-los como amigos, em especial Joshua, Blake, Luke e Danika Campbell; Paul Jenkin; Morgan e Bentley Oliver; Anthony e Jane Branchflower; Adam Schmidt; Daniel Long e Nat; Bianca Namaste Jordan; Lauren Andrews; Jae Stone; Adam, Tahla e Jade Dale; Maya Rain e Adam e Damien Carr. Vocês são como uma família para mim. Vocês me ensinaram muito e por isso os agradeço.

Também gostaria de homenagear Mark, Adam e Sarah por oferecerem suas histórias e por me darem permissão para compartilhá-las no decorrer desta obra.

Agradecimentos especiais a Leanne Cahill, por me apresentar o Fenômeno Índigo e por me incentivar e apoiar enquanto desenvolvia minhas primeiras palestras, que se tornaram a base deste livro. A Judy Garrecht, por ajudar a identificar os cinco primeiros Macacos e, finalmente, a Ralph Ballard e sua esposa Sushie, por sua amizade, apoio e sabedoria digna de admiração que constituem grande parte deste trabalho.

Agradecimentos

Dr. Ralph Ballard:

À guerreira espiritual que compartilha a vida comigo – minha querida esposa Sushie. E a todos os demais guerreiros que compartilharam comigo ao longo dos anos. Obrigado.

Este livro é para você: pai ou mãe com um filho portador de DDA (Distúrbio de Déficit de Atenção), TDAH (Transtorno do Déficit de Atenção com Hiperatividade) ou autismo, ou que tem uma "criança problema" difícil, ou tem um filho que parece especial ou talentoso. Este também é um livro para aqueles que quiserem compreender e perceber como são essas crianças. Ele pode servir até para algumas das "novas crianças" que se sentem muito diferentes do que a sociedade espera, mas não têm certeza do que fazer sobre isso.

O livro tem muitas ideias interessantes, *insights* e experiências que Scott e eu desenvolvemos durante os anos de trabalho com essas crianças. Também apresenta um breve resumo de algumas das terapias médicas e naturais atualmente disponíveis para essas crianças. Esta obra é, sobretudo, um guia de assistência às chamadas crianças "Cinco Macacos", para sanar suas dificuldades e desenvolvê-las de modo a se tornarem as pessoas incríveis que têm o potencial de ser. Espero que vocês se empolguem e se interessem com a leitura deste livro tanto quanto Scott e eu ao escrevê-lo.

Sobretudo, espero que este livro dê uma verdadeira contribuição positiva para nos ajudar a homenagear e incentivar a próxima geração de crianças que se tornarão os "abaladores de estrutura", as quais tão obviamente parecem encarnar; tudo para ajudá-las a se tornarem pessoas melhores e fazer a sociedade viver em consciente harmonia com a Mãe Terra.

Índice

Prefácio 11

Introdução 13

Parte Um

1. As Crianças de Hoje 23
2. Unidos Como um Unico Povo 56
3. Caminhos para o Poder 68
4. Momento de Poder 76
5. Apoiando Nossas Crianças 88
6. Teste 111
7. Apresentando os Cinco Tipos de Macaquinhos e Suas Características 117
8. Como Extrair o Melhor de Nossas Crianças 119

Parte Dois

1. Criança Guerreira (Índigo) 123
2. Criança Inverno 152
3. Criança Natureza 181
4. Criança Pacificadora 204
5. Criança Dourada (Arco-Íris) 228

Parte Três

Cuidado Integrado para os Cinco Tipos de Personalidade 255

Epílogo 293

Sobre os Autores 298

Recursos 301

"Um ser humano é parte do todo chamado por nós de "Universo", uma parte limitada no tempo e no espaço. Ele vivencia a si mesmo, seus pensamentos e sentimentos como algo separado do resto, um tipo de ilusão de ótica de sua consciência. Para nós, essa desilusão é um tipo de prisão, confinando-nos a nossos desejos pessoais e afeição por algumas pessoas mais próximas de nós. Nossa tarefa deve ser nos libertar dessa prisão, ampliando nosso círculo de compaixão para aceitar todas as criaturas vivas e toda a natureza em sua beleza."

Albert Einstein

Prefácio

"A maior descoberta de todos os tempos é a de que uma pessoa pode mudar seu futuro apenas com a mudança de atitude. Faça aquela coisa que você imagina não ser capaz. Fracasse. Tente de novo. Faça melhor na segunda vez. As únicas pessoas que nunca caem são aquelas que nunca se arriscam. Este é o seu momento. Faça por merecer."
Oprah Winfrey

Todos nós somos filhos da Mãe-Terra, nascidos com a mesma capacidade e perspectiva. Com isso em mente, escrevi este livro como uma maneira de incentivar todos a identificar e aceitar tanto suas forças quanto fraquezas, além de fazer o que é necessário para honrá-las em seu potencial máximo. Devemos todos aprimorar nossas atitudes e nosso comportamento. Ao fazê-lo, nossos filhos terão mentores maravilhosos para admirar e exemplos valiosos para seguir. Somente como "um povo" podemos ter a esperança de levar nosso planeta de volta a um ponto de equilíbrio e harmonia. Precisamos cuidar da nossa dieta, dos produtos com os quais limpamos nossas casas e dos estilos de vida que seguimos e retornar às abordagens autossuficientes adotadas por nossos ancestrais e aos remédios naturais a nós oferecidos no início dos tempos pela própria Mãe-Terra. Todos nós precisamos ser responsabilizados – como uma tribo unida – pela pobreza, poluição, tirania, corrupção e pelo medo, agarrando nosso belo mundo e concordar com sinceridade em rejeitá-los para sempre. E, o mais importante, precisamos ver nossos filhos pelo que eles são: reflexos de nossos próprios medos, erros e vulnerabilidades. E se nossas crianças não forem salvadores espirituais, surgindo em massa para trazer de volta a paz à Terra, por exemplo? E se simplesmente tivermos atingido a massa crítica? E se todos os poluentes que lançamos à atmosfera; os conservantes com os quais temos guarnecido nossa comida; os hormônios e os suplementos de crescimento com os quais temos alimentado à força nossa carne bovina, nosso carneiro e nosso frango para fazê-los crescer mais e mais rápido; os produtos químicos empregados para realçar a aparência e o sabor de nossos alimentos, além dos materiais tóxicos utilizados para produzir nossos xampus, sabonetes e produtos de limpeza domésticos – e se todas essas impurezas que vêm prejudicando nosso ambiente há anos finalmente levantarem suas cabeças feias dentro de nossas crianças? E se, como a águia-pesqueira, cujos filhotes são afetados negativamente para sempre ou mortos antes de chocarem pelo peixe carregado de poluentes consumido por gerações, nossas crianças estiverem pagando pelos pecados de seus pais? Se esse for o caso, então me sinto bastante confiante quando afirmo que estamos nos aproximando rapidamente de um ponto de ruptura global. Portanto, em vez de continuar a dançar com o Diabo como estamos fazendo agora, eu o estimulo a se juntar a mim em minha proposta de demonstrar responsabilidade ao mudar nosso modo de viver e de como tratamos a Terra e uns aos outros, fazendo o que for possível para reverter o processo.

Introdução

As pessoas me questionam o tempo todo: "Se você não é uma criança Índigo, Cristal ou Arco-íris, o que você é?"; "Qual é seu objetivo, se não for um desses tipos de pessoa?". Elas também perguntam: "Então meu filho é um Índigo... Eu sei disso, mas o que posso fazer para ajudá-lo? O que posso fazer para tornar sua vida mais significativa e plena? E o que posso fazer para ele viver com mais facilidade comigo e com outros membros da nossa família?".

Este livro lista cinco tipos de pessoas dos quais o Índigo é apenas um. Ele lista as cinco categorias que englobam TODAS as pessoas. Eu o incentivo a dedicar algum tempo para descobrir em qual categoria você se enquadra e, assim, realizar um pacto de fazer o possível para apoiar seu semelhante, seja ele homem, mulher ou criança, Índigos ou não. Não se surpreenda se, contudo, você se identificar com mais de um tipo. Você pode gostar de observá-los como seus aspectos *yin* e *yang*, por exemplo, seu potencial e sua obscuridade, seus altos e seus baixos, o que você é ou aonde você está indo. Pode descobrir, por exemplo, que se você se conectar com as qualidades da Criança Pacificadora, também poderá sentir um elo com as Crianças Cristal ou Naturezas e caso se sinta conectado às características das Crianças Guerreiras ou Índigo, pode também sentir um vínculo com as qualidades das Crianças Inverno. Isso ocorre porque as Crianças Pacificadoras (que se identificam com o elemento ar e a primavera) e as Crianças Naturais (que se identificam com o elemento água e o outono) são polos opostos em um nível elemental, da mesma forma que as Crianças Inverno (que se identificam com o elemento terra e o inverno) e as Crianças Guerreiras (que se identificam com o elemento fogo e o verão). As crianças Ouro ou Arco-íris, o tipo que corresponde ao elemento Espírito ou Éter, englobam todos os elementos e as quatro estações como uma unidade, portanto, uma conexão com todo e qualquer "tipo" de criança é comum e aceitável.

Crianças Guerreiras
Elemento: Fogo
Estação: Verão

Crianças Natureza
Elemento: Água
Estação: Outono

Crianças Pacificadoras
Elemento: Ar
Estação: Primavera

Crianças Ouro
Elemento: Espírito/Éter
Estação: Todas ou qualquer uma

Crianças Inverno
Elemento: Terra
Estação: Inverno

Escrevo este livro como um convite para você dedicar algum tempo para conhecer seus filhos, conhecendo-se melhor primeiro. Com o intuito de oferecer as ideias mais sensatas e as sugestões mais aproveitáveis, ao compilar este guia consultei os modos e as tradições de algumas das filosofias mais antigas do mundo. Fiquei ao mesmo tempo honrado e emocionado quando o Dr. Ralph Ballard, médico holístico, terapeuta natural e detentor de uma abundância de conhecimento esotérico, especialista nos estilos da Medicina Tradicional Chinesa, Homeopatia, sabedoria Ayurveda e mais, concordou em me ajudar a reunir um compêndio de abordagens significativas e precisas; uma compilação vista mais como uma lista de "lembretes" ou ideias a serem adotadas somente quando solicitadas. Enquanto algumas das sugestões listadas irão atrair seu filho (e você), outras, não. Apesar do fato de essas sugestões terem relação com cada "tipo" de criança, sempre haverá exceções. Sempre haverá aquelas que se identificam mais com uma abordagem ou aquelas cuja personalidade parece demonstrar as características de mais de um "tipo". Portanto, tire aquilo que você considera apropriado dos conselhos listados, as sugestões que você achar mais apropriadas a você e abandone o resto sem hesitar. Contanto que você esteja verdadeiramente se esforçando a fazer o que é melhor para você e seu filho, como é possível cometer um erro?

Tenho certeza de que não estou sozinho quando descrevo minha infância como de privação emocional, solidão e incerteza pessoal. Não tenho dúvidas de que muitos de vocês irão identificar como seus meus sentimentos de isolamento, separação e abandono total. Quando jovem, acreditava verdadeiramente que a vida era um caso de "eu contra o mundo"; que todos estavam "nessa sozinhos" e que eu só poderia confiar totalmente em mim mesmo. Não tinha motivos para duvidar de minha crença, mesmo que as pessoas importantes em minha vida constantemente confirmassem e ancorassem minha visão de vida limitada e poluída. E assim foi até aquela fatídica noite de 1995, quando meu mundo foi abalado por um trauma grave: um acidente que tragicamente tirou a vida de duas crianças que eu considerava meus irmãos. Meu mundo literalmente despencou ao meu redor, enviando a mim, meus valores, crenças e minha vida como um todo em um verdadeiro turbilhão de confusão e desespero; um redemoinho que prometia a ruína ou o sucesso. Como se instruído por uma força além de minha compreensão, no entanto, instintiva (e imediatamente) eu escolhi a última opção, estabelecendo, sem perceber, o alicerce espiritual que me nutriu desde o dia de meu nascimento e que continua a me sustentar até hoje.

Por mais estranho que isso possa soar, percebi que não estava sozinho pela primeira vez na noite em que minha "antiga vida" acabou. Naquela noite, parte de mim morreu, mas, de muitas formas, renasci. Perdi, em um nível tangível, algo que eu nunca, nunca irei recuperar. Perdi algo que preenchia meu coração de esperança e propósito, tornando meu passado mais suportável, mesmo que de maneira superficial. Ao perder os meninos, no entanto, descobri (com o passar do tempo) que, na verdade, ganhei mais do que poderia sequer esperar. Ao receber a lição da perda, ao mesmo tempo obtive o dom da unidade. Enquanto lamentava a perda dos meninos, percebi que a essência deles havia retornado ao Vazio. Eles retornaram ao Espírito para se unir à Fonte de toda vida. Ao me deixar em um nível tangível, o que havia perdido rapidamente retornou de uma maneira que inspirou uma ligação com todas as pessoas e todas as coisas da natureza. Embora não pudesse mais vê-los fisicamente, poderia senti-los em todos os lugares. De repente, senti uma aliança com o mundo que eu nunca, de fato, acreditava existir antes, muito menos esperava vivenciar diretamente. Percebi que, embora ainda estivesse só no sentido físico, estava cercado pelo Espírito em um nível espiritual – uma percepção que "me despertou" em todos os níveis. Isso me ajudou a recuperar meu propósito e receber de volta minha essência de alma.

Quando criança, eu acreditava que meus sentimentos de indiferença apenas visavam ao mundo externo, mas à medida que me curava e crescia (em todos os níveis) percebi que também tinha vivido minha vida completamente separada de mim. O dom oculto na lição de "perda" me ajudou a ver que, para ser acolhido pelo mundo ao meu redor, primeiro teria que me acolher; o modo como eu me sentia determinava como o mundo reagia a mim. Quando você se sente isolado, você assim estará, em especial quando não recebeu bem a si em seu "lar". Se você tem um problema em estar em sua "própria pele", como pode esperar que se sinta confortável vivendo em qualquer outro lugar? E, mais importante, como pode esperar que os outros se sintam confortáveis em viver com você?

Então, para me receber bem de volta ao meu lar, retornei à experiência negativa mais antiga de que pude me recordar e me obriguei a revivê-la nos mínimos detalhes. Forcei-me a sentir cada emoção, fazer cada pergunta e testemunhar cada aspecto. Eu estava literalmente lá, no meio, como se estivesse acontecendo no presente. Chorei, chorei e chorei. Senti meu coração sendo rasgado novamente. Eu o senti quebrar e quebrar de novo. E então clamei ao Espírito. Gritei, praguejei e blasfemei... e falei sério em todos os momentos. Percebi que se o Espírito havia me colocado naquilo, então haveria de ter um motivo – um realmente muito bom. Eles deveriam saber o que estavam fazendo. Deve ter sido planejado e devem ter me considerado merecedor, se assim preferir. Decidi que, se pudesse retornar à primeira experiência, aquele momento em que eu era uma criança pequena, quando me "colocaram em uma caixa" e me rotularam como "perigoso" e se eu a revisse por causa de minhas falhas, poderia encontrar a razão pela qual o Espírito havia me colocado nessa. Decidi observar aquela primeira experiência como um seixo, e se eu o lançasse em um lago emocional que era minha vida, as ondulações formadas me ajudariam a lidar com qualquer outro incidente que pudesse acontecer desde aquele primeiro. Compreendi que, como dominós, um afetaria o seguinte. Então peguei aquele seixo e o lancei com toda minha força e, ao reviver a experiência, percebi que não havia "feito" conscientemente nada para merecê-la. Então perguntei ao Espírito: "Por que eu preciso passar por isso?"; e me "disseram" que era parte de meu treinamento espiritual, meu aprendizado. Era o começo de um ensinamento do qual eu tiraria uma experiência poderosa, que me traria sabedoria em meu futuro, contanto que agora dedicasse tempo a aprender a lição oculta dentro dela. E assim eu fiz. Aceitei meu aprendizado sagrado e então compreendi que tinha de fazer o mesmo com cada aspecto de minha vida e, acima de tudo, com minha perda recente. Com uma confiança maior e desesperado para me curar, revi dolorosamente aquilo e, com o passar do tempo, encontrei a lição. E foi quando eu senti o Espírito. E com o sentimento veio a percepção da verdadeira beleza que o Espírito representa.

Sempre acreditei que Deus vivia "lá em cima" e que estar perto de Deus era quase impossível. Deus sempre esteve fora do alcance, inatingível e temível. Porém, eu tinha compreendido mal. Eu havia colocado Deus "lá em cima". Expulsei Deus e me separei do que Deus representava, não o contrário. O dia em que percebi isso foi o dia em que encontrei a unidade. Eu usara as palavras erradas e olhara, de uma perspectiva equivocada, para o que Deus representava. Acreditava no que havia lido e no que me contaram e dei ouvidos a pessoas que estavam fazendo o mesmo. Então parei de usar a palavra "Deus" e comecei a usar a palavra "Espírito". Senti uma ligação mais forte com aquela palavra, pois simbolizava algo que havia encontrado na profundeza do meu ser. Quando disse a palavra "Espírito", a senti em meu âmago. Senti. E isso fez brotar lágrimas em meus olhos. Quando eu disse a palavra "Deus", contudo, as lágrimas que surgiram foram provocadas por outras emoções mais negativas. Então Deus se tornou Espírito e, com este como meu aliado, eu marchei pelo mundo e me encontrei. Encontrei meu lugar e meu povo e pela primeira vez, em sã consciência, soube que estava unido ao povo e não era mais aquele que destoava, perdido para mim mesmo e sozinho.

Realização pessoal

Em 2004, tive a oportunidade de frequentar o Curso de Terapia dos Anjos de Doreen Virtue, com duração de três dias. Por ser uma pessoa que não perde uma chance de aprofundar meu relacionamento com o Espírito, agarrei a oportunidade e, hoje em dia, estou muito satisfeito por tê-lo feito.

Durante o *workshop*, Doreen falou várias vezes sobre as Crianças Índigo. Embora eu tivesse uma compreensão vaga do que eram as Crianças Índigo antes do curso, nunca, de fato, tinha dado muito crédito à sua importância. Pensei que se tratasse apenas de outro rótulo; um nome apresentado como mais uma forma de classificar nossas crianças ou um termo que dava permissão para as crianças se comportarem mal e para seus pais entorpecê-las até sua submissão. Por ser um professor de Ensino Fundamental aposentado especialista em arte, conheci muitas crianças diagnosticadas com DDA (Distúrbio de Déficit de atenção) e TDAH (Transtorno do Déficit de atenção com Hiperatividade) e tive muitas discussões dentro e fora da comunidade escolar ao defender essas crianças, pois embora muitas continuassem a apresentar um comportamento violento e "antissocial" e claramente evitassem a autoridade baseada no medo, recusei-me a aceitar que aquela prescrição incapacitante de drogas fosse a resposta.

Portanto, como você pode imaginar, foi um grande choque (e um alívio) descobrir que a afirmação de Doreen não apenas fez sentido e confirmou minhas observações quando era professor, porém, mais surpreendentemente, descreveu-me (perfeitamente) na infânica! A certa altura, Doreen pediu para os participantes que imaginavam ser Crianças Índigo levantarem. Sou uma pessoa bastante reservada (acredite, se quiser), então precisei de certa coragem para fazê-lo. Não sei dizer por que levantei, exceto pelo fato de que a descrição apresentada por Doreen pareceu me cair como uma luva e, talvez por isso, tirou um enorme peso de minhas costas. Bom, quando me levantei, Doreen olhou para mim e disse: "Eu sabia que você era um Índigo, Scott", e quase desmaiei de choque. "Mas como ela sabia?", eu me questionei. Foi algo que eu disse?

Durante minha infância, passei muito tempo ressentido, mas em vez de demonstrar violência e insolência como uma forma de expressar a raiva suprimida, como muitas crianças que conheci ao longo dos anos, eu me tornei introspectivo. Eu me fechei. Era muito emotivo e, em geral, muito quieto. Porém, Doreen não sabia nada a respeito. Então, como foi capaz de dizer com tanta confiança que eu era um Índigo? Aparentemente, a resposta estava na aura em tom de índigo que rodeava meu corpo. Ao ouvir isso, caiu a ficha; uma ficha que ganhou a forma de um macaco-prego.

Durante meus anos de professor, meu trabalho com crianças se provou muito gratificante. Eu adorava ser professor, em especial no tempo em que passei com crianças rotuladas como "problemáticas". Essas crianças e eu geralmente nos entendíamos rapidamente, acredito que pelo fato de reconhecer a raiva que tinham contido dentro de si e eles reconheciam a minha. Para mim, sua raiva era um pedido de socorro, mas todos os demais a viam como um comportamento destrutivo – que tinha de ser detido, punido ou suprimido a qualquer custo. Como professor, logo percebi que eu era bom principalmente com as crianças das quais o sistema havia desistido. Estas eram, em geral, as crianças diagnosticadas com DDA e TDAH; aquelas que as escolas toleravam ano após ano na esperança de que pudessem finalmente ir embora e se tornar o problema de outra pessoa. Acredito que todas as crianças são iguais por dentro e que não há essa coisa de criança "má". Todas precisam de atenção, elogio e devem se sentir especiais. Descobri, falando com essas crianças (em vez de para elas) sobre coisas que as interessavam e de uma maneira que demonstrasse que o que tinham a dizer importava, que as crianças "problemáticas", na verdade, respondiam melhor do que as crianças "boas". A maioria dessas crianças chamadas de "problemáticas" pedia uma coisa – atenção – e não importava para a maioria delas se era atenção positiva ou não, contanto que recebessem alguma. Atenção negativa era melhor do que nenhuma, aparentemente. Então, sentar com essas crianças e ouvi-las contar sobre seus sonhos e aspirações (sim, até crianças "problemáticas" têm esperanças e sonhos), assim como seus medos e preocupações (emoções que em geral dominam o mundo dessas crianças), deu a muitas delas a permissão de falar, muitas vezes pela primeira vez, com o coração. O choque pelo fato de alguém realmente dedicar algum tempo apenas para elas, sem expectativas, exigências ou pressão, era tão bom que elas imediatamente abriam seus corações e revelavam seus segredos. Elas ficavam tão gratas pela oportunidade de falar sobre o que estava em seus corações, sua visão de mundo e seu lugar dentro dele que aquelas personalidades de "caras durões" murchavam para revelar os Guerreiros Espirituais que realmente eram. Conseguir abrir o coração daquela maneira era como libertar suas almas. Com isso elas conseguiram celebrar quem eram e o que tinham a oferecer. Elas ganharam espaço para demonstrar suas habilidades – o que em geral incluía aquelas habilidades extrassensoriais e exercer seu poder pessoal.

E agora, depois de todos esses anos, percebi que essas crianças eram Crianças Índigo. E por que, apesar de minha falta de experiência anterior com as Crianças Índigo, tenho tanta certeza de que essas crianças eram Índigo? Porque, apesar de na época não notar, dava para ver um pequeno macaco preto e branco sentado no ombro esquerdo de cada uma delas; um macaco que aproveitava exatamente as qualidades vibracionais, ao que parece, da cor índigo.

Os macacos-prego, também chamados de macacos-capuchinho, são pequenos macacos da América do Sul. Embora haja diversas espécies, o mais frequentemente reconhecido é o macaco-prego-de-cara-branca. O macaco-capuchinho tem esse nome por causa do frade capuchinho, cujo capuz lembra a coloração da cabeça dos macacos. Considerado o mais inteligente dos macacos do "novo mundo", o cérebro do macaco-prego é bem desenvolvido e muito grande em proporção ao tamanho do próprio animal. Esses macacos são criados como auxiliares para deficientes físicos e são frequentemente empregados como atores em filmes de Hollywood por causa de sua imaginação, habilidade, autoconfiança, agilidade e personalidade curiosa – características idênticas àquelas encontradas nas crianças que eles representam. Eu sempre vi o macaco-prego com essas crianças em particular, mas como intuitivamente vi animais com todas as pessoas por toda minha vida, eu mal notei a princípio! Nunca percebi a conexão ou o significado. Nunca fiz a ligação entre Crianças Índigo e os macacos que vi sentados em seus ombros. Assim como todas as pessoas, nenhuma criança quer que lhe digam o que fazer, não sem uma boa razão, no mínimo, mas obviamente também não se espera que alguma criança saiba o que fazer. Elas têm que ver que nós estamos preparados para guiá-las, mostrá-las, caminhar com elas enquanto demonstramos como viver vidas impecáveis e caminhar com beleza. Elas têm que ver o mundo como um mundo autêntico, onde ninguém nasceu perfeito e todos vivenciam momentos de vulnerabilidade. É preciso mostrar a elas como aceitar sua beleza intrínseca, como nutri-la e como apresentá-la às pessoas como uma representação verdadeira de sua alma.

Embora apoie a perspicácia dos animais e a antiga sabedoria da Mãe-Terra em tudo que faço, a visão que possuo para meu futuro trabalho envolve integrar o conhecimento que adquiri como professor, pai e Criança Índigo. Ao fazê-lo, espero facilitar a ampliação da consciência de nossas crianças para elas reconquistarem o controle de suas vidas, encontrar respeito para si dentro de si, recuperando assim o respeito global que elas merecem. As crianças atualmente não são o problema, é a sociedade na qual esperamos que elas vivam. É a sociedade que nós, como seus pais e professores, criamos para elas; um mundo que se movimenta muito rapidamente para nós, que dirá para nossas crianças; um mundo no qual elas estão começando a buscar drogas e álcool para desacelerar as coisas. Precisamos nos unir e assumir a responsabilidade por nossas crianças. Precisamos parar de entorpecê-las para que se enquadrem. Temos de reconstruir a sociedade e sua visão em relação às nossas crianças remodelando a percepção que temos uns dos outros. Temos que valorizar nossas crianças e começar a honrá-las como líderes de amanhã e como Guerreiros Espirituais que sempre foram. Porém, podemos somente fazer isso se estivermos preparados para assumir a responsabilidade por nossas próprias vidas e reconstruir a visão e a crença que temos de nós mesmos. Todas as crianças são preciosas. Devemos encorajá-las, apoiá-las e garantir que se tornem tudo o que pretendem ser. Caso contrário, corremos o risco de perder algo muito milagroso, algo que aparentemente o macaco-prego sabe há séculos!

Parte Um

As Crianças de Hoje

Capítulo 1

Poucos discordariam que as crianças de hoje *são* diferentes. É seguro afirmar que elas são mais espertas, sinceras e desafiadoras – completamente diferentes do que *nós* éramos quando crianças. As crianças que vemos atualmente parecem rebeldes, furiosas e ressentidas... mas quando seu comportamento ou atitude são questionados, as próprias crianças não têm certeza do motivo de se sentirem ou se comportarem assim. Elas apenas o fazem – e esse é o problema. As crianças de hoje são frustradas por algo maior do que sua consciência pode colocar em palavras. Está bem ali, na ponta da língua, mas elas não conseguem encontrar as palavras; não há nada com o que elas compararem suas emoções e nada para influenciar. Elas simplesmente são. E a cada sondagem e ida ao psicólogo nossas crianças estão ficando cada vez mais raivosas e frustradas. Elas não sabem qual é o problema; ninguém sabe, mas elas, de fato, sabem qual *não é*. Elas sabem que *não são elas*. Elas inicialmente enfrentam com facilidade as perguntas desafiadoras, as sugestões e os olhares de reprovação, até que um dia elas estouram. Seu lado obscuro, em geral alimentado por anos de emoções confusas e sentimentos reprimidos de inadequação (sentimentos reforçados por aqueles que deveriam inspirá-las e guiá-las, como professores, médicos e, infelizmente, às vezes, até os pais), finalmente explode e corre solto, e com um suspiro de alívio nós as identificamos como portadoras de DDA (Distúrbio de Déficit de Atenção) e TDAH (Transtorno do Déficit de Atenção com Hiperatividade) e as drogamos para torná-las "normais". Pelo menos assim temos algo em que botar a culpa.

O que estou tentando dizer é que não há nada a culpar. Honestamente, não há nada "errado" com nossas crianças. É óbvio que *sempre* haverá uma ou outra criança diferente, de um modo negativo. Sempre houve indivíduos que se destacaram por pensarem um pouco fora da caixa, mas esses casos eram (e ainda são) raros. As crianças de hoje *são* diferentes, porém sua diferença é especial. Não há nada de *errado* com as crianças de hoje. Na verdade, as crianças de hoje são bem "OK". Elas estão aqui por um motivo e, se fôssemos completamente honestos conosco, admitiríamos que nós é que sentimos ressentimento e raiva. Nós que criamos os bloqueios de comunicação, a ruptura e a rebeldia que vemos em nossas crianças. Passamos muito tempo tentando colocá-las em caixas das quais tentamos tão desesperadamente escapar quando éramos jovens que nos esquecemos de perguntar a nós mesmos por quê. Tentamos com tanto afinco encontrar rótulos para nossas crianças e razões para seus comportamentos que nos esquecemos de olhar para nós mesmos. Ficamos bravos com nossos filhos por se expressarem, terem opiniões e apontarem as imperfeições em nossa sociedade, pois consideramos uma crítica à nossa capacidade de sermos bons pais e, por sua vez, desleais aos esforços que testemunhamos em nossos pais. Nós consideramos isso um tapa no rosto, um sinal de que não amamos o suficiente ou participamos efetivamente de suas vidas. Vemos isso como um holofote que insinua que nosso papel é deficiente ou, de alguma forma, falho. Ficamos na defensiva, pois a sociedade afirma que as crianças devem ser observadas e não ouvidas; e nós superficialmente acreditamos nisso. Não conseguimos sentir orgulho e entusiasmo. Não conseguimos sentir essas emoções, pois temos medo de nos lembrarmos do nosso próprio desejo de fazer a diferença, concretizar mudanças e gritar do fundo de nossas próprias almas "e quanto a mim?". Um apelo que ecoa repetidamente por inúmeras gerações – posso garantir a você.

Nossas comunidades são como vulcões prestes a entrar em erupção, ameaçando explodir, a menos que assumamos a responsabilidade e comecemos a ouvir e a nos comunicarmos com nossas crianças, em vez de falarmos *com* elas e dizermos como devem agir. Tenho certeza de que as manifestações que destruíram Sydney no início de 2005 tiveram grande interesse para a maioria dos australianos e também tenho certeza de que muitas pessoas que assistiam a esses ataques na televisão perguntavam por quê. Por que nossas crianças agem assim? A resposta: frustração... misturada com alívio. Os jovens envolvidos usaram a primeira desculpa como a gota d'água e agiram por conta própria. Eles miraram sua frustração na representação mais eminente de autoridade (a polícia) e soltaram nela sua raiva e ressentimento com força e ira. Os jovens envolvidos provavelmente já tinham perdido a causa de vista antes, aquele incidente isolado que inflamou esse incêndio de emoção e estavam agindo apenas movidos pela adrenalina e a sensação equivocada de poder que lhes oferecia a percepção de que finalmente eram ouvidos. O que os pais precisam saber é que muitas crianças, embora estivessem sentadas assistindo às manifestações na televisão, estavam inconscientemente lá ao lado de seus semelhantes, apoiando-os.

As crianças de hoje são especiais. Elas são sagradas e a força de equilíbrio por qual clamamos há anos. Agora que estão aqui, não sabemos como lidar com elas. As crianças de hoje são as Crianças Índigo, Guerreiras Espirituais destinadas a iniciar uma grande mudança para nosso planeta, desde que criemos o fórum para que elas desenvolvam seu trabalho. As Crianças Índigo detestam que mintam para elas. Elas descobrem na hora quando alguém não está dizendo a verdade e isso as irrita indescritivelmente. As crianças de hoje não toleram hipocrisia, arrogância ou ignorância, mas inerentemente perdoam, aceitam e amam. É claro que elas se inflamam com facilidade, falam o que pensam e às vezes agem com agressividade, mas apenas o fazem em reação ao rancor, à reprovação e ao egoísmo. As crianças que vemos hoje são como canetas marca-texto ambulantes, indicando os pontos fracos da sociedade, armadilhas e áreas desagradáveis, mas como em toda cura, elas têm consciência que nada pode acontecer em âmbito global até que limpemos nosso próprio quintal. Então elas atingem os mais velhos e "superiores" imediatos (professores, diretores de escola, pais e outras figuras de autoridade). Se a verdade fosse dita, as crianças de hoje não sofrem de DDA nem de TDAH, nós é que sofremos. Somos nós que não prestamos atenção. Nós somos aqueles que resistem ao (novo) sistema. Nós somos aqueles que contestam a mudança. Nós somos aqueles que resistem a nossa própria evolução. As crianças furiosas que vemos hoje são o resultado de nosso esforço para nos sujeitarmos ao grande plano de coisas e ao desejo das crianças por nos ver despertar.

Ouvi muitas pessoas afirmarem que os jovens que participaram das manifestações de Sydney e em Perth, pouco tempo depois, provavelmente estavam sob efeito de drogas, muito possivelmente compradas com dinheiro furtado de seus pais ou pagas com bens furtados. A verdade é que muitos desses jovens provavelmente *estivessem* sob efeito de drogas, mas não do tipo comprado em ruas decadentes ou clubes noturnos. Não, muitos dos jovens provavelmente estavam sob a influência residual de drogas correndo por suas veias, dadas por seus pais, médicos e professores, prescritas em resposta ao diagnóstico de DDA ou TDAH. Faça esta pergunta a si mesmo: você daria a seu filho uma carreira de cocaína todas as manhãs antes de enviá-lo à escola? Não, é sério, daria? Pois bem, Ritalina, a droga mais utilizada para "tratar" DDA ou TDAH, é uma droga forte, que altera a mente e anestesia mesmo nossas crianças, tornando-as incapazes de interagir de maneira produtiva com os outros e seu ambiente, paralisando suas emoções, pensamentos imaginativos e criatividade natural. Chamada também de cloridrato de metilfenidato, a Ritalina é um estimulante com propriedades semelhantes a outras anfetaminas. A Ritalina é estimulante do SNC (Sistema Nervoso Central) e proporciona a seus usuários um efeito similar ao de uma liberação lenta de uma dose de cocaína. A Ritalina, "Vitamina R" ou "Bola R" (como também é conhecida nas ruas) é reconhecida como uma possível porta de entrada para drogas mais pesadas – maconha, cocaína e heroína – e é listada entre as dez drogas controladas mais prováveis de serem furtadas de consultórios médicos e farmácias, de acordo com a FDA (Food and Drug Administration) norte-americana. No que estamos pensando ao permitir que isso continue? Por que estamos tentando calar nossas crianças? O que isso diz a nosso respeito?

De maneira inata, as Crianças Índigo sabem que estão aqui para uma missão. Elas sabem que têm um propósito. Elas estão aqui para trazer a integridade de volta à humanidade. As Índigo sabem que depende delas trazer a legitimidade de volta aos nossos governos, o equilíbrio de volta aos nossos relacionamentos e a igualdade de volta às nossas comunidades. Elas estão aqui para nos instruir nos caminhos da verdade e da honestidade. Elas estão aqui para nos ensinar a ter uma comunicação clara, impecabilidade e amor incondicional. As crianças de hoje falam as coisas como elas são. Elas não medem palavras, não titubeiam, nem dizem o que você deseja ouvir. Elas vão direto ao assunto e dão nome aos bois. Elas fazem isso para chegar ao cerne da questão. Elas não acreditam em fazer rodeios, em se expor a situações difíceis, nem em ser subestimadas. Seu propósito é nos ajudar a perceber que estamos vivendo uma mentira há anos, com cada geração equivocadamente comprovando as falsas crenças e valores das anteriores, criando, assim, um ciclo ininterrupto de incompetência, e elas estão frustradas com nossa incapacidade de enxergar. Elas estão ainda mais frustradas com nossa determinação em negar as possibilidades, o que nos impede de perceber seu objetivo. Quanto mais resistimos a elas e a sua missão, mais elas irão nos escarnecer e alardear nossa óbvia falta de responsabilidade, como roupas sujas penduradas para todos verem.

Então, como reverter o condicionamento do qual todos nós temos sido vítimas? Como dizer "não" ao desejo de acreditar no diagnóstico de DDA e TDAH – letras que, de uma maneira distorcida, parecem significar "salvador" para nossos ouvidos cansados e estressados? Bem, tente conversar *com* seus filhos. Tente pedir para eles compartilharem seus sonhos, seus medos e sua visão de mundo e compartilhe os seus com eles. Tire uma folga de seu trabalho para que possa passar algum tempo com seus filhos. Abra mão de seu fim de semana por eles. Peça sugestões a eles e aja de acordo, integrando essas atividades a sua rotina diária. Faça de seus filhos uma parte produtiva de sua vida, em vez de esperar que eles se submetam às regras sem sentido e às promessas vazias a que você não se submeteria. Não diga uma coisa e em seguida faça o contrário e não espere que seus filhos caiam na regra obsoleta "faça o que eu diga, não faça o que eu faço". E como sei que isso é verdade... pois eu mesmo sou uma Criança Índigo e tenho confiança o suficiente para afirmar que, se leu esta introdução, você se identificou bastante com ela, então, provavelmente, também é uma Criança Índigo ou há uma vivendo em sua casa neste momento. Se esse for o caso, então quero deixar perfeitamente claro que identificar você ou alguém do seu convívio como uma Índigo não lhe dá a desculpa de agir de maneira diferente ou permitir que sua criança intencionalmente torne infeliz a vida daqueles ao redor. Com o título de Índigo vem a responsabilidade – para consigo e para o objetivo de alguém. Você deve considerar a si o próximo passo sagrado na evolução da humanidade, uma função que lhe concede uma posição de autoridade e sabedoria às quais se deve aderir de uma maneira suave, que convide os outros a seguirem o exemplo; e com essa percepção vem um pequeno alívio que certamente o levará às lágrimas. Estou certo?

Breve história
Pessoas altamente sensíveis

Antes de dividi-los e listar suas qualidades e características, Índigos, Cristais e Arco-íris eram referidos coletivamente como "Pessoas Altamente Sensíveis", ou PASs.

Todos nós temos um PAS na família ou conhecemos algum na escola, no trabalho ou no contexto social. Eles eram os "estranhos" ou "esquisitos" de nossa história familiar: *nerds*, ovelhas negras, aqueles que sobram ou que sempre são excluídos por serem diferentes.

Na Antiguidade, esses indivíduos sempre foram louvados como profetas, xamãs ou bruxos; os banidos sensíveis da sociedade, venerados como mulheres sábias, pajés ou curandeiros. Essas pessoas frequentemente passaram por grandes sofrimentos (mais do que outras) em virtude de doenças ou circunstâncias pessoais e, por consequência, foram obrigadas a se retirar da sociedade. Por causa disso, muitas se viram forçadas a seguir uma verdade mais elevada e refinada para sobreviver; uma verdade que tinha de ser vivida de maneira descompromissada para colher as bênçãos únicas de conhecimento e poder que vêm do fato de se viver tal vida.

Atualmente, PASs são pessoas que têm dificuldade de lidar com o mundo ao redor e, em geral, incluem aqueles que sofrem de:

- Síndrome da Fadiga Crônica (SFC)/Encefalomielite Miálgica (EM);
- Fibromialgia; Lesão por Esforço Repetitivo (LER)
- Múltiplas sensibilidades a alimentos e a produtos químicos;
- Depressão;
- DDA;
- Autismo;
- Síndrome de Asperger.

Esta é a história de uma mulher, PAS típica, que pediu para que sua identidade fosse mantida anônima:

Há apenas cinco anos descobri que fazia parte de uma porcentagem de pessoas que são mais sensíveis do que é considerado normal. Tais pessoas não são reconhecidas pela sociedade como uma raça especial de humanos, mas, sim, como disfuncionais pelos padrões sociais vigentes.

Para mim, o mundo era um lugar assustador. Ir à escola não era uma experiência prazerosa quando eu era uma criança pequena. Todas as manhãs, eu me sentia mal, com ansiedade e pânico. Eu não conseguia encarar o café da manhã nem deixar minha querida mãe pelo dia inteiro. Chegar à escola era a parte mais difícil do dia. Quando chegava lá, eu me resignava com a falta de um espaço silencioso que era o desejo de meu coração. As outras crianças eram muito barulhentas e descontroladas para mim. Elas sempre andavam em bandos, criando caos onde pudessem. Eu desaparecia em um canto silencioso e apenas me concentrava em meu trabalho. Consequentemente, tinha ótimas notas e era sempre a representante de sala e queridinha da professora. Descobri que isso é típico de pessoas altamente sensíveis. Elas são cuidadosas e atenciosas com os outros. Porém, essa também era minha maneira de lidar com um mundo com o qual não conseguia, de fato, me envolver. Eu bloqueava tudo ao meu redor, inclusive minhas próprias necessidades, se precisasse, para lidar com todo o caos ao meu redor. Era difícil me sentar em uma sala de aula chata o dia inteiro, na tentativa de absorver informações que, na minha opinião, eram inúteis. Eu queria me sentar do lado de fora, sob as árvores, e apreciar o sol. Por que não podíamos ter aulas lá?

Sempre me sentia cansada após a escola, em especial durante minha adolescência. Isso evoluiu para enxaquecas diárias, que geralmente começavam uma hora depois do almoço e apenas pioravam. Eu mal suportava a viagem de ônibus até minha casa com um monte de crianças barulhentas gritando incansavelmente durante todo o trajeto. Eu queria voltar para casa na hora do almoço e não ter que lidar com as tardes. Acho que comecei a me sentir esgotada no meio da adolescência. Ninguém da minha família percebeu que eu estava sofrendo em silêncio. Eu tinha aparência pálida e olheiras escuras ao redor dos olhos; talvez um suplemento de ferro corrija isso, eles pensavam. Depois da escola eu costumava me sentar no jardim ou ouvir música no rádio no início do Ensino Médio, porém, mais tarde, me sentia muito cansada até para fazer isso. Eu simplesmente ficava dormindo até a hora do jantar.

Eu detestava multidões e muitas vezes me sentia muito ansiosa. Minha família, de certa forma, achava isso divertido e me sugeriam que tomasse um calmante para ajudar. Eu passei por momentos difíceis por não ser mais sadia e dinâmica. Realmente, não estava enfrentando a situação e não tinha ideia de que possuía necessidades especiais. Eu precisava de um ambiente silencioso no qual atuar, mas sentia como se todos esperassem que eu fosse sociável e extrovertida.

Isso foi testado em outro nível quando ingressei na universidade. Achei a vida na universidade muito desafiadora (minhas notas agora eram medíocres). Não me adequava à pressão do grupo para sair e socializar nem para me envolver com diversas causas. Minha autoestima começou a despencar rapidamente quando não consegui encontrar um nicho no modelo social apresentado para mim. Perdi o interesse nos estudos e os abandonei, para a angústia de meus pais. Eu não conseguia compreender por que as pessoas se sentiam tão motivadas para estudar aquela coisa chata.

Lá no fundo, eu me sentia em desacordo com as expectativas de minha família e da sociedade em geral. Casar, ter filhos e uma carreira não tinham nenhum significado pessoal como o caminho de vida ideal. Eu estava confusa e fiquei deprimida.

Depois de um casamento fracassado e vários anos de anorexia e depressão, resolvi fazer um curso de secretariado e arrumar um emprego. Eu era uma das melhores alunas da sala e agarrei a primeira entrevista que consegui. As coisas se acalmaram por dois anos, mas eu ainda sentia um vazio dentro de mim. Minha saúde piorou novamente e desta vez fui diagnosticada com síndrome da fadiga crônica. Fiquei ainda mais sensível a barulho, alimentos, multidões, luzes fortes (em especial, fluorescentes), e radiação de computadores, telas de TV e celulares me davam uma dor de cabeça instantânea. Até pessoas com emoções negativas me esgotavam. Comecei a ressentir-me do mundo humano. Fiquei cada vez mais acamada. Tirei licença para tratar dessa condição, mas como já havia descoberto, não há uma cura verdadeira.

Uma mudança completa no estilo de vida e no ambiente foram apenas as únicas respostas eficazes. Deixar o ambiente poluído, sujo e barulhento da cidade para viver nas montanhas, onde há mais oxigênio e água limpa, bem como mais paz e harmonia com o mundo natural, restaurou um pouco de minha vitalidade. E estar com outras pessoas sensíveis enquanto estimulamos as almas e honramos as habilidades naturais uns dos outros tem sido muito saudável.

Sou eternamente grata a um amigo curador que sugeriu um livro sobre pessoas sensíveis: *Use a Sensibilidade a Seu favor: Pessoas Altamente sensíveis*, de Elaine N. Aron. Essa obra tem me ajudado a compreender minha jornada e meus esforços. De acordo com Elaine Aron, uma em cada cinco pessoas nasce com essa característica de hipersensibilidade. Seus sistemas nervosos são, na verdade, diferentes dos do restante dos humanos. Essas PASs são talentosas, extremamente inteligentes e outrora foram valorizadas como conselheiras das classes reais. São capazes de enxergar e sentir o que humanos comuns não conseguem. Elas são facilmente oprimidas pela sociedade e suas dificuldades. Infelizmente, nos dias atuais, as PASs são consideradas fracas e precisam de medicação.

O livro de Elaine N. Aron apresenta *insights* valiosos em relação ao aumento de crianças altamente sensíveis, assim como uma compreensão detalhada e muito inteligente sobre as PASs. Acredito sinceramente que, mais do que nunca, as sensibilidades precisam ser vistas e ouvidas. Parece haver mais vez mais pessoas assim surgindo a cada geração, portanto é importantíssimo que suas necessidades sejam compreendidas.

Como sensitivo, sou capaz de captar alguns acontecimentos catastróficos antes que ocorram. Eu não sabia como lidar com essa habilidade, embora não seja raro para alguns sensitivos. Também me preocupo com o fato de como a maioria das pessoas parece estar condicionada ao seu ambiente e modo de vida. As longas horas que passam sob luzes artificiais com pouco oxigênio não nutre seus cérebros. Preocupo-me com seus filhos, expostos a muitos produtos químicos no ar e na água, bem como a ideais que não parecem levar à harmonia e à paz na sociedade.

Minhas necessidades são especiais: preciso de bastante tempo na natureza, alimentos frescos e cultivados sem agrotóxicos, bem como da companhia de pessoas que valorizam meus dons. Porém, ao afirmar isso, cada um de vocês possui dons especiais e habilidades inatas, basta apenas que vocês parem e sintam seu interior, em silêncio. Acredito que o destino da raça humana é se tornar mais sensível e alguns de nós estamos lhe mostrando o caminho. Talvez seus filhos sejam os professores.

"Conduzido pela estrela"

Em 1989, uma autora conhecida como Solara escreveu a respeito de uma raça especial de crianças em seu livro *Star-borne: A Remembrance for the Awakened Ones*. Nele, a autora descreve crianças da "primeira e segunda ondas". Os da primeira onda aparentemente foram aqueles que chegaram à Terra durante a colonização inicial do planeta, vindos das estrelas. Mais conhecidos como "os antigos", eram aqueles originalmente venerados como deuses e deusas, mas que, depois de sua queda posterior a um estado de matéria, retiveram lembranças de seu propósito mais elevado. Desde então, continuaram a trabalhar em harmonia com a Terra, dedicando-se à assistência dos outros, enquanto erroneamente acreditavam estar sozinhos em sua busca para levar a humanidade a um lugar de realização, satisfação e – mais importante – unidade. Após as primeiras ondas, de acordo com Solara, e muito depois de o planeta ser criado e tudo ter encontrado seu lugar, aqueles da segunda onda começaram a surgir. Eles são considerados impacientes, vigorosos, entusiasmados e cheios de ideias para ajudar a levar o planeta de volta a um estado de unidade. O livro prossegue com a sugestão de que, se permanecerem dedicados a alcançar seu objetivo, aqueles da segunda onda serão capazes de manifestar o desejo de seus corações.

Desde meados dos anos 1970, Solara propõe uma nova onda de crianças que povoam o planeta: um fluxo de crianças chamadas afetuosamente de "Crianças Estelares". As Crianças Estelares, ela defende, possuem como característica terem nascido com lembranças claras de encarnações anteriores. E mais: elas são protegidas pela inocência e possuem muita integridade, nasceram em famílias mais bem providas de oferecê-las a experiência de vida mais poderosa. Elas estão aqui para renovar e restabelecer nossa conexão "com as estrelas". Identificadas por seus temperamentos doces, as Crianças Estelares são irresistivelmente puras, possuem auras claras e brilhantes, bem como olhos cintilantes. Elas têm dificuldade de interagir com outras crianças "tridimensionais" e de se adequar a escolas atuais. Solara instiga seus leitores não apenas a compartilharem sua sabedoria com as Crianças Estelares, mas de aproveitar todas as oportunidades de aprender com elas. A autora afirma que elas precisam passar algum tempo sozinhas e em silêncio. Elas reagem melhor quando veem respeito máximo e quando lhe dão amor profundo e um direcionamento carinhoso. Elas resistem com vigor ao autoritarismo e contestam a dominação (pelo fato de serem muito iluminadas), porém respondem bem a limites negociados e a um direcionamento delicado.

Apesar do fato de grande parte do que Solara escreveu em seu livro soar muito vago e " duvidoso" para ser plausível, ela, de fato, parece ter identificado a essência central das crianças proclamadas atualmente como Índigo e Cristal. Tenha nosso planeta sido desbravado ou não por seres que outrora habitaram as estrelas, o fato é que as crianças a que Solara se refere em seu livro, contudo, soam um pouco parecidas com aquelas descritas em registros mais recentes de Doreen Virtue e outros autores muito respeitados, a ponto de as datas de surgimento também parecerem coincidir com aquelas sugeridas por todos. No entanto, eu pessoalmente não concordo com a teoria evolucionista da nova era proposta por Solara, tampouco com os períodos de tempo nos quais essas crianças supostamente começaram a surgir, mas defendo intensamente (de uma forma mais prática e fundamentada) a existência das crianças às quais ela se refere.

Crianças Índigo

Nancy Ann Tapp identificou pela primeira vez as Crianças Índigo em seu livro *Understanding Your Life Through Colour*. Ela alega ser capaz de ver um distinto brilho índigo na aura dessas crianças. Essa cor em particular leva ao rótulo Crianças Índigo. As Crianças Índigo, como um modelo, foram exploradas posteriormente em profundidade por Lee Carroll e Jan Tobber, em seu livro *Crianças Índigo*, Doreen Virtue, em sua obra *The care and feeding of índigo children* e, novamente, por James Twyman, no filme *Índigo* e no documentário *A Evolução Índigo*.

Apesar de serem proclamadas por alguns como fontes de influências psíquicas enviadas para salvar o planeta, as Crianças Índigo que vemos hoje são, com maior frequência do que nunca, crianças com problemas – muitas delas diagnosticadas erroneamente como portadoras de DDA e TDAH e uma abundância de outras condições. DDA e TDAH são diagnósticos feitos para descrever crianças que apresentam comportamentos como desorganização, Hiperatividade e impulsividade, ou seja, comportamentos que tornam quase impossível sua integração ao atual sistema sem assistência. DDA e TDAH são duas das doenças neurocomportamentais mais comuns "diagnosticadas" que afetam as crianças atualmente. Acredita-se que muitos adultos também sofrem disso.

Outros "sintomas" podem incluir insônia, emoções flutuantes (instabilidade emocional) e dificuldade para resolver e administrar problemas. Contudo, deve-se ter cautela no diagnóstico, pois outras condições geralmente têm sintomas semelhantes aos de DDA/TDAH, tais como epilepsia, síndrome alcóolica fetal, envenenamento por chumbo, apneia do sono e disfunções da tireoide.

Se fizermos uma lista de características comuns de um Índigo, seria óbvio afirmar que:

- Eles possuem uma raiva natural e resistência ao *sistema*.
- Sofrem de constantes frustrações, inquietação e impaciência.
- Em geral, carregam na escola a reputação de "crianças indisciplinadas e chatas".
- Não gostam de regras, estão geralmente atrasadas e se recusam a usar uniforme (elas encontrarão maneiras de incorporar roupas comuns a seu uniforme escolar, por exemplo).
- Entediam-se com facilidade e precisam de explicações claras e significativas quando lhes dizem para fazer coisas para as quais não veem motivos.
- Demonstram pouco respeito pela autoridade e, em geral, contestam a decisão de seus professores, pais, da polícia e de outras figuras de autoridade.
- Precisam de limites e os querem, mas apenas respondem de maneira positiva a eles quando são justos, consistentes e negociados pessoalmente com os Índigos.
- Demonstram desrespeito por aqueles que fazem uso da disciplina baseada no medo ou em ameaças vagas.
- Demonstram desrespeito por aqueles que não "fazem o que falam" ou que seguem o ditado: "faça o que eu digo, não faça o que eu faço".
- Conseguem detectar com facilidade mentiras, hipocrisia e falsidade – características que abominam.
- Falam as coisas como as veem.
- Não titubeiam.
- Questionam *tudo* – característica em geral confundida com discórdia ou resistência à sugestão.
- São muito sociáveis e conversam com frequência – e alto.
- Em geral, apresentam um senso de humor perverso (e sarcástico).
- Possuem uma ligação inerente com a natureza, amam animais e são ótimos jardineiros.

- São geralmente muito intuitivas e costumam demonstrar conhecimento sobre esoterismo, não prontamente disponível ou compreendido por outras crianças (ou adultos).
- Em geral, são inteligentíssimas e apresentam habilidades acadêmicas avançadas para sua idade.
- Costumam apresentar dificuldade em integrar suas compreensões mais elevadas às suas vidas cotidianas com equilíbrio entre o que elas veem como verdade e o que é demonstrado pela sociedade como verdade, causando conflito e confusão inerentes. Essa desarmonia, em geral, manifesta-se no comportamento negativo.
- São, normalmente, muito criativas e adoram participar de teatro, danças e música.
- Estão sempre em movimento.
- Reagem bem a esportes.
- Muitas são mais direcionadas a atividades não competitivas, como equitação, ciclismo, canoagem, etc. Em geral, suas naturezas intolerantes evitam interação cooperativa em campos de esporte.
- São geralmente diagnosticadas com DDA ou TDAH, mas nem todas as Índigo possuem DDA ou TDAH, nem todos portadores de DDA ou TDAH são Crianças Índigo.
- Índigos reagem bem a reforços positivos, elogios intencionais e críticas construtivas. Elas simplesmente precisam que sua existência seja afirmada de maneira positiva e geralmente respondem à altura.
- Elas têm um ritmo diferente daquele da maioria das outras crianças.
- Não se impressionam facilmente com pompa e cerimônia, mas logo ficam intrigadas com aqueles que dizem a verdade e fazem o que falam.
- Não é raro terem sentido dor, sofrido com doenças, omissão, abusos, tristeza ou privações no início da vida ou terem considerado o suicídio como uma alternativa viável à vida.
- Índigos muitas vezes se tornam vítimas do abuso de álcool, drogas e tabaco como uma maneira de ajudá-las a lidar com o mundo em que vivem (porém, novamente, assim será qualquer criança criada com drogas como aquelas utilizadas para "tratar" DDA e TDAH).

Afirma-se que as Crianças Índigo estão aqui para trazer o equilíbrio de volta ao mundo e a integridade de volta ao sistema. Elas estão aqui aparentemente para questionar os modos das pessoas e para despertar a verdade e a impecabilidade dentro dos corações. Alguns até dizem que elas são a próxima fase evolutiva da humanidade... Guerreiros Espirituais enviados pelo Espírito para demonstrar resolução, oferecer direcionamento e reintroduzir a esperança e a inspiração na consciência de todas as pessoas, para curar o planeta, inspirar e nos reapresentar à sabedoria da Mãe-Terra. É sua missão (segundo as histórias que li) obrigar todos os pais a romper com a tradição antiquada, fugir da doutrinação e afastar o medo.

Distúrbio de Déficit de Atenção e Transtorno do Déficit de Atenção com Hiperatividade

O assustador é que Distúrbio de Déficit de Atenção e o Transtorno do Déficit de Atenção com Hiperatividade são apenas rótulos e não condições médicas verdadeiras. Tais nomes simplesmente descrevem um conjunto de sintomas, uma síndrome. Não há qualquer doença subjacente que ainda não tenha sido identificada. De tempos em tempos surgem outros problemas de saúde, tais como danos cerebrais, encobertos por esses rótulos de DDA e TDAH. No entanto, isso é raro. O fato é que tais rótulos se aplicam a uma série de sintomas que geram problemas dentro de nossa sociedade (problemas nas famílias, problemas comportamentais na escola, dificuldades de aprendizado no currículo escolar padrão, problemas de adaptação e uma falta de respeito generalizada às normas aceitas pela sociedade). Contudo, não se trata de uma doença. Não há exames médicos objetivos para diagnosticar DDA ou TDAH. Na verdade, o que se chama atualmente de epidemia de DDA/TDAH é apenas a manifestação de uma irrupção de crianças que apresentam um modo diferente de ver nosso mundo e reagir a ele. Essas crianças não estão doentes, são apenas diferentes. Então, pode-se afirmar que, como um conceito geral, DDA e TDAH somente existem nos olhos de quem vê.

Para diagnosticar DDA ou TDAH, alega-se que os sintomas se apresentam por si só antes dos 7 anos de idade e provocam danos no funcionamento social, acadêmico ou ocupacional, além de se apresentarem em dois ou mais ambientes (por exemplo, na escola e em casa) antes de a criança ser oficialmente classificada como portadora de DDA ou TDAH.

Para o tipo "desatento", pelo menos seis dos sintomas a seguir devem persistir por pelo menos seis meses:

- Falta de atenção a detalhes/erros por desatenção;
- Falta de atenção contínua;
- Mal ouvinte;
- Dificuldade para completar tarefas;
- Dificuldade de organização;
- Evitar tarefas que exigem esforço mental contínuo;
- Perder coisas;
- Distrair-se facilmente;
- Esquecimento.

Para o tipo "hiperativo impulsivo", pelo menos seis dos sintomas a seguir devem persistir por pelo menos seis meses:

- Inquietação/contorcer-se;
- Deixar o assento;
- Correr/escalar na hora inadequada;
- Dificuldade com atividades suaves;
- Agitação;
- Fala excessiva;
- Fazer perguntas sem pensar;
- Não esperar sua vez;
- Inoportuno.

Os tipos "combinados" devem ter tanto critérios *"desatentos"* e *"hiperativos impulsivos"*.

(Fonte: Anexo da Carta de Aprovação da NDA 21-284 [Ritalina LA] – Federal Drug Association)

As duas listas descrevem crianças em geral. Se me perguntar, trata-se de crianças saudáveis, mentes curiosas, que são "normais" e se desenvolvem de maneira adequada, mas obrigadas a existirem em um sistema que é, ao mesmo tempo, arcaico e incompatível no mundo atual.

Pergunto a você: é normal para uma criança pequena sentar-se em uma cadeira plástica atrás de uma carteira também de plástico durante cinco horas por dia? É ao menos saudável pedir para uma criança reprimir sua tendência natural de falar, fazer perguntas, correr, explorar e mudar de uma atividade para outra esporadicamente? É bom esperarmos que nossas crianças tomem quietas um lanche adequado em dez minutos antes de serem *enviadas* "para brincar do lado de fora"? Elas estão recebendo a alimentação que uma criança precisa nesse curto período de tempo, não para apenas sustentá-la durante uma hora de brincadeira ao ar livre, mas também para mais duas horas de estudo? Eu acredito que não. Presume-se também que todas as crianças tenham um lanche embalado para comer (muitas não têm) e roupas adequadas para se protegerem contra os elementos quando forem conduzidas para fora...

Como ex-professor de Educação Infantil, sei o quanto é fácil cair na armadilha de rotular crianças como perturbadas, mal-educadas, insolentes ou inapropriadamente agressivas, agitadas ou impacientes. O que não consideramos, na maioria dos casos, é a vida doméstica dessas crianças. Raramente consideramos o fato de que a criança pode não estar vestida adequadamente para as condições climáticas do dia; ou que não tenha se alimentado o suficiente no café da manhã ou dormido o bastante. Nós não consideramos a possibilidade de a criança estar passando por coisas em casa para as quais outras crianças da sala são inocentes: violência doméstica, abuso ou negligência. Nós nunca perguntamos se elas estão carregando fardos ou responsabilidades que excedem níveis aceitáveis. Não perguntamos se elas têm pais dependentes de álcool ou drogas ou se seus pais sequer estão lá para colocá-las para dormir à noite. Ao contrário, nós a rotulamos como portadoras de DDA ou TDAH e incentivamos seus pais a medicá-las.

E isso tem que parar.

Medicação

A assistência oferecida a quem "sofre" de DDA e TDAH vem, em geral, na forma de medicação, que costumam ser verdadeiros psicotrópicos. Adderall e Ritalina (ou cloridrato de metilfenidato), entre outros, são as drogas mais prescritas. O que poucos pais percebem, contudo, é que a Ritalina é um estimulante do SNC (sistema nervoso central); uma droga que altera a mente e efetivamente anestesia a criança, tornando-a incapaz de interagir de maneira produtiva com seus semelhantes e seu ambiente, atenuando suas emoções, pensamentos imaginativos e criatividade natural.

É óbvio que a mediação as obriga a se sujeitarem e se "enquadrarem", mas pouquíssimo aprendizado pode ocorrer quando a criança está sob sua influência. Ela atua tão favoravelmente, pois causa à criança um efeito similar ao de uma dose de cocaína liberada lentamente, levando-a a um estado que a torna mais complacente e fácil de controlar. Outras drogas comumente prescritas incluem Dextroanfetamina, Pemolina,

Trofanil, Desipramina, Prozac e Paxil. Os efeitos colaterais ao uso desses antidepressivos como tratamento para DDA e TDAH, no entanto, incluem sedação excessiva e efeito rebote quando retirados, assim como distúrbios frequentes de concentração e memória.

Também deve-se destacar que no rótulo da droga Ritalina há sugestão, em geral negligenciada ou ignorada. *Ritalina é indicada como parte integral de um programa completo de tratamento que normalmente inclui outras medidas terapêuticas (psicológicas, educacionais, sociais) para estabilizar as crianças com síndrome comportamental... o diagnóstico adequado exige não apenas o uso do medicamento, mas de recursos psicológicos, educacionais e sociais especiais.*

Quais são os possíveis efeitos colaterais dessas medicações?

As crianças costumam apresentar dificuldade em ingerir a medicação prescrita, com algumas descrevendo a experiência como fisicamente dolorosa. A medicação tem um efeito tranquilizador, em geral fazendo com que a criança durma durante as aulas.

As drogas podem ter um efeito prejudicial (e permanente) nos sistemas do organismo, como o sistema cardiovascular, o sistema nervoso central e os sistemas gastrointestinal e endócrino/metabólico, em geral resultado de uma ou qualquer combinação dos seguintes sintomas:

- Suores ou terror noturnos;
- Palpitações;
- Taquicardia;
- Aumento na pressão sanguínea;
- Estimulação do sistema nervoso central;
- Psicose;
- Tontura;
- Insônia;
- Dores de cabeça;
- Nervosismo;
- Irritabilidade;
- Anorexia;
- Náusea;
- Vômitos;
- Incômodo, cólicas ou dores de estômago;
- Boca seca;

- Perda de peso;
- Supressão do crescimento;
- Hipersensibilidade;
- Visão embaçada;
- Icterícia;
- Anemia;
- Aumento das enzimas hepáticas;
- Diminuição no senso de intuição, criatividade e envolvimento;
- Uma atitude geral de "descaso" com a vida.

É um tanto irônico quando se leva em consideração o fato de que temos um governo que, de um lado, fala para nossas crianças: "não usem drogas" (e, em alguns casos, as punirem muito severamente por portarem-nas), enquanto, por outro lado, incentiva os pais e os professores a "medicarem" com drogas de gêneros similares. A Ritalina, por exemplo, é um estimulante do sistema nervoso central com propriedades semelhantes às da cocaína e da heroína e outras anfetaminas. Quem diria, portanto, que o "efeito colateral" mais devastador das drogas usadas para tratar DDA ou TDAH não será a concepção de uma geração de dependentes de drogas que pode, algum dia, provar-se ainda mais dependente da ajuda do governo do que jamais foi antes?

Por que as Crianças Índigo são muitas vezes diagnosticadas como portadoras de DDA ou TDAH?

As Crianças Índigo são uma espécie de crianças diferentes das muitas que conhecemos quando crescemos. Elas são menos tolerantes, mais barulhentas e, em geral, mais agressivas. Elas têm um humor rápido, mordaz e muito sarcástico. Seu humor é, em geral, usado como dispositivo de proteção ou como arma, o que geralmente as leva a serem rotuladas como palhaças da classe, mal-educadas ou desrespeitosas. Elas são mais difíceis de convencer pela lógica e precisam de razões para justificar por que devem agir de determinada forma, e esses motivos precisam ser claramente explicados, demonstrados e fazerem sentido. Elas não gostam que lhe falem o que fazer, a menos que uma explicação justa e razoável seja oferecida. Elas reagem mal ao medo baseado na disciplina e a ameaças vazias e não sabem lidar com pessoas limitadas. Elas insultam aqueles que abusam do poder, forçando os limites de propósito até que tem um acesso emocional. Muita satisfação é obtida, por exemplo, ao ver um professor ou diretor "perder o prumo", cair no choro ou demonstrar frustração extrema. A vitória é delas quando identificam uma fraqueza ou um câncer no sistema que deve ser removido e elas raramente sossegam até que algo seja feito a respeito.

A maioria das Crianças Índigo reage mal à autoridade quando esta não é justa ou reconhecida universalmente. A máxima "uma regra para você e outra para mim" nunca foi aceitável para o Índigo, que logo se recusa a obedecê-la. Elas não conseguem suportar quando as pessoas que as dizem para agir de determinada forma não agem daquela forma. Elas se entediam facilmente e, em geral, demonstram um comportamento inquieto e perturbado. Não conseguem ficar quietas por muito tempo; ao contrário, elas andam pela sala, permitindo que coisas periféricas atraiam sua atenção, em vez de se concentrarem em tarefas específicas à mão. E elas estão *sempre* atrasadas.

Para elas, não é natural ficarem sentadas em um espaço confinado durante horas a fio por vontade própria quando poderiam estar explorando o mundo mais amplo de um modo tangível e intencional, então elas questionam tudo e vão, sem receio, defender sua opinião na esperança que possam ser, de fato, ouvidas. Elas veem o mundo de perspectivas mais claras e totalmente diferentes dos outros e, como consequência, são geralmente rotuladas como perturbadas e desrespeitosas. Índigos costumam ser acusados de intencionalmente tentar fazer seus professores parecerem tolos, quando, na verdade, consideram uma tentativa de ampliar a compreensão de seus professores. Elas têm uma compreensão inata do que é certo e do que é errado e se sentem frustradas quando ninguém mais vê as coisas de suas perspectivas. São francas e persistentes em suas visões e reagem mal quando suas visões não são ouvidas ou reconhecidas. Podem se tornar agressivas quando acusadas erroneamente ou quando confusão, raiva e medo as envolvem e ninguém responde aos seus pedidos de ajuda. Elas são, em geral, inteligentíssimas e intuitivas, expressando conhecimento de uma maneira muito avançada para sua idade. Tal conhecimento muitas vezes assusta seus professores e pais, fazendo-os se sentirem envergonhados. Por causa disso, poucos se adaptam ao sistema e, como resultado, tentam mudar isso de modo que ele se adapte a elas.

A palavra delas...

A seguir, relatos pessoais de três Crianças Índigo que passaram por coisas com as quais a maioria das pessoas nunca sonhou, como elas lidam com suas experiências e as escolhas que elas fizeram para se tornarem indivíduos plenos e saudáveis (com ou sem "apoio" da medicação prescrita).

Meu nome é Sarah. Tenho 17 anos e sou do signo de sagitário.

Minha vida é tão interessante que mais parece uma montanha-russa. São altos e baixos eternos. Para mim, a vida começou em Sunbury, Austrália. Morava com minha mãe, meu pai e minha irmã mais velha. Eu não sei muito sobre minha vida nos primeiros anos, exceto que minha mãe e meu pai se separaram quando eu tinha 18 meses. O fato de, ao contrário de todos os meus amigos, eu vir de um casamento desfeito rasgou-me por dentro durante todos os meus anos. Eu não queria necessariamente que eles ficassem juntos, e isso pode não fazer sentido, mas apenas queria uma família.

Quando era criança, papai conheceu Kerry, que tinha um filho chamado Brendan, um mês mais velho que eu. No início de nossa "fusão familiar", todos os três filhos se davam bem. Esqueci de mencionar que papai ganhou a batalha pela guarda e minha irmã e eu fomos morar com ele. Brendan e eu começamos o Ensino Fundamental juntos. Desde cedo, eu comecei a criar conflito, dentro de mim, com meus colegas e até minha família! Eu tenho cabelos muito cacheados e já aos 6 anos de idade tinha baixíssima autoestima. Todas as outras meninas tinham cabelos bonitos, mas eu me sentia como se fosse um menino. Foi a partir dessa idade que comecei a me perguntar e me tornar paranoica com o que as crianças estavam pensando sobre minha personalidade e aparência. Eu me sentia intimidada pelas meninas bonitas, que logo se tornavam populares. Em relação à popularidade, fiquei no meio do caminho. Não era um fracasso, mas não estava longe dele. Brendan era popular. Ele jogava tanto futebol como futebol americano e ficou amigo das meninas populares, que conversavam com os esportistas durante o almoço. Desde nova, comecei a analisar por que as coisas aconteceram e cheguei à conclusão de que, pelo fato de Brendan não querer brincar comigo na escola (o que é compreensível), eu não poderia andar com aquelas garotas e, quando tentei, fui rejeitada. Como podem ver, sempre me senti intimidada pela maioria das garotas, nunca fui capaz de me defender muito bem e depois de ter apresentado essa atitude durante muitos anos, não mudei em nada. Não aceitava que ninguém falasse comigo como amigo e não ousava me aproximar das garotas populares. Então abaixei a cabeça e achava a escola relativamente fácil. Tornei-me relaxada com matérias nas quais não me interessava e sempre senti que sabia mais do que todas as pessoas com as quais conversava. Via defeito em tudo e adorava expressar minha opinião.

Acreditava – e ainda acredito – que o sistema educacional apresenta muitos "furos" nesse aspecto. Não consigo entender por que a maioria das escolas tolera o bullying, pelo menos em certo grau. Acontece diante dos olhos deles e é muitas vezes ignorado. Essas pessoas realmente sabem que os pupilos são sensíveis e que até pequenas coisas evoluem com o passar do tempo e podem se transformar em questões como depressão, ansiedade, baixa autoestima e abandono!

Em casa, comecei a me comparar com Brendan, pois ele era popular na escola e eu, não. Eu me sentia uma fracassada e essa personalidade também me seguiu até em casa. Logo passei a ver Kerry da mesma forma que via as demais meninas, e até quando ela falava comigo da mesma forma que com os meus outros dois irmãos, tinha a sensação de que estava tentando me intimidar. Era tudo coisa da minha cabeça, não era culpa dela. Essa forma de pensar provocou um conflito entre Kerry e eu; não um conflito mútuo, apenas deu origem a uma pirralha briguenta que chamava preto de branco apenas para ter algo com o que discordar.

Comecei a desenvolver alguns problemas bastante sérios em relação à minha autoestima, o que levou à depressão da qual sofro até hoje. Eu me atormentei repetidas vezes durante os anos na forma de uma autoaversão que desagradava além dos níveis reais. Ao me olhar no espelho, meu sorriso, olhos e nariz me desagradavam – eu detestava tudo. Isso fez com que questionasse o que todos pensam em segredo a meu respeito (imagine, isso se transformou em uma paranoia e agora tomo antipsicóticos para lidar com essa questão). Se eu conseguia notar todas essas coisas erradas comigo, imagina o que todo mundo estava pensando? Eu fiquei insegura e, bem, muito rude com todos.

Cresci com esses problemas, que pareciam piorar a cada dia. Além de crescer, tinha que encarar essas questões "internas" todos os dias. Fiquei tão presa nisso que não conhecia outro jeito de ser. Na verdade, nunca tive a oportunidade de "me" conhecer" ou de me tornar a Sarah que sonhei ser. Eu observava outras pessoas e tentava assumir as características de suas personalidades. Eu me tornei uma pessoa perturbada, ao mesmo tempo confusa e revoltada com o mundo. Se eu encontrasse o gênio da lâmpada, não pediria uma mansão ou a paz mundial, mas destinaria todos os três desejos a dar a cada ser humano a satisfação interior. Eu, então, queria desesperadamente me sentir em paz e percebi que o conflito que acontecia dentro de mim, afinal, me mataria.

Se eu realmente seguisse meu coração, reconstruiria toda a maneira de fazer as coisas na escola. Tenho muita raiva do sistema educacional e do modo como me colocou para baixo. Ingressar no Ensino Médio foi a parte mais difícil da minha vida. Como pode ver, eu estava tentando *lidar e administrar os problemas em casa e enfrentar os valentões na escola sem qualquer autoconfiança. Eu era uma pessoa muito frágil e pelo fato de não ter nenhuma confiança ou carinho por aqueles ao meu redor, àquela altura me tornei muito cética. Aprendi que você pode contar "mentirinhas" para criar qualquer história que desejar ter e isso me deu a habilidade de me tornar muito militante e convincente. Eu me filiei à equipe de debate da escola e provei para mim mesma e para todos ao meu redor que, apesar do debate e de como eu me sentia verdadeiramente em relação a isso, eu poderia dizer besteiras para provar que qualquer um estava errado, mesmo que não concordasse comigo mesma! Como adotei esse traço de personalidade, continuei a analisar as pessoas ao meu redor e a me questionar se elas estavam fazendo a mesma coisa. Então fiquei muito desconfiada e considerava relacionamentos difíceis. Durante o Ensino Médio, minha depressão se intensificou, pois Brendan continuou popular, enquanto eu rastejava sob a asa protetora de minha irmã e me mantinha afastada das pessoas da minha idade das quais escondia minha ansiedade. Nunca tive de estudar muito e costumava sonhar acordada durante as aulas. Como não achava a lição de casa nem os trabalhos muito difíceis, descobri que quando prestava muita atenção e me esforçava bastante parecia nerd. Dedicava atenção especial ao funcionamento do sistema educacional e encontrei muitas falhas nele. Descobri que tinha o dom da oratória – ou ouso dizer, de falar besteira – para me manter longe de confusões, mesmo que fosse a detenção ou apenas uma discussão diária com um dos meus professores. Eu me tornei uma sabichona e levei essa atitude para casa também.*

Enquanto isso, em casa, eu fazia malabarismos com a minha vida e ficava com o coração na mão. Como minha irmã e eu íamos da casa da minha mãe para a casa do meu pai todo segundo final de semana do mês, criei outro complexo. Comecei a me questionar sobre quem minha mãe realmente era e quem ela era para mim e se, de fato, eu precisava dela de verdade. A essa altura, encontrei falhas no sistema legal, o que apenas aumentou meu ódio em relação a qualquer tipo de sistema. Como ou por que alguém que não conhece a família poderia ser qualificado para decidir onde as crianças devem viver! Como um diploma proporciona um privilégio tão delicado? Isso me leva a outra coisa que eu odeio em nosso mundo: as pessoas que são tão ligadas, mas não "educadas", nunca serão aceitas na sociedade em comparação àquelas que são "qualificadas para ter uma opinião"! Não conseguia compreender como um projeto de lei ou documento legal poderia decidir onde uma pessoa querida deveria viver ou quem deveria viver com ela. Nessa época, queria me tornar advogada, em parte porque adorava imitar minha irmã, que também queria ser, mas também porque pensava que sabia tudo e queria mudar o sistema e acreditava desesperadamente no que dizia para mim mesma: eu poderia fazer a diferença. Esse progresso e essa sensação de força logo desapareceram quando me tornei bem introvertida e cheia de ódio por mim mesma e aprendi a não acreditar em mim. Era quase como se tivesse adotado em relação a mim o mesmo ódio que os valentões tinham. Enquanto tentava desesperadamente batalhar nesse período, eu me vi emocionalmente cansada. Enquanto quebrava minha cabeça e meu coração todas as noites, tornei-me uma pessoa entediada na escola, como se carregasse meus problemas presos em uma coleira, como se fosse um animal de estimação. Não no sentido literal. Sendo a pessoa que sou agora, percebi que tudo isso foi apenas um grande motivo para me fazer de vítima, o que me exigiu muita autodisciplina e uma estrada dura da qual queria me livrar. Sou muito grata por esses tempos difíceis, pois eles me tornaram única e me ajudaram a ter uma personalidade muito interessante e plena.

De volta ao assunto escola, comecei a compreender meus sentimentos interiores e com isso veio a autoaceitação, tornando-me uma parte de um grupo social muito maior. Isso me mudou como pessoa, em uma garota que havia sido apresentada a um mundo ruim, um mundo podre. Fugi de casa em busca de uma vida melhor, diferente, uma vida com minha mãe. Acredito que corri até a casa dela com uma mente questionadora, já que nunca tinha morado com ela antes. Trabalhar e frequentar a escola em uma área diferente da minha nova casa mostrou-se muito difícil, tanto que vim a mudar de escola. Esqueci de mencionar que antes dessa ocasião tinha me mudado para a casa da minha mãe em outra oportunidade, pelo mesmo motivo. Porém, voltei para a casa do meu pai no início do nono ano, enquanto enfrentava meus piores medos quando me matriculei em outra escola. As crianças de lá urinavam em mim, cuspiam em mim, colocavam minha cabeça no vaso sanitário, e sua imaginação poderia descrever melhor o que passei. Foi essa experiência que me deu coragem para voltar para uma escola que não era tão horrível quanto eu pensava antes. Na escola anterior eu me dava muito bem com as crianças.

Apesar de as coisas irem muito bem na escola, comecei a entrar em atrito com minha mãe, pois como havia crescido em um ambiente barulhento, cheio de murmúrios humilhantes e destruição, não conseguia suportar viver nesse lugar silencioso e imaculado chamado "lar". Fiquei revoltada e deixei meu lado questionador maldoso ser inimigo de minha mãe. Depois de seis meses comecei a usar maconha e passei a morar sozinha após ser expulsa de casa. Esse foi um estágio muito depressivo de minha vida, quando passei por muitas coisas para as quais não estava preparada.

Quando morei sozinha, eu me envolvi em um relacionamento sério com Dave, um namorado que minha mãe desprezava, mas, mesmo assim, meu coração estava preso a ele como cola. Ele era muito cruel. Na pior das hipóteses, ele ignorava meus sentimentos, prometia me ligar e não ligava, o que foi muito difícil para mim superar tudo sozinha, já que não tinha família ao meu lado naquela época em que estava alugando uma casa sozinha, ou seja, quase não tinha dinheiro. Eu não conseguia ligar para ele porque não podia me dar ao luxo, portanto dependia muito da palavra dele e tive meu coração partido muitas vezes quando ele não compreendia meu raciocínio. Envolver-me com ele foi um dos piores e melhores momentos da minha vida. Foi como uma montanha-russa isolada da minha vida real. Era uma vida falsa que eu sequer ousava viver sob os cuidados de papai e Kerry. Alguns momentos que passei com ele foram tão incríveis e valiosos demais para estimar; por outro lado, esse relacionamento me afundou nas drogas, ensinou-me muito sobre as ruas e sobre mim. Refleti muito sobre outras pessoas quando estava com Dave e, quando saí um pouco de mim, comecei a gostar de quem eu era e de quanta experiência tinha dominado minha personalidade.

É assustador pensar que sem essas voltas e mais voltas nossas vidas poderiam ter sido muito diferentes. Eu estimo cada lembrança e lição, boa, ruim ou indiferente das quais participei e não desejaria ser outra pessoa. Minhas experiências são minha história e são elas que me formam.

Depois de começar a morar sozinha, comecei a assumir o controle da minha vida e aprendi com algumas lições muito valiosas; muitas pessoas para quem eu sublocava me colocaram em crises financeiras. Percebi que minha vida e minha família são preciosas demais para serem desperdiçadas por algo tão mesquinho e, com isso, dediquei muito tempo e esforços emocionais para consertar minha relação com minha mãe. Tive que arrumar um emprego para me tirar desses momentos difíceis, sendo que parte da minha decisão foi cancelar meus benefícios de previdência social e simplesmente enfrentar o desafio de me sustentar. Isso me fez sentir como se tivesse o direito de pôr em prática o que criticava, o que me fez sentir como se tivesse conquistado tal direito. Uma vez finalmente recuperada, limpei toda a minha vida e meu mundo. Deixei a residência precária que estava alugando por quase dez meses e comecei a morar em uma pensão.

Esta experiência me levou aonde estou agora. Comecei bem, mas acabei por ter mais lições de vida, mais crueldade (em relação a meu coração e suas batidas frágeis), bem como colapsos físicos e mentais. Durante meu período na pensão tive um modo de vida novo e isso aconteceu por dividir a moradia com um motorista de caminhão de 36 anos e um estucador de 24 anos. Esses homens não eram muito refinados e, apesar de nossa diferença de idade relativamente grande, a casa era, em geral, um lugar feliz para viver. Fiquei bem mais sociável e a vida não poderia ser melhor. Comecei um relacionamento com Simon, um ótimo mecânico que ainda é meu amigo e me ensinou muito sobre mim mesma. Ele e minha colega de quarto me ensinaram a ser honesta comigo mesma, o que também teve grande importância no processo de chegar aonde estou atualmente, já que sempre tento ser honesta comigo. Essa teoria proporciona equilíbrio e uma perspectiva clara sobre a vida como ser humano, então aprendi. Após ter morado lá por meses, as coisas começaram a seguir ladeira abaixo novamente, o que me levou a uma depressão relativamente grave. Como pode notar, depois de ter sido tão feliz, descobri que todas as coisas boas podem acabar – algo com que senti dificuldade de me conformar. Eu tinha um emprego no centro de Melbourne, o que começou a me desgastar. Quando comecei a sentir uma pressão cada vez maior para me comportar em meu ambiente de uma maneira com a qual não conseguia lidar, a vida se tornou muito difícil para mim, pois comecei a ficar boa em me fazer de vítima e jogar a toalha quando os momentos eram difíceis. Para mim, a solução era o suicídio.

Em uma noite melancólica, Simon terminou comigo e isso, além das outras pressões que enfrentava, me destruiu em mil pedaços. Eu caí lentamente, começando por me afastar dele, depois voltei para casa para gritar com ele, pois depois que a tristeza acabou, fiquei muito irritada por causa da mágoa. Isso fez com que minha colega de quarto me desse duas semanas para ir embora, apesar da situação. Toda essa bagunça fez com que eu me desesperasse. Tive uma overdose de antidepressivos, para chamar atenção ou como uma tentativa de suicídio. Passei a noite no hospital e, no dia seguinte, fui internada em uma ala para adolescentes.

Desde então estou vivendo lá e nesse período no hospital tive lições valiosas, que, acredito eu, me levaram para mais próximo do bem-estar e da chave para abrir uma nova porta para minha vida. Recebi uma oportunidade de ouro para colocar um ponto final nos meus anos melancólicos e me levar à jornada na qual agora estou. Uma jornada positiva que escolhi para dedicar meu coração e minha alma aos jovens que enfrentam dificuldades – não para comandá-los, mas, sim, para ser alguém que ouve e abre seus olhos. Você pode até chamar a profissão na qual estou ingressando de "luz para situações obscuras". Estar no hospital me deu a chance de experimentar como a pior das vidas realmente é. Por exemplo, agora sei muito sobre suicídio, depressão, ansiedade, etc., tudo a partir da minha experiência pessoal e dentro de um sistema. Eu quero desesperadamente fugir do sistema e dar minha força para outra pessoa, se não para muitas delas. Isso seria fantástico!

Para mim, ser um Índigo é aceitar as experiências de minha vida e ser desafiada – nunca foi suficiente imaginar como seria – tive que conhecer e vivenciar além da minha imaginação fértil. Para mim, ser um Índigo é nunca realmente concordar com qualquer tipo de estrutura, limite ou sistema e desesperadamente pedir atenção ou um ouvido atencioso que também tenha a autoridade para compreender o que tenho a dizer e fazer algo a respeito. Para minha surpresa, acabei de começar a notar cores brilhantes ou auras ao redor de algumas crianças, comunico-me com anjos e sou muito conectada com minha espiritualidade. O melhor conselho que daria a alguém (a um Índigo, em especial) é que é muito fácil se fazer de vítima e cair na armadilha do "coitadinho", porém você se tornará alguém mais do que perfeito caso decida construir uma ponte e atravessá-la. Eu acredito em todos que têm espírito, o que significa que todos nós temos a habilidade de seguir em frente; você apenas precisa andar pelo caminho certo.

O mundo em que vivemos é muito cruel. É crítico, e tudo o que você deseja é muito difícil de conquistar. A única maneira de acabar com isso para alcançar o topo é buscar a si mesmo com sua alma e perseguir seus sonhos. Os sistemas veem a sociedade em preto e branco, por isso é tão fácil retratar falhas. É isso: eles sempre estarão errados porque a vida também é cheia de tons de cinza...

Meu nome é Mark. Tenho 16 anos e sinto que sou diferente dos outros

Lembro-me que sempre me senti diferente dos outros. Sempre quis apenas crescer e pular para quando eu completasse 18 anos para então ter minha própria casa, carro e não depender mais de ninguém.

Passei a maior parte do Ensino Fundamental sonhando e não conseguia me concentrar no que eles queriam; eu me preocupava mais com o que estava acontecendo comigo. Não fazer minha lição de casa sempre foi algo que me colocou em apuros e eu, na verdade, não me importava muito com o que eles pensavam.

O Ensino Médio foi um martírio, pois tive que mudar da escola particular para a pública, o que foi uma mudança pesada e desde o segundo em que pisei na escola soube que não seria exatamente o melhor momento da minha vida. A disciplina, sem dúvida, parecia ser inexistente se comparada com a escola particular. Acredito que, algum tempo depois, também comecei a perder meu senso de disciplina. Foi quando realmente comecei a entrar em apuros na escola. Não olhava para os professores como figuras de autoridade ou pessoas que devessem ser respeitadas apenas porque eram professores. Eles são apenas seres humanos como eu e você. Não tenho nada contra professores, apenas contra aqueles que pensam que são isso e um pouco mais simplesmente por serem professores.

Não importava com quem falasse na escola, fosse professor, coordenador e até o diretor, eu sempre falava o que pensava. Logo aprendi que professores não gostam de alunos que falam o que pensam. Porém, eu falava porque queria mostrar a eles que não os temia, e eles conseguiam me tratar com injustiça.

Lembro-me de sempre ter tido um forte senso de justiça desde então e a reagir com fúria nas situações que me faziam sentir que não estava sendo tratado de maneira justa. Sofri bullying desde o início do Ensino Médio. Todas as vezes eles diziam que dariam um jeito, mas nada aconteceu até o dia em que me enchi de tudo e revidei. Por consequência, isso me ocasionou muitos problemas com os professores. Ora, onde está a justiça nisso? Fui suspenso.

Outro incidente aconteceu quando fui tratado injustamente. Num dia de orientação profissional, estava na casa de um colega quando alguns garotos de outra escola de Ensino Fundamental jogaram pedras e galhos em nós. Achamos que seria divertido se lançássemos tortas e enroladinhos de salsicha neles. Fui para a escola no dia seguinte e me vi conversando sobre o incidente com minha coordenadora, quando ela me pediu para apanhar o lixo no entorno da escola como punição pelo dia anterior. Disse a ela: "quem é você para me castigar pelo que fiz em meu dia de folga?". Fui suspenso de novo.

Eu sempre odiei a escola e, desde que iniciei o Ensino Médio, tudo o que queria era ir embora!

No oitavo ano, fumei maconha pela primeira vez e, nos dois anos seguintes, estava fumando muito. Meus colegas eram legais o suficiente para satisfazer minhas necessidades e não conseguia ver nada errado em um momento de relaxamento. Na verdade, enquanto passei por essa fase, minha mãe, na verdade, ficou me dizendo como era bom eu manter minha atitude sob controle e não brigasse muito com o resto da família. Agora percebo que foram as drogas que alteravam meu humor, dando uma falsa sensação de quem eu era. Descobri que isso estava me destruindo e afetando todas as áreas da minha vida. Tomei a decisão de largar por meus próprios motivos, não pelos dos outros.

Minha experiência profissional veio com o décimo ano da escola. Eu tinha coisas melhores a fazer do que pedir para que me dessem um emprego; na verdade, eu nunca quis fazer isso, para começo de conversa. Então apenas perguntei para que um amigo meu que morava do outro lado da rua se eu poderia trabalhar como pedreiro com ele e seu colega. Então *tive uma experiência profissional com Will (meu amigo) e Brendan, meu chefe. Eu realmente gostei, pois tive uma amostra do que era estar fora da escola, na força de trabalho, me sustentando e andando com minhas próprias pernas. Disse a Brendan que, se ele quisesse alguém para trabalhar consigo, me ligasse, pois disse a ele que estava preparado para deixar a escola e trabalhar.*

Voltar à escola depois da experiência de trabalhar foi difícil, pois sabia onde realmente queria estar. Eu estava sentado em uma aula de inglês e a professora me pediu para comentar sobre Romeu e Julieta. *Eu fiz meu comentário, depois do qual outros caras da sala fizeram um comentário engraçadinho e desnecessário. Isso me ofendeu. Então, levantei e gritei com o babaca. A professora apartou a briga e tudo pareceu voltar ao normal. A hora do almoço chegou e eu estava sentado no campo com meus amigos, quando vi um garoto com cerca de 50 caras caminhando em nossa direção. Pensei comigo mesmo que isso não poderia ser bom!*

O grupo era liderado pelo mesmo garoto que fez aquele comentário na aula de inglês. Quando eles finalmente chegaram até nós, Geoff (o garoto) me disse que queria brigar, mas naquele momento eu me acalmei e tinha coisas melhores a fazer do que brigar. Falei a ele que não queria brigar, mas ele e seus colegas não gostaram, me disseram que eu era um medroso e jogaram dúzias de ovos em mim. Afastei-me do grupo e continuei a caminhar para casa, coberto de ovos. Enquanto andava para casa, pensei que não aguentaria mais aquilo, que teria de abandonar a escola.

Liguei para minha mãe e contei a história. Ela me apoiou plenamente, o que fez me sentir bem. Então tivemos uma discussão sobre a possibilidade de eu deixar a escola, mas haveria condições – uma delas era que trabalhasse em período integral. Eu já estava trabalhando meio período no McDonald's e não gostava nada da ideia de trabalhar lá o dia inteiro. Precisava encontrar outro emprego. Cerca de uma semana depois, em uma segunda-feira à noite após ter perdido meu emprego no McDonald's por causa do meu corte de cabelo "escandaloso", recebi uma ligação de Brendan, o pedreiro, que me ofereceu um emprego de operário em período integral. Perguntei a ele quando queria que começasse e ele respondeu: "amanhã". Disse que o veria no dia seguinte. Minha vida mudou para muito melhor naquela noite. Sou aprendiz de pedreiro há quase dois anos. Amo meu trabalho, aprendi e ainda estou aprendendo sobre esse mundo de gente grande do qual queria tanto fazer parte.

Algumas coisas por que passei não foram um mar de rosas, em especial quando meu colega Johnny morreu em um acidente de carro em setembro passado, o que realmente me abalou. Porém, não voltaria à escola nem por 1 milhão de dólares. Minha compreensão sobre o mundo espiritual me ajudou a superar a morte de Johnny, pois sabia exatamente o que estava acontecendo e ele estaria bem!

Sinto-me particularmente próximo de minha mãe, que me apoiou em todos os momentos difíceis. Sem esse apoio as coisas poderiam ter se tornado muito diferentes. Eu pensei em me matar aos 13 anos, e meu pai me fez mudar de ideia. Eu ainda tenho muitos aprendizados e experiências pela frente, mas agora lido com as coisas com um pouco mais de facilidade, olhando de uma perspectiva diferente e sou tratado com respeito.

Meu nome é Adam e lembro que nunca consegui me adaptar

Durante meus anos de Ensino Fundamental nunca tive amigos. Nos intervalos e no recreio eu andava com os professores porque nunca conversava com ninguém. Acho que muitas crianças pensavam que eu era estranho. Todos sabiam meu nome, mas ninguém realmente se esforçava para me integrar. Creio que também eu não tenha me esforçado. Eu nunca caí em depressão profunda quando jovem porque todos sempre me disseram que poderia fazer o que quisesse. Desde que batalhasse, poderia conseguir. Eu nunca fiz lição de casa, pois considerava desnecessário. Praticar ortografia? De jeito nenhum! Por isso, meu desempenho na escola foi sofrível. Eu sequer aprendi a tabuada.

Quando estava no sexto ano, minha professora dava a todos a mesma tarefa, menos para mim. Sem meu conhecimento, recebia uma diferente. Suponho que ela estivesse tentando me testar. De qualquer modo, quando descobri que não poderia copiar as respostas de ninguém porque eles não tinham as mesmas questões, perguntei à professora. Ela explicou que eu ainda tinha que completar a página. Eu nunca o fiz porque não conseguia. Fui colocado em uma aula extra com outro professor, na qual nós acompanhávamos os livros com áudio e trabalhávamos muito lentamente. Por que eu fui transferido para uma sala cheia de desajustados que não conseguiam ler nem escrever enquanto eu conseguia? Eu fui levado a um médico que me diagnosticou com um transtorno especial. Ele disse que eu não conseguia me lembrar de mais do que oito dígitos de uma vez. Eu não tinha noção de que isso era um problema. Nunca me impediram de avançar na escola. Descobri que gostava principalmente das minhas aulas de música e de arte, quando estava lá para pintar e brincar com argila. No final, você vê o que criou, um objeto que você fez que é seu e nunca vai embora. Em música, todos nós aprendemos flauta doce. Eu também tive aulas de piano, depois de guitarra e de saxofone. Mais uma vez, eu odiava esses, porque tinha de fazer lição de casa ou praticar. "Você deve *praticar todas as noites, assim poderá conseguir o que quiser"*. Essa era outra coisa que eu acreditava não precisar fazer. Iniciar o Ensino Médio em uma escola particular foi bastante assustador, mas foi um novo início, uma chance de fazer alguns amigos. Teve um acampamento na segunda semana, uma espécie de confraternização para as pessoas se conhecerem. Eu estava realmente ansioso por isso. Todos nós fomos de ônibus a Phillip Island e todos estavam conversando. Eu era muito calado, tímido mesmo.

Quando chegamos, todos subimos aos dormitórios. Não havia quartos para todos, então fui para outro quarto com outras três pessoas – novamente, acho que eram desajustadas. Todos nós participamos das atividades, mas, na verdade, nunca me liguei a ninguém. Mesmo assim, ainda tentei me divertir. Ficávamos ao ar livre, andando de bicicleta, surfando e apenas fazendo coisas malucas. Tínhamos um acampamento escolar todos os anos. Ao final do sétimo ano e no resto de meus estudos lá, tinha três aulas de "educação especial" por semana, onde tinha ajuda com minha tarefa. Eu era a única criança na escola que tinha permissão para fazer anotações em um notebook.

O oitavo ano foi bom, quando comecei a fazer alguns amigos verdadeiros. Alguns que durariam a vida toda... bem, talvez apenas um. Um dia, recebi uma ligação de meu amigo Jake, um rapaz de minha classe. Ele queria que eu namorasse sua irmã. Bem, claro que sim. Então, um dia depois da aula fomos à sua casa em Belgrave e conheci Sarah, sua irmã. Novamente, eu estava bastante tímido, mas foi muito bom, pois eu tinha uma namorada. Eu nunca criei coragem para beijá-la quando nos encontrávamos e ela acabou me dispensando. Foi um tipo de decepção, mas fui inspirado a continuar amigo de Jake. Ele e eu nos influenciávamos positivamente. Eu o tirava mais de casa para vivenciar coisas novas e Jake me apresentava a pessoas novas, que logo se tornaram meus amigos íntimos. Todos iam a casa de alguém no final de semana e basicamente perturbávamos uns aos outros (algo comum quando se tem 15 anos). Durante os anos seguintes, namorei algumas garotas de nosso círculo de amigos. Sempre que acontecia um término não havia perda de amizade por muito tempo. Apenas nos ocupávamos com as velhas brincadeiras, a bebedeira e a "pegação". Essa era minha vida – simples. Sem me preocupar com a escola nem nada. As coisas começaram a ficar sérias. Eu ia muito mal em Matemática. Na verdade, eu fui expulso da maioria das aulas por ser barulhento e bagunceiro. Era enviado à sala do diretor e recebia um cartão amarelo. Isso durava, geralmente, duas semanas. Fiquei nisso uns três meses. Isso significa que cada professor deve escrever se você se comportou na aula e como você foi produtivo em seu trabalho.

Eu odiava essa ideia, então simplesmente não me importava com o que estava escrito. O diretor da escola queria me suspender. Eu queria largar os estudos. Em uma tentativa desesperada para fazer isso, entramos na questão do que queria fazer. Optei por paisagismo. Isso agora envolvia um dia por semana estudando horticultura na TAFE. Eu tinha um dia de folga da escola para frequentar esse curso. Em algumas semanas descobri que todos da sala não eram apenas cinco anos mais velhos que eu, mas também três vezes mais burros. Então resolvi não frequentar mais o curso. Eu teria todas as quartas-feiras livres. Uma pausa legal no meio da semana. Acabei não obtendo o certificado, mas ainda consegui ser aprovado no décimo ano. No ano seguinte, comecei a frequentar uma escola pública, onde estudei hotelaria. A escola tinha muitas aulas práticas. Ela foi um grande choque ao sistema, pois era maior do que tudo o que tinha visto antes. Havia muitas pessoas. Não conheci ninguém no primeiro dia. Todos agiram como se fossem melhores do que eu. Concluí que estava lá para trabalhar. Então foi o que fiz. Enquanto estive lá, ganhei várias habilidades nessa indústria que me beneficiariam por alguns anos. Eu me senti muito sozinho por não conhecer ninguém e, na verdade, não queria conhecer ninguém.

Durante meus anos na escola, comecei a trabalhar na indústria hoteleira. Descobri que era mais fácil para mim falar com pessoas que não veria novamente, pois elas estavam no meu ambiente e na minha zona de conforto, onde me sentia confortável. Eu gostava da ideia de conhecer pessoas novas todos os dias. Trabalhei em muitos lugares diferentes durante os anos. Na maior parte das vezes eu ficava em um lugar e quando me sentia infeliz depois de algum tempo, procurava algo novo e diferente. Finalmente, comecei a trabalhar em um grande hotel em Yarra Valley. Gostei por algum tempo e trabalhava o tempo todo sob o sol. Acredito que, principalmente, para me manter ocupado, de modo que não tivesse de ver ninguém.

Alguns meses depois, comecei a ficar entediado. Era a mesma coisa todos os dias e todas as semanas. Foi nessa época que comecei a ter visões. Desde os meus 6 anos de idade sempre vejo espíritos. Consigo me lembrar de ver luzes e figuras se movimentando ao meu redor. Quando as visões começaram, nunca, de fato, prestei muita atenção. Descobri que estava me tornando mais sensível à energia. Senti-me triste e deprimido por muito tempo. Pensei que isso fosse normal. Eu morava em Warburton e sentia que essa pequena cidade era cheia de energia. Eu conseguia me conectar com a vida no mato. Embora tenha crescido no subúrbio, sempre senti uma ligação com o campo, vivendo lado a lado com a terra e tudo ao redor dela.

Depois de dez meses trabalhando nesse emprego, eu e um grupo de amigos decidimos visitar o Reino Unido, em um feriado de trabalho. Isso pareceu ótimo. Eu trabalharia na indústria que adorava, em outro país. Acho que a grama do vizinho é sempre mais verde. Eu nunca encarei dessa forma, mas, pensando bem, foi uma espécie de fuga de quaisquer problemas que eu estava enfrentando na Austrália. Tudo estava indo muito bem. Causei uma ótima impressão no meu chefe. Arranjei uma namorada que logo se tornou minha noiva, depois de muitos meses de idas e vindas. Foi ótimo. Fui promovido no emprego, tornei-me gerente-assistente de um hotel e pub. Adorei.

Como todas as coisas que aconteceram em minha vida, elas pioraram de uma hora para outra e muito rapidamente. Minha noiva e eu estávamos brigando, meu chefe estava suspenso e estávamos brigando constantemente com o diretor da empresa. Certo dia, isso me encheu e fomos embora. Fomos viver na casa dos pais de Sam até encontrarmos um novo emprego. Pensei que seria fácil. Partir realmente resolveu muitas coisas entre mim e Sam e finalmente encontramos um emprego. Eu estava infeliz logo que comecei. Eu não me identifiquei muito com ninguém lá. Eu apenas ia direto para o meu quarto e dormia. Alguns meses depois, Sam decidiu me deixar; assim, fiquei sem emprego e sem casa. Tive que me demitir do emprego que odiava, o que não me importei. Voltei à empresa anterior, na qual mais uma vez era gerente.

Eu estava me sentido deprimido, não apenas porque Sam me deixou, mas sentido os problemas de todos. Pessoas tristes por causa das dívidas, do trabalho, etc. Morei sozinho em cima do pub, mas o quarto tinha uma cor azul repugnante e o banheiro era verde pálido. Mais uma vez, como em todos os lugares aonde fui, não me adaptei, embora fosse brilhante com os fregueses e fizesse um ótimo trabalho. Sempre fui elogiado por todos, mas nunca, de fato, socializei. Depois de sair desse emprego, caí em depressão profunda. Eu me mudei pensando que as coisas seriam diferentes, mas apenas pioraram. Nas últimas dez semanas no Reino Unido, fui da tristeza à depressão, tanto que chorava com minha mãe ao telefone. Se era saudade de casa, demorou 14 semanas para aparecer. Por um capricho, reservei minha passagem de volta para casa e a antecipei, pois precisava de algo – não sabia o que e ainda não sei, mas voltei para casa.

Assim que saí do avião, em Melbourne, quis voltar na hora para Heathrow. No entanto, não pude. Tinha acabado de voar metade do mundo sem nenhum motivo aparente, pois estava deprimido. Agora tinha minha família ao meu redor novamente. Eu estava feliz, mas não entusiasmado. Passei algumas semanas viajando à praia para encontrar Jake. Eu estava me divertindo. Meu dinheiro então acabou e tive que voltar ao trabalho. Por semanas tentei encontrar um emprego. Eu tinha muita experiência, por que era tão difícil encontrar trabalho?

O que eu deveria fazer? Voltei ao meu antigo emprego em Yarra Valley. Comecei a sofrer ainda mais de depressão. Eu odeio ir ao trabalho. Odeio ter que ser algo que não sou; fingindo ser esse garçom de alta classe em um hotel luxuoso, por exemplo. Meu humor mudava a cada dia, alterando-se de minuto a minuto. Eu estava feliz e então queria acertar alguém na cabeça. Eu estava feliz por estar em casa, pois o tempo todo em que vivi no Reino Unido nunca tive visões e premonições, nem vi espíritos. Quando voltei a Warburton, começou quase que instantaneamente e com mais força. Os sonhos que tinha eram muito estranhos. Um sonho que realmente não sai da minha cabeça é que um grupo de amigos e eu assassinamos um amigo nosso e, para ocultar, cortamos o corpo em pequenos pedaços com uma faca de manteiga e o enterramos na mata. Fiquei muito chateado com isso, pois era muito real. Porém, se você pensar nisso, era mais um sinal de que eu estava pronto para seguir em frente e começar de novo.

Na semana seguinte, conheci Scott e me inspirei com suas palavras. Ele me disse que eu sou uma Criança Índigo e explicou o que significa e o que poderia conseguir. Isso me fez sentir muito bem comigo. Senti como se finalmente conseguisse relaxar, pois estava descobrindo quem eu era; aprendendo o que me motiva. Era como se o mundo tivesse sido tirado de minhas costas e eu pudesse seguir em frente e conseguir tudo o que queria. Sempre soube no fundo do meu coração que era capaz de fazer isso tudo. Sempre fui fascinado por séries de TV com bruxas e demônios, o que acredito ser um pouco como na vida real. Deus contra o Diabo. Embora, às vezes, odeie sentir energias, acredito que seja um verdadeiro dom, um que não trocaria por nada neste mundo.

Crianças Cristal

Afirma-se que Crianças Cristal emanam auras opalinas e multicoloridas, semelhantes ao efeito do prisma quando a luz é refletida através de um cristal de quartzo transparente. A maioria das Crianças Cristal tem olhos grandes, um olhar penetrante, além de personalidades carismáticas, serenas e delicadas. Elas são muito afetuosas e naturalmente bondosas. Muitas começam a falar tarde na infância; em vez disso, fazem uso de "telepatia" ou linguagem pessoal de sinais para passar sua mensagem aos pais, irmãos e amigos. Minha irmã, por exemplo, não aprendeu a falar cedo. Quando criança, ela bufava e apontava o que queria e, quando fazia isso, todos imediatamente respondiam. Nós rimos com isso agora, mas sua forma de "falar" distinta na infância carinhosamente lhe rendeu seu primeiro apelido: Boo.

Infelizmente, por causa de sua propensão ao silêncio ou à comunicação por sinais, muitas Crianças Cristal são diagnosticadas erroneamente como autistas.

As Crianças Cristal são extremamente sensíveis e empáticas, muito conectadas com a natureza e os animais. Elas amam os idosos e reagem bem a outras crianças. Elas não têm problemas para fazer amigos. Muitas dessas crianças são fascinadas por cristais e rochas e discutirão abertamente sobre espíritos e lembranças de vidas passadas. A maioria é muito musical e artística; prefere uma dieta vegetariana ou saudável a alimentos processados ou *junk foods* (embora algumas adorem um doce; portanto, esteja preparado). Por serem muito sensíveis ao mundo moderno, as Crianças Cristal, contudo, são geralmente mais sensíveis a produtos químicos do que outras crianças e naturalmente têm cautela com estranhos.

Crianças Arco-íris

Segundo um trecho de um artigo de Doreen Virtue, extraído de seu site de Terapia Angelical, as Crianças Cristal "são a personificação de nossa divindade e o exemplo de nosso potencial."

Elas são aparentemente raras. Porém, quando elas, de fato, aparecem, afirma-se que "escolhem" Crianças Cristal para serem seus pais, não carregam carma e geralmente apenas surgem em famílias competentes e acolhedoras.

Capítulo 2

Unidos Como um Único Povo

"Cada pessoa deve viver sua vida como um modelo para os outros."
– Rosa Parks – ativista norte-americana de diretos civis (1913-2005)

Este livro foi escrito na esperança de que possamos, um dia, nos unir como povo e caminhar com um só, com cada um de nós sendo cuidadoso, mas não obcecado com as diferenças, as potencialidades e as fraquezas demonstradas por *todas* as crianças do mundo – não importa de qual idade ou se são Índigos ou não.

Todos temos um propósito. Todos temos valor. Todos nós estamos aqui por um motivo sagrado e é nosso dever encontrar nosso propósito e vivê-lo da melhor forma possível.

Se Crianças Índigo realmente existem, se elas estão aqui para salvar o planeta ou trazer justiça de volta ao sistema, nada disso realmente importa se nós (como pais, professores, irmãos, mentores e guardiões) não percebermos sua existência como uma abertura para nos curarmos e assumirmos a responsabilidade de nossas próprias vidas. Nós realmente não precisamos nos preocupar com nossas crianças. Elas sabem o que estão fazendo. Somos *nós* que devemos reavaliar a vida e como a vivemos. Nós que precisamos aprender a nos adaptar e a nos sujeitar ao (novo) sistema.

Como todas as pessoas, tenho minha lista de pontos fortes e fracos e minha esposa tem a dela. Você tem pontos fortes e fracos, assim como a senhora que atravessa a rua, a garota que gerencia o pet shop e o cara que administra o pub local. Todos nós temos coisas das quais nos orgulhamos, nas quais somos bons ou temos dom em fazer. Também temos coisas nas quais somos ruins, das quais temos vergonha e coisas que fazemos religiosamente, mesmo sabendo que não devíamos.

Sejam benéficas ou não, essas coisas são as que nos tornam únicos. São as coisas que, quando vistas em contexto, nos fazem sagrados e especiais. Armados com esses pontos fortes e fracos, somos como peças de quebra-cabeça individuais que, quando unidas, se fundem para criar um quadro maior. E, como uma dessas peças de quebra-cabeça, percebi que não estou *separado* do universo, ao contrário, sou *parte* dele.

Minha esperança é que este livro ajude a unir pessoas; que facilite a percepção em massa e a celebração dos pontos fortes e fracos encontrados nos outros de modo que possamos aumentar as nossas próprias. E espero que este livro faça com que as pessoas parem e olhem as Crianças Índigo como mais do que apenas encrenqueiras hiperativas ou aberrações "X-men" da vida real armadas com dons sobrenaturais de apontar os pontos fortes e fracos encontrados em TODAS as crianças.

Por exemplo, meus pontos fortes apoiam os pontos fracos de minha esposa, e vice-versa. Sem mim e minhas excentricidades, seus pontos fracos poderiam nunca ter sido reconhecidos ou demonstrados à luz do dia e sem as dela, minha vida teria sido realizada apenas pela metade.

Apenas ser um Guerreiro Índigo não me torna mais consciente do que minha esposa ou mais espiritualizado, iluminado, frustrado ou inerentemente irritado. Porém, reconheço que sou aquele que a ajuda a se tornar quem o que ela pretendeu ser. Ela, como pacificadora, da mesma forma, ajuda a me equilibrar e a pôr meus pés no chão. Seus pontos fortes (que são muitos) intensificam os meus. Eles fazem me sentir mais forte, mais orgulhoso e mais vivo. Eles aliviam meu fardo e fazem minha vida valer a pena. Seus pontos fracos me apoiam, dando propósito aos meus pontos fortes. Eles me fazem lembrar que ninguém é infalível e que todos precisam de socorro em algum momento ou outro e que não há problema em pedir ajuda ou se retirar para um local silencioso quando todas as demais opções se esgotaram.

É assim que a vida deveria ser: uma forma de vida apoiando e acalentando a próxima; uma vida aprendendo e oferecendo propósito e integridade para *todas* as outras. Ser um Guerreiro Índigo não significa que sou melhor ou pior do que alguém que não seja. Apenas significa que tenho sorte, pois, por alguma razão, pessoas como eu têm um holofote sobre os pontos fortes e fracos, de modo que outros podem nos ver como um modelo para crescer e se curar. Nós nos tornamos o "ideal", um arquétipo guerreiro, um modelo para reaprender e reedificar.

Como um Guerreiro Índigo, sei que cada um têm uma posição sagrada no plano maior das coisas; todos nós representamos um fio vital na Tapeçaria da Vida e somos todos iguais. Todos somos únicos e estamos separados em um nível, embora dependentes e unidos um ao outro. Também sei que colocar Guerreiros Índigo em um pedestal como "salvadores da humanidade" não é apenas um erro, também é uma perda de tempo. Para começar, o Guerreiro Índigo (a maioria dos quais adora estar no centro das atenções, não importa o motivo) apreciaria a princípio a fascinação sendo despejada sobre eles, mas logo esqueceria por que estava acontecendo. A verdade é que Guerreiros Índigo são excelentes em incitar rebelião e dar sua opinião, porém, com bastante frequência, são líderes torpes. Eles se entediam facilmente e, em geral, não querem nem precisam de responsabilidades pesadas. Se você perguntasse para um verdadeiro Guerreiro Índigo o que ele pensa sobre a publicidade atual, poucos responderiam de maneira entusiasmada. Os Guerreiros Índigo sabem, por exemplo, que individualmente todos nós temos as qualidades necessárias para "salvar a humanidade". Nenhuma pessoa ou grupo de pessoas carregam a honra exclusiva de cumprir com essa responsabilidade. Como "um povo", no entanto, quando as qualidades de todos são consideradas e unidas como uma só, coletivamente, formamos os ingredientes vitais necessários para planejar o derradeiro elixir da cura. O papel do Guerreiro Índigo, portanto, é permitir que *todos* se tornem líderes por seus méritos.

Os opostos que são iguais

A partir de minha observação, fica claro que a humanidade sempre empurrou o poder espiritual de um lado a outro entre os sexos. Parece ser uma velha questão de discórdia entre ambos, que diz respeito a quem tem mais poder, as habilidades mais fortes e o relacionamento mais profundo com o Espírito Criador, mas se criarmos nossas crianças corretamente e alcançarmos nosso potencial como "um povo", nós, assim como os mais velhos e mentores, precisaremos estabelecer um exemplo e direcionar nossa luta pelo poder, baixar nossa própria importância e assumir os princípios tanto masculinos como femininos de maneira unida e respeitosa.

    Para os antigos, a espiritualidade era uma responsabilidade compartilhada, com o reconhecimento dos pontos fortes e fracos individuais de cada sexo em posição de igualdade. A espiritualidade não era algo a ser rotulado, era um estilo de vida, o necessário para ter uma vida saudável e abundante. Percebeu-se que para que a Mãe-Terra e o Espírito Criador continuassem a prover as pessoas com o que fosse necessário para sua sobrevivência, teriam que honrar a fonte, viver em harmonia com a natureza e tratar uns aos outros com amor e respeito. Eles também perceberam que o que era dado tinha de ser reconhecido e oferecido de volta à Terra de maneira sagrada.

E então vieram as trevas, durante o maior período de tempo pareceu que os homens governavam e tudo que era feminino foi aniquilado, masculinizado e classificado como insignificante e fraco. Como todas as coisas que estão desequilibradas, o poder feminino enfim despertou novamente e voltou como uma força a ser considerada. Depois de muitos anos de grupos de desenvolvimento espiritual dominados por mulheres, louvor às deusas, círculos de mulheres, cura do útero e círculos da Lua Nova, no entanto, os homens agora estão, novamente, começando a olhar para dentro em busca de respostas e estão perguntando "e quanto a nós?".

Pessoalmente, estou cansado de comentários como "mulheres são mais intuitivas", "homens são ignorantes" e "homens precisam entrar em contato com seu lado feminino se quisermos curar nosso planeta". O fato é que a maioria dos homens não são capazes de distinguir seu "lado feminino" de uma pia e, secretamente, várias mulheres também não. Aliás, não conscientemente. Creio que homens são tão conscientes quanto mulheres, mas desde o início dos tempos, as mulheres se envolveram nas artes intuitivas mais rápido e em um nível mais fácil e mais natural e os homens puderam esquecer. É óbvio que ouvimos as correspondências feitas entre as fases da lua e as três fases da mulher como virgem, mãe e idosa. Claramente, somos incentivados a testemunhar a presença da deusa em todos os aspectos da Criação, evidente nos fluxos e refluxos da Avó Oceano e na mudança das estações, mas e quanto ao jovem, pai e idoso? E quanto ao aspecto Deus: o cônjuge masculino da deusa? Nós, como homens, esquecemos o que significa sermos verdadeiros machos, ao contrário de "verdadeiros homens", enquanto muitas mulheres lutam para lembrar o que significa ser mulher. Na Antiguidade, eram as mulheres que previam o futuro e determinavam o caminho do povo. Eram as mulheres que viam onde a melhor caça seria encontrada e o solo mais seguro para montar acampamento. Eram as mulheres que governavam o povo e elas o faziam confiando em sua intuição e sua conexão com o Espírito. No entanto, eram os homens que elevavam esses sonhos e visões ao Espírito Criador e pediam sinais, como se pudessem ser levados à realização. Os homens confiavam no Espírito, pois confiavam em suas mulheres. Eles sabiam que ninguém os desapontaria, pois confiavam em seu próprio Espírito e conheciam seu propósito e quem eles eram no plano maior das coisas. Os homens honravam o sangue menstrual como a força vital da condução e viam o sangramento das mulheres como o período sagrado de imenso poder. Na época de nossos ancestrais, os homens e as mulheres trabalhavam de mãos dadas. Suas vidas eram entrelaçadas em todos os níveis. Tinha equilíbrio. Eles se elogiavam física e espiritualmente, além de se apoiarem e compensarem as fraquezas uns dos outros.

As mulheres foram, outrora, consideradas emissárias dos reinos metafísicos, cumprindo o papel de romântica, profetisa, curadora, educadora e filósofa. Os homens sempre foram os ativos: os desenvolvedores, caçadores e coletores, os soldados de infantaria e defensores. Apesar dessas funções claramente definidas, tanto homens como mulheres outrora se reuniam em conselho sagrado. Eles podem ter se reunido separadamente ou em momentos individuais de poder, mas quando o fizeram, mantiveram-se em lados opostos ao mesmo tempo em que reverenciavam o outro como uma força de equilíbrio e igual por seus méritos. As mulheres sonhavam e compartilhavam suas visões com os homens, que sentavam juntos em paz dentro de seu papel como aqueles que se esperava que realizassem conscientemente tais visões e sonhos. Embora as mulheres previssem o futuro, eram os homens que dispendiam a energia e manifestavam o resultado. Do ponto de vista vibracional, a energia masculina é intangível e não pode ser mantida na palma da mão. A energia masculina é, em geral, testemunhada ou vivenciada, em vez de ser fisicamente contida. O calor do sol, o sentimento criado por um encontro íntimo, a violência da guerra – todos esses acontecimentos são vivenciados energeticamente e, portanto, masculina em sua forma. A energia feminina, porém, é tangível e real ao toque. As experiências acontecem dentro do útero, no parto de crianças; os ciclos da natureza, em constante mudança, o crescimento e a consequente colheita das safras são todos energeticamente femininos em sua forma. São experiências físicas que podem ser exploradas corporalmente e registradas pelos sentidos. Os antigos sabiam disso e celebravam o fato diariamente, tanto em rituais como em cerimônias, assim como em suas vidas cotidianas. Era real, prático e os proporcionava grande poder. Era o modo de vida a ser levado.

Na filosofia chinesa, o Yin-Yang é o símbolo de equilíbrio e harmonia entre tudo o que é masculino e tudo o que é feminino. O aspecto Yang, a área de cor mais clara, representa a luz do sol. A área escura, o Yin, significa a noite e a luz da lua reduzida. O Yang simboliza "homem", enquanto o Yin personifica a "mulher". É uma observação fundamental que afirma que o Yang não pode crescer e prosperar sem o Yin e o Yin não pode dar à luz sem o Yang. As duas metades que são opostas em forma e semelhantes em Espírito se unem para criar um todo perfeito, um círculo com representações de cada uma reverenciada ao máximo, nos momentos mais plenos e poderosos do outro, como pequenos pontos que parecem olhos de peixe. O poder encontrado na metade feminina não é nem diferente nem o mesmo que o poder encontrado na metade masculina, pois, embora eles sejam opostos a toda intenção e propósito, são iguais em todos os graus. Acredito que agora seja o momento de compreender nosso papel como formas de energia masculina e feminina, de nos unirmos como um para viver em harmonia e equilíbrio em relação ao outro, em vez de discutir sobre quem, o que, quando e por quê.

Como homens, é o nosso momento de nos lembrarmos da sacralidade e do poder do sexo oposto, enquanto assumimos a responsabilidade de melhorar a imagem pública de nós mesmos e as mulheres precisam fazer o mesmo. As mulheres se incomodam porque seus homens "não compreendem" como é sofrer física e emocionalmente durante o período menstrual. Elas reclamam, pois seus homens não as ajudam com os filhos, não se oferecem para preparar o jantar nem para limpar a casa. Elas se frustram porque suas realizações intuitivas são rotuladas como " caprichos" e a sabedoria das mulheres mais velhas é tida como conto da carochinha. Por que as mulheres de hoje se aborrecem com seus homens? A resposta, acredito eu, é que elas, involuntariamente, os incentivam a permanecer ignorantes. Elas os mantêm cegos. Elas gentilmente os menosprezam em frente das amigas e da família e se enfurecem com eles quando estão sozinhas. Elas esperam que seus homens saibam o que querem, mas permanecem em silêncio com relação a como eles devem descobrir.

Sem dar desculpas, não se deve esperar que os homens saibam o que significa menstruar e como isso perturba os aspectos diários da vida. Eles não sabem como é dar à luz. Não conseguem saber como suas mulheres ficam emotivas e cansadas depois de um dia em casa com os filhos. Não conseguem saber como seguir a vida confiando em sua intuição implicitamente, enquanto ainda esperam que tenham um emprego regular que traga para casa um determinado valor no final de cada semana para cobrir a hipoteca e as despesas com o carro. Não conseguem saber, a menos que suas mulheres o digam e isso não significa colocá-los sentados e ensiná-los com diagramas e vídeos de treinamento. Eu adoraria ver homens convidando as mulheres para os santuários interiores do que significa, para eles, serem homens, e vice-versa. Assim como os homens hoje precisam abaixar a guarda em relação às suas mulheres, curar o passado e conversar, lamentar-se e abrir o coração, as mulheres precisam apoiar o processo recebendo bem em seus mundos os homens que amam. Elas precisam acreditar que seus homens não as usarão e abusarão delas como os homens que vieram antes. Elas precisam convidar seus homens para seus círculos sagrados, grupos de cura, templos e locais restritos. Precisam e educá-los, explicando a sacralidade de ser mulher e ensinando-os a confiar em sua intuição e a compartilhar o fardo da rotina diária. Elas precisam ensiná-los a demonstrar amor e gratidão comprando para eles flores e balões de gás, bem como abrindo ocasionalmente uma garrafa de champanhe apenas para comemorar o amor mútuo. Caso contrário, como eles saberão fazer o mesmo? Muitos homens, atualmente, querem saber sobre menstruação, parto e "intuição feminina". Eles querem ser incluídos nas compras, na decoração da casa e na escolha dos presentes de aniversário dos filhos. Eles desejam confiar nos seus sonhos e enxergar seu futuro como as mulheres fazem. Eles estão aprendendo a amar suas esposas incondicionalmente e a participar da vida dos filhos, pois estão aprendendo a se amar, perdoar os pais e a celebrar abertamente suas emoções. Os homens de hoje estão cansados de serem "sujeitos" que jogam futebol, assistem à pornografia e bebem cerveja. Eles querem fazer mais, mas suas mulheres precisam mostrar a eles como fazê-lo, encorajando-os e dando espaço para explorarem, fazerem perguntas "bobas" sem medo do ridículo e cometerem erros. As mulheres devem abrir mão da expectativa e perceber que seus homens são basicamente inocentes (e não ignorantes) quanto aos caminhos do Espírito e precisam de tempo e paciência para aprender.

 Acredito que formamos um círculo completo. Estamos novamente nos olhando uns aos outros como irmãos e irmãs, iguais e como fios vitais na Teia da Vida. O redespertar espiritual e a cura que as mulheres realizaram de maneira coletiva ao longo dos anos foram importantíssimos, não apenas para si mesmas, mas também para seus homens e para a Mãe Terra como um todo. Elas não apenas renasceram como seres de imensa energia espiritual e sexual, mas também prepararam o caminho para que seus homens seguissem o exemplo.

 Embora atualmente ainda existam alguns homens (e, surpreendentemente, até algumas mulheres) que consideram o sexo masculino mais forte e vigoroso, é uma visão obsoleta afirmar que as mulheres devem permanecer passivas em relação aos seus homens, contentando-se em criar os filhos sozinhas e manter a casa. Precisamos começar a assumir a responsabilidade pelo que acontece em nosso próprio quintal: nossas vidas e famílias, nossos atos e nossas crenças. Nós precisamos honrar o que significa sermos homens e mulheres e o que significa andarmos de mãos dadas como um povo. Precisamos celebrar nossa existência aqui na Terra como seres espirituais que têm experiências físicas. Nossas mães, esposas, irmãs e filhas devem continuar a aprender habilidades físicas, praticar esportes, avançar academicamente e se considerarem tão capazes quanto, se não mais, de conseguir tudo que seus irmãos conseguem, enquanto mantêm sua habilidade de previsão, honram seu período menstrual e se conectam diretamente com o Espírito por meio de canções, orações e cânticos. Porém, acima de tudo, também é tempo de incentivarmos nossos pais, maridos, irmãos e filhos a chorar, amar, sonhar, confiar em sua intuição e cantar com o coração, tornando-se, ao mesmo tempo, os provedores sólidos, bem estruturados e protetores que o Espírito pretendia que fossem.

Poder pessoal

O poder pessoal descreve os dons intrínsecos e filosofias sagradas que levam cada um de nós adiante e para cima. Ele elucida o que significa ser único e sagrado. É percebido pela primeira vez no momento em que somos concebidos, na esperança de que o aceitemos, o compartilhemos com os outros e os ensinemos como despertar seu próprio poder durante nossa vida.

O poder pessoal nunca deve ser desperdiçado ou ocultado, mas, sim, desenvolvido e compartilhado para benefício da humanidade. Ele é conhecimento; discernimento reunido em vidas de experiência que nos eleva do mundano e nos coloca na realização do potencial ilimitado. Quando o conhecimento é reunido e usado para o aprimoramento de si (e dos outros), aumenta em energia. Essa energia se torna paixão, a motivação para seguir adiante, crescer e se expandir em todos os níveis. É uma consciência que vem da aliança com o Espírito e todas as coisas da natureza.

O poder pessoal é a quintessência da memória de quem realmente somos. É representado pelo conhecimento ancestral único, pelas habilidades específicas e pelas forças especializadas que aguçamos para nos "separarmos" de todos os demais de uma forma terapêutica. O poder é um dom concedido ao povo pela Criação. Compartilhar nosso poder e ensinar aos outros como descobrir seu próprio conceito de poder é o modo correto de assegurar que nosso caminho continue livre, nossa jornada seja mais rápida e nossas vidas continuem prolíficas para sempre. Ele nunca deve ser dissipado ou oculto.

Ele representa nosso dom para o mundo e a marca inevitável que deixaremos nele. Representa nosso propósito e o motivo pelo qual nascemos. Ele nos oferece a chance de fazer a diferença no mundo e tornar nossa vida mais rica para os outros. É o que as gerações futuras lembrarão sobre nós quando enfim despirmos nossas vestes e retornarmos ao Espírito. O poder pessoal deve ser recebido, cultivado, desenvolvido e compartilhado.

A teia da vida

A aranha tece e tece sua teia diariamente, uma ação que personifica a natureza cíclica da vida. Cada fio dentro da teia representa cada uma das criaturas que existem na Mãe-Terra. Cada fio, embora separado e independente, apoia e estimula o próximo. Quando um fio se rompe ou é danificado, prejudica a integridade de toda a teia.

Segundo o folclore dos nativos norte-americanos, foi a Avó Aranha quem entoou o universo, tecendo a teia de toda a vida. Ela teceu o primeiro filtro dos sonhos, uma bela e protetora teia em espiral que saía de um fio único, dentro de um círculo de salgueiro. No centro da rede, ela colocou uma única pedra de turquesa, um símbolo de conexão com a força criativa, a claridade, a paz, a comunicação e a proteção.

Dizem que, com a ajuda de um filtro dos sonhos, nossos sonhos podem ficar presos e se realizarem. Como um labirinto, o filtro dos sonhos nos guia a nosso centro em uma jornada seguida por aqueles determinados a perceber seu potencial verdadeiro. A Aranha é a criadora da realidade. Seu ritual nos ajuda a lembrar que somos os criadores de nossas próprias vidas, responsáveis somente pelas direções que escolhemos e pelos caminhos que seguimos. Como tecelã de sonhos, a Aranha nos garante que, se não gostarmos de onde a vida nos leva, podemos retornar para nosso centro e, metaforicamente, começar novamente.

Assim como a Aranha tece novamente todos os dias sua teia danificada, também podemos redirecionar nosso caminho de vida escolhido. Contanto que a teia seja forte o suficiente para segurar nossos sonhos, temos o poder de mudar a direção como e quando desejarmos. Isso acontece porque cada um de nós representa um fio vital na Teia da Vida. Sem nossa inserção produtiva, a integridade da teia é rompida, enfraquecida e considerada incompleta, causando, dessa forma, confusão e doenças no mundo ao nosso redor. Podemos personificar um fio vital na Teia da Vida, cada um oferecendo pontos fortes individuais e sabedoria sagrada que prometem melhorar os caminhos de nosso mundo.

Somos incentivados pela direção da Aranha a explorar a vida e a investigar todos os fios que saem de seu centro e constituem a maior parte deles. Alguns fios oferecerão recompensas, outros não. Essa é a vida. Quando seguimos o caminho dos fios positivos, a vida é boa e gratificante. Somos acalentados e nosso caminho parece abundante. Uma curva errada, porém, pode nos levar a um fio que oferece pouco ou nada. A vida se torna difícil quando todas as tentativas de nos libertarmos se provam infrutíferas. A Teia da Vida é cercada de armadilhas, mas também promete grandeza àqueles preparados a permanecer focados, correr riscos e trabalhar duro.

Como criadora de sonhos, a Aranha nos ajuda a explorar a vida e recriar nossa teia quando nosso caminho se torna improdutivo. Ela nos ajuda a recuperar nosso poder pessoal e realizar nossos sonhos. Porém, ela adverte que, para abrir novas portas, devemos primeiramente encontrar força para fechar as antigas.

Quando nos apoiamos em nosso poder pessoal e seguimos em frente com convicção e confiança, honramos nosso lugar sagrado dentro da Teia da Vida – principalmente quando estamos determinados a descobrir e a seguir nosso propósito. No entanto, se nos descuidarmos, negarmos a responsabilidade ou nos fizermos de vítimas, consequentemente enfraquecemos a Teia da Vida, o que desonra o acordo que firmamos com o Espírito no início dos tempos. Além disso, nossos irmãos e irmãs perdem a chance de ter vidas melhores.

Trata-se de reconhecer e honrar o lugar que cada um de nós tem nesse universo interligado. No entanto, não se trata de impor culpa por coisas fora da nossa capacidade de influenciar ou de lidar com elas. Ao contrário, trata-se de agradecer e viver a conexão sagrada que todos nós compartilhamos e de fazer nossa parte.

Devemos enxergar nossa vida como uma pedra prestes a cair em uma poça, com cada ação, crença, palavra expressa ou pensamento criando um efeito ondulatório reflexo no momento em que a pedra cai na água. É nossa intenção que guia as ondulações e determina sua produtividade. Tudo acontece por um motivo e todas as coisas têm seu lugar.

Em vez de viver de maneira independente, separados de tudo e todos, é o momento de nos unirmos e trabalhar como uma equipe, não de tentar forçar os "pinos quadrados" entre nós para cabermos nos "buracos redondos" antiquados estipulados por uma sociedade igualmente obsoleta.

Rótulos

O primeiro passo para termos vidas interconectadas envolve abandonar rótulos negativos que apoiem o racismo, o machismo, o terrorismo e todos os outros "ismos" que segregam, perseguem e oprimem.

Os rótulos, *per se*, são bons – contanto que não sejam usados para classificar ou rejeitar aqueles dentre nós que ousam marchar no rufar de seus próprios tambores. Eles são bons quando usados para comemorar, incentivar e parabenizar, por exemplo. Nós "rotulamos" tudo. Temos que fazê-lo, pois está em nossa natureza. O problema é que, mesmo quando dizemos a palavra "rótulo", automaticamente a associamos a uma classificação negativa. Apresentamos a tendência de não reconhecer como rótulos palavras como "acadêmico", "graduado" ou "campeão". Nós costumamos ouvi-las, sorrir em aprovação e dizer algo sensato como "você deve estar tão orgulhoso!". Elas se parecem mais com metáforas, não são "rótulos". Quando descrevemos nossas crianças como empreendedoras, por exemplo, a resposta é sempre positiva. Presume-se que elas se darão bem na vida porque obviamente trabalham duro, são convencionais e respeitosas. Porém, quando descrevemos nossas crianças como desordeiras, desafiadoras ou irritadas, logo se deduz (erroneamente) que deve haver algo errado com elas e que algo provavelmente deve ser feito para corrigi-las e fazê-las se adaptarem ao formato para terem mais chances de se tornarem bem-sucedidas. O sistema procura motivos. Ele aponta o dedo e censura. Exige que classifiquemos, separemos e esclareçamos o que, por que e como. Então, com o passar do tempo, começamos a nos sentir responsáveis, negligentes e envergonhados de nossas crianças (e de nós mesmos), até que finalmente começamos a acreditar na publicidade e a apontar o dedo para nós mesmos. E isso é o que está começando a acontecer com rótulos como DDA, TDAH e, em alguns casos, o termo "Índigo".

Precisamos buscar maneiras de elogiar, incentivar e inspirar nossas crianças sem depender de rótulos para classificá-las ou para explicar seus modos. Dizer coisas como "meu filho tem DDA" não é mais ou menos potencialmente prejudicial do que dizer: "você terá que desculpar meu filho pelo comportamento. Ele age assim porque é um Índigo de espírito livre". Ambas as afirmações concentram-se em suas fraquezas e vulnerabilidades, além de negarem seus pontos fortes e seu direito de serem tratadas com igualdade e respeito. As duas efetivamente rotulam nossas crianças como decepções. A primeira as denigrem de um modo que agora, infelizmente, é um indicativo do suposto futuro dos jovens de hoje. A segunda, ao mesmo tempo em que tenta melhorar sua reputação por fazê-los soarem, de alguma forma, inteligentes ou iluminados, consegue apenas fazer isso em um nível superficial e fugaz na maioria dos casos. Se não nos policiarmos, não demorará para que o termo "Índigo" venha a ser apenas outro rótulo usado para descrever crianças com DDA, TDAH e outras condições fictícias e abreviadas.

E isso seria vergonhoso. Seria desolador para as crianças e um retrocesso para a humanidade como um todo, por isso decidi me referir a cada um dos cinco tipos de crianças listados neste livro, a partir de agora, como "Crianças Guerreiras", "Crianças Natureza"; "Crianças Pacificadoras", "Crianças Inverno" e "Crianças Ouro", pelo simples motivo de que esses nomes identificam de imediato os pontos fortes e fracos, com pouca ou nenhuma necessidade de mais explicações.

Capítulo 3

Caminhos para o Poder

Os quatro humores

Com base na teoria dos quatro elementos primários, o médico grego Hipócrates (400 a.C.) defendeu que a boa saúde dependia muito do equilíbrio de quatro fluidos, ou humores, no corpo humano. Levando os quatro elementos em consideração, ele concluiu que o fogo correspondia ao sangue; o ar, à bile amarela; a água, à fleuma; e a terra à bile negra.

Atualmente, descrevemos as pessoas como "bem-humoradas" ou "mal-humoradas", com os nomes gregos ou latinos ainda empregados por alguns para descrever as quatro personalidades primárias. De sangue (quente) ou *sanguis*, resulta "sanguíneo", que significa "feliz, esperançoso e positivo", por exemplo; da bile amarela (quente), resulta "colérico" (entre outros), que significa "furioso, irado e amargo"; de fleuma (frio) ou *flegma*, resulta "fleumático", que significa "lento, calmo e impassível"; e da bile negra (fria) ou *melancholia*, resulta "melancólico", que significa "depressivo, irritadiço e triste", daí vem a frase "sofrer de melancolia".

Algumas pessoas, principalmente aquelas de gerações mais antigas, aparentemente se estendem entre dois ou mais temperamentos. A vasta maioria das pessoas, contudo, ainda demonstra um tipo de temperamento principal.

Embora as correspondências não mais tenham valor medicinal quanto a determinar se um indivíduo tem boa saúde ou não, os temperamentos continuam relevantes, apesar de ser renomeados e descritos como:

- O Guardião, que se orienta por fatos;
- O Racional, que se orienta por teorias;

- O Idealista, que se orienta por ideais;
- O Artesão, que se orienta por ações.

Um quinto temperamento?

Embora apenas quatro temperamentos sejam reconhecidos, minha observação de pessoas (principalmente por meio de meu trabalho com crianças como professor e mentor) sugere que pode haver cinco tipos. Se eu estiver correto, o quinto, o Sonhador, que parece se orientar por sentimentos – ainda passa pela evolução espiritual.

Arquétipos

Levando o conceito dos Quatro Humores um pouco além, os arquétipos são personificações da energia universal, padrões, características e comportamentos que todos nós reconhecemos, como explica Brian Dale, professor de Ensino Fundamental, bibliotecário, contador de histórias, professor de teatro e consultor em arquétipos treinado pelo Caroline Myss Institute of Australia (além de ser pai "adotivo"). "Compreendemos imediatamente o arquétipo 'mãe', por exemplo", ele afirma. "Processamos automaticamente uma imagem de uma mãe e reconhecemos a energia que cria, cuida, protege, ensina e modela comportamentos. No entanto, todos os arquétipos apresentam aspectos positivos e negativos. Então, também temos a 'mãe tranquila' ou a mãe negligente.

"Arquétipos maiores ou dominantes são facilmente detectados e observados em adultos. Todos nós conhecemos alguém que constantemente age segundo o arquétipo negativo de 'vítima'. Quais de nossas amigas são 'donzelas', que entram e saem de relacionamentos e ainda esperam ser resgatadas por seu 'cavaleiro de armadura brilhante'? Quem em nossa vida é o 'valentão', o 'salvador', o 'servil' ou o 'mártir'? Os adultos usam os arquétipos com coerência nos diferentes aspectos de suas vidas. Lembre-se, contudo, que há tanto energia positiva quanto negativa em cada arquétipo e os adultos podem agir em qualquer lado. 'Equilíbrio' é outra questão importante. O arquétipo negativo do 'viciado' pode ser tão dominante que um indivíduo reprimirá seus outros arquétipos pessoais a fim de alimentar o vício. A 'donzela' pode se tornar tão envolvida em um relacionamento amoroso que nada mais em sua vida importa. Adultos que buscam consciência e crescimento pessoal vão determinar seus arquétipos, reconhecer e mudar da energia negativa para a positiva de cada um e lutar por equilíbrio, ou seja, uma contribuição positiva de todos os seus arquétipos escolhidos.

"Por sua própria natureza, as crianças são inexperientes em questões que as cercam, mas logo processam informações sobre si mesmas e o mundo. Seus arquétipos individuais não são plenamente percebidos e elas tendem a operar nos dois ou três arquétipos que melhor se adaptem às suas necessidades e ambientes. Pais e professores, em especial, têm a obrigação de reconhecer esses arquétipos que as crianças adotam individualmente. Como os arquétipos são energias universais, muitos adultos fazem isso natural e inconscientemente. Quantos pais chamam suas filhas de princesas? Há um elo especial garantido entre esse pai e essa filha.

"Os professores, principalmente os de Ensino Fundamental, podem automaticamente dizer a você quais crianças são os 'valentões', as 'vítimas' ou as 'palhaças'. Como eles reagem a essas crianças dependerá da sinceridade do professor. Eles estão interessados em incentivar o lado positivo desses arquétipos ou simplesmente oprimir o lado negativo? Qual arquétipo do professor responde ou reage à negatividade desses arquétipos das crianças? Todos nós temos o arquétipo 'infantil'. Os adultos geralmente têm consciência de sua energia infantil interior que faz exigências, brinca, imagina e cria. No entanto, crianças, pelo fato de serem crianças, dependem de seu arquétipo 'infantil' para aprender constantemente sobre sua posição no mundo. Há diferentes tipos de energias arquetípicas infantis'.

"Como pais e professores, o quanto somos conscientes de nossas crianças? Nós criamos a 'criança ofendida' e continuamos a alimentar e a recompensar seus comportamentos negativos que prejudicam a autoestima e limitam a expressão e o desenvolvimento? Ou, como professores (nos papéis de pais ou professores), reconhecemos o arquétipo da "criança ofendida"? Nós adotamos uma atitude de empatia (e não de compaixão) e incentivamos a determinação e a resiliência dessas crianças? Quanto ao 'pestinha mimado' alimentamos a permissividade e apaziguamos os acessos de raiva ou modelamos e ensinamos a disciplina de limites e restrições, da alegria e das recompensas (e não suborno) de compartilhar? Como incentivamos a energia positiva da "criança Peter Pan"? Com certeza incentivamos o espírito de aventura e espontaneidade, mas também ensinamos a responsabilidade, o devido processo e as consequências. Damos crédito à "criança mágica ou divina". Estas são crianças especiais extremamente espiritualizadas que precisam de adultos como uma ligação entre seus dons e o processo de instrução básica nesta terra física.

"Como pais e professores, desempenhamos um papel especial na educação e no desenvolvimento de nossas crianças. Assim como nós, elas são indivíduos que usam a energia universal dos arquétipos para aprender e agir. Nós primeiro precisamos reconhecer essa energia do arquétipo e, depois, incentivar comportamentos que usem o lado positivo em vez do negativo.

"Considere aquelas crianças extremamente ativas e energéticas. Muitas possuem um arquétipo de 'guerreiro'. Deixe-nos aproveitar este poder e dar a ele uma vazão positiva. O desenvolvimento da tecnologia moderna e da vida urbana impõe restrições a essas crianças. Elas não têm mais liberdade para percorrer a terra ampla ao ar livre em segurança ou com um senso de aventura. Elas precisam de esporte, artes marciais, bicicletas e skates. A maioria delas precisa de tempo longe da televisão e do computador para estarem ao ar livre com adultos e com participação ativa. Esses 'guerreiros' precisam de modelos positivos, cuidados e ensinamentos. Há um código de conduta e cavalheirismo. Outras, estejam elas em posição de força ou fraqueza, merecem respeito, dignidade e proteção.

Reconheça que os arquétipos de 'donzela' e de 'princesa' precisam de momentos de prazer, por exemplo. Porém, eles também precisam receber o exemplo e ser incentivados à independência. Como professor, uma boa estratégia para lidar com a criança 'donzela' é esta:

1. Farei isso para você.
2. Farei isso com você.
3. Verei você fazer isso.
4. Você pode fazer isso sozinho.

"Lembre-se de que haverá ocasiões em que essas crianças precisarão de segurança para avaliar seu progresso e revisitar etapas anteriores. Observe as crianças que escolheram arquétipos incomuns. O 'artista', que pode não se enquadrar nas categorias acadêmica ou esportista, tem áreas e oportunidades limitadas para a excelência e o reconhecimento em nosso sistema educacional moderno. Os arquétipos de 'artista' planejam sempre e precisam de tempo e oportunidade para testar suas ideias e de incentivo para realizá-las. O arquétipo 'filósofo' questionará o padrão e o valor da sociedade, o 'juiz' e 'detetive' questionarão cada indivíduo, cada regra e cada decisão, enquanto o 'rebelde' desafiará a sociedade, o sistema e os administradores desse sistema. Pais e professores! Preparem-se! Onde está sua consciência? Você reagirá de maneira positiva ou negativa?

"Como adultos, somos responsáveis pelo bem-estar de nossas crianças. Compreenda a si mesmo e aja de acordo com essa compreensão.

Compreenda suas crianças e as ajude a agir de acordo com sua autocompreensão. O segredo é o equilíbrio e usar a energia positiva dos arquétipos escolhidos."

Espíritos animais e modelos totêmicos

Eu vejo espíritos de animais com pessoas desde que era pequeno. Quando via os animais, instintivamente sabia "coisas" sobre eles e suas vidas. Eu via os animais como projeções de sua alma: arquétipos, projetos ou expressões simbólicas exteriorizadas de sua personalidade e caráter. Como? Não faço ideia.

À medida que cresci e desenvolvi a espiritualidade, comecei a ver esses arquétipos ou projetos totêmicos como "totens" ou aliados energéticos que apresentavam explicações sobre como uma pessoa era: o que as guiava, inspirava, apoiava ou amedrontava. Eu era capaz de usar esse conhecimento para "lê-las" e para determinar se confiaria ou não nelas e como poderia ajudá-las ou aprender com elas.

Como adulto, agora compreendo que cada um de nós nasceu com um conjunto único de projetos totêmicos que demonstra efetivamente nossos pontos fortes e fracos específicos. Esses totens personificam nosso caráter fundamental e personalidade; nossos princípios e ética; nossa habilidade em expressar nossas crenças, nossas vontades, necessidades e desejos; nosso senso de lar e segurança, criatividade, sexualidade e potencial; nossa profissão, vocação, nossos *hobbies* e saúde, relacionamentos, questões legais, morte, espiritualidade, religião, educação, sabedoria e movimento; nosso propósito e nossos dons de poder pessoal. Essencialmente, esses aspectos formam projetos de expressão individual, fatores que dominam nossas vidas e como as vivemos. E, para mim, esses projetos totêmicos são personificados arquetipicamente no espírito ou na essência que ressoam dos animais do mundo, prontamente testemunhados no modo como interagem uns com os outros e no ambiente particular do qual dependem para sobreviver.

Embora nosso conjunto de projetos totêmicos seja único em cada um de nós, é interessante observar que a maioria das pessoas pode rápida e precisamente ser descrita como uma demonstração de um dos quatro tipos de temperamentos principais reconhecidos. É como se a combinação de totens que carregamos por natureza nos moldasse de maneira mágica para nos enquadrarmos confortavelmente em uma dessas categorias, ao mesmo tempo nos oferecendo a chance de demonstrar os nossos de um modo especializado – bem diferente dos milhões de outros que aparentemente estão à altura do nosso "tipo". Por isso, somos todos inerentemente semelhantes, mas ao mesmo tempo de mundos profundamente diferentes.

Identificando os cinco macaquinhos

Eu não sei por que nem como consigo ver espíritos de animais ou por que consigo interpretá-los da maneira que faço. Parece haver um pequeno detalhe, portanto, na tentativa de explicar por que ou como são os tipos de temperamento primários, para mim, encarnado na essência dos Cinco Macaquinhos que agora vejo sentados no ombro esquerdo das pessoas com as quais interajo diariamente: o colobo preto e branco, o lêmure-de-cauda-anelada, o macaco-capuchinho, o macaco-esquilo e o mico-leão-dourado.

Após meu despertar para o fenômeno Índigo no Curso de Terapia dos Anjos de Doreen Virtue, quando percebi que estava trabalhando inconscientemente com Crianças Índigo e Cristal durante toda a minha carreira de professor (eu as descrevi antes como crianças "Guerreiras" e "Natureza"), eu estava tomando café com uma amiga que na ocasião ajudou em nossa loja, Círculo de Pedras. Após um curto momento de silêncio, ela deixou o café de lado e me perguntou: "Você vê um macaco-capuchinho comigo? Eu sou uma Criança Guerreira ou Natureza?".

Aceitei isso como um desafio, pois a resposta era um sonoro "não". Eu não conseguia ver um macaco-capuchinho. Eu podia ver outros animais, mas não havia nenhum capuchinho.

Ela então começou a listar verbalmente amigos em comum e associados, membros da família e fregueses preferidos que frequentavam nossa loja. Ela até me deu o nome do dono da cafeteria onde tomávamos café e me perguntava a todo momento: "O que você vê com eles? Eles são Guerreiros?".

Logo ficou evidente que, embora nem todos tivessem um macaco-capuchinho e muitos outros animais se relevassem, cinco macacos no total foram identificados repetidas vezes. Eu logo tinha uma lista salutar de pessoas de todas as idades e estilos de vida; seus nomes se agruparam nitidamente em cinco listas de primatas. As pessoas macaco-capuchinho foram automaticamente intituladas Guerreiras, pois eram aquelas que eu sabia que eram irritadiças, desafiadoras e inquietas, e, algumas vezes, impacientes – assim como eu e as crianças que ensinei. A lista com o título "Pessoas macaco-esquilo" escrito em letras maiúsculas continha os nomes dos meus filhos e logo foi identificada como "Crianças Natureza", por causa de sua natureza serena, disposição amorosa, amor avassalador pela natureza e olhos muito inocentes, mas espertos.

Eu comparei as pessoas mico-leão-dourado àquelas celebradas por Doreen Virtue como as ainda emergentes "Crianças Arco-íris" e àquelas que reconheci como Crianças Ouro são mais bem descritas como pioneiras, alternativas, encantadoras e, às vezes, um pouco inquietantes em seus modos.

Mas e quanto aos outros dois grupos: o colobo preto e branco e o lêmure-de-cauda-anelada?

Eu me sentei e relacionei as características óbvias de cada um deles nas duas listas, inclusive suas características, qualidades, crenças e preferências pessoais. Eu até levei em consideração sua escolha de carreira, seus atributos físicos, pontos fortes e fracos, entre outros aspectos, e percebi que, como os demais, uma sensação de semelhança une as pessoas de cada lista que, de um modo semelhante, os separa uns dos outros. Percebi que aquelas rotuladas como o "macaco colobo preto e branco" pareciam exibir a propensão ao mau humor, à autossabotagem e, às vezes, a surtos de depressão. Era esperado que eu descobrisse também que todos que estivessem naquela lista específica poderiam ser obstinados, produtivos e inspiradores quando incentivados e apoiados de uma maneira produtiva. Decidi chamar essas pessoas de "Crianças Inverno", por causa do modo como o inverno me provoca e como influencia a terra, os animais e a vida em geral. O inverno é, de muitas formas, emblemático em sua natureza. As pessoas "lêmure-de-cauda-anelada", no entanto, parecem os tipos que são ótimos em unir as pessoas de uma forma ou de outra, compartilhando conhecimento e se engajando em causas perdidas com a esperança de resgatar ou curar as pessoas. Elas também parecem ser as mais atléticas dos cinco, com uma atitude de preocupação com a saúde, concentrada e sem absurdos em relação à vida. Chamei essas pessoas de "pacificadoras", porque elas raramente entram em brigas e têm energia ilimitada e paciência para queimar.

E então eu tinha meus Cinco Macaquinhos, ordenadamente embalados e explicados; cada um apresentando as características mais óbvias dos temperamentos ou "humores" que representam. Porém, não posso deixar de explicar por que as pessoas macacos-capuchinho – as Guerreiras – são tão abundantes neste momento. Não pude deixar de explicar por que estamos assistindo a um aumento na ocorrência e no interesse direcionado a essas pessoas em particular. E não posso deixar de explicar o que poderia ser feito para apoiá-las e aprender com elas.

Princípios dos Cinco Macaquinhos

Macaco	*Criança*	*Princípios*
Capuchinho	Criança Índigo Criança Guerreira	Militante Empreendedora Guerreira Orientada por ações Artesã
Colobo	Criança Inverno	Guardiã Orientada por fatos Mártir Especialista em lógica Solucionadora de problemas
Lêmure-de-cauda--anelada	Criança Pacificadora	Racional Orientada por teorias Solitária Observadora Pacificadora
Macaco-esquilo	Criança Natureza	Idealista Orientada por ideais Ativista Oradora Romântica
Mico-leão-dourado	Criança Ouro Criança Arco-íris	Sonhadora Orientada por sentimentos Profetisa Intuitiva

Capítulo 4

Momento de Poder

"O céu é redondo, e ouvi dizer que a Terra é redonda como uma bola, assim como todas as estrelas. O vento gira em seu potencial máximo. Os pássaros constroem seus ninhos em círculos, pois a religião deles é a mesma que a nossa. O Sol nasce e se põe de novo em um círculo. A Lua faz o mesmo e ambos são redondos. Até as estações climáticas formam um grande círculo em sua mudança e sempre voltam novamente para onde estavam. A vida de um homem é um círculo desde a infância, assim como tudo que a energia move..."
Black Elk - Anciã do Povo Oglala Sioux (1863-1950)

Enquanto refletia sobre a carta Roda da Fortuna recentemente, ocorreu-me que o "fenômeno Índigo" que atualmente varre o mundo pode não necessariamente representar o nascimento de uma fase evolutiva da humanidade, uma hipótese que vem sendo considerada por alguns, em vez de um retorno habitual a um "momento de poder" global em relação à verdade, pureza e sinceridade, marcado por um exército de guerreiros militantes recrutados pela própria inevitabilidade.

A Roda da Fortuna descreve a humilde viagem de montanha-russa que é a vida. Fala da gênese cíclica das "coisas grandes": sucesso, mudança e boa sorte, abundância, felicidade e elevação. Proclama uma mudança que acontece de maneira inesperada, mas traz com ela grande alegria. Lembra-nos de considerar tanto os aspectos positivos quanto negativos da vida e as possibilidades que eles proporcionam, pois quando temos o privilégio das lições que essa mudança apresenta, nossa jornada pela vida pode ser importunada pela dificuldade e pela perda. A Roda da Fortuna sugere que até quando as coisas parecem muito difíceis, nada nunca é inatingível; as coisas sempre dão certo no final. Portanto, embora possamos neste momento coçar a cabeça e perguntar: "o que fizemos para merecer essas crianças?", é possível que sempre tenham estado lá, adormecidas, esperando seu momento de poder para surgirem. Talvez agora essas crianças estejam no apogeu da Roda da Fortuna e nós apenas estejamos vivenciando um episódio de mudança incorporado em um bando de crianças mais corajosas, mais sinceras, que genuinamente pressagiam a interpretação da carta.

Sempre houve gerações mais ruidosas e sinceras que a anterior, preparadas para protestar e discutir uma questão. Sempre houve indivíduos que defenderam com bravura seus princípios, ousando questionar o sistema e expressar suas crenças e opiniões alternativas enquanto permaneciam firmes em suas convicções e resolviam enfrentar as consequências, não importasse o quanto fossem duras. As Crianças Guerreiras sempre habitaram o planeta, desafiando o sistema e quebrando o código, tais como, por exemplo: Joana d'Arc, Ned Kelly, Lawrence da Arábia, Nancy Wake, Mick Jagger, Madonna e Robbie Williams, Jackson Pollock e Andy Warhol, Martin Luther King, Rosa Parks, Nelson Mandela e o "rebelde desconhecido", o homem anônimo que parou uma fila de tanques durante os protestos na Tiannanmen Square, em 1989, na República Popular da China, apenas para citar alguns. Para indivíduos como esses, a liberdade de expressão é sagrada, deve ser ouvida e reconhecida como um direito humano básico pelo qual vale a pena lutar e morrer (em alguns casos extremos).

Em vez de um fenômeno evolutivo, então, as crianças celebradas atualmente como Crianças Guerreiras talvez não seriam apenas pessoas comuns, proclamando novamente o retorno a um tempo de paz e poder global unido? Suponha que, assim como as incontáveis vezes em que essa oportunidade se apresentou indubitavelmente a nós antes, estejamos prestes a fechar um ciclo de importância em relação a si mesmo e manipulação e que estejamos prestes a começar um novo? E suponha também, como elas provavelmente fizeram muitas vezes antes, nossas crianças estão nos oferecendo uma chance de continuar a levar a vida como sempre fizemos ou, unidos como um povo, de aprender com nossos erros e reconstruir o mundo a partir do zero? Como sugerem as figuras segurando-se com firmeza à Roda da Fortuna à medida que esta avança por suas fases, podemos estar testemunhando o retorno ao poder daqueles que possuem coragem e força interior para gritar a plenos pulmões e com um *piercing* na orelha "não mais" às mentiras e à hipocrisia, aos erros e às devastações impostos às pessoas, aos animais e ao nosso magnífico planeta como um todo.

Não importa o que esteja acontecendo, a humanidade está, definitivamente, recebendo um chamado para despertar. Estamos sendo obrigados a compreender a abundância que temos em nossas crianças e no planeta de modo geral. Estamos em um momento de maré cheia, de aumento da consciência e da claridade. Estamos todos sendo intimados a demonstrar a responsabilidade por nossas vidas; a permanecermos responsáveis por nosso passado, ao mesmo tempo em que somos questionados sobre nosso comprometimento em darmos boas-vindas à mudança necessária que garantirá um futuro prolífero. Nossas atitudes arrogantes e "desperdiçadas", nossos modos controladores estão sendo expostos para o mundo ver, nossos medos e fraquezas são esfregados em nossos rostos e somos impiedosamente questionados e desmascarados pelas últimas pessoas que esperávamos apontar um dedo acusatório para nossos modos antiquados – nossas crianças.

Sem receio de lutar pela verdade e pela justiça quando ambas, em termos realistas, são dignas de serem defendidas, os Guerreiros *sempre* foram aqueles que resistiram à guerra, denunciaram a autoridade e questionaram ordens infundadas e explicações vazias. Eles não têm respeito por aqueles que não fazem o que falam e não dão a mínima para o que as pessoas pensam deles. Embora aceitem regras e limites (principalmente quando participaram da negociação), eles irão descaradamente desafiar qualquer lei até que seja plenamente explicada ou provada. O grau em que nossas crianças resistem à "tradição", enquanto ignoram sem receios o modo como as coisas sempre foram, sugere-me que agora é o momento de reavaliar como nós (como pais, professores e mentores) sempre fazemos as coisas. Nossas crianças estão nos dando uma oportunidade de ouro para repensar a tradição, redesenhar nossos planos e reconstruir o sistema. É bastante óbvio, você pode concordar, que os costumes dos "bons velhos tempos" não se aplicam mais ao nosso mundo moderno e que eles precisam muito de reformulação. Estamos sendo tentados, além de levados ao limite por aqueles que mais nos amam, a colocar nossos medos de lado, abandonar nossa busca por controle e a renunciar à arrogância e à inveja. Pela primeira vez, temos o apoio total de nossas crianças. Na verdade, são elas que iniciam a mudança. Em vez de nós pedirmos seu apoio, elas é que estão exigindo o nosso. Elas estão nos preparando para uma "batalha", permanecendo ao nosso lado para lutarmos por uma causa magnífica e altruísta, uma causa que promete trazer a todos nós um período de abundância, aceitação e amor incondicional.

Então, apenas suponha que estejamos atualmente revivendo o momento de poder da Criança Guerreira; o momento daqueles naturalmente armados de coragem e força interior para gritar, a plenos pulmões e com um *piercing* na orelha, "chega" à difamação e ao fingimento, à corrupção e à opressão imposta às pessoas, aos animais e a nosso planeta magnífico como um todo, por aqueles que devem saber melhor do que elas. No entanto, em vez de experimentar uma voz solitária em uma multidão ou um pequeno bando de rebeldes, estamos testemunhando um chamado global ao poder. Agora parece ser o momento de as massas e aqueles mais bem preparados se levantarem e serem ouvidos com o propósito de levar paz e verdade de volta aos governos e ao "sistema". Se meus pensamentos estiverem corretos, então a humanidade, como um relógio, deve ter dado uma volta completa e está novamente vivenciando o reinado do Guerreiro Índigo; os militantes, visionários e idealistas destinados a devolver o Santo Graal ao povo, como outrora fez Galaad/Percival.

Elas sempre estiveram aqui

De acordo com a literatura oferecida até o momento pelos especialistas, sugere-se que as Crianças Índigo são aquelas nascidas depois de 1978 (com algumas exceções). As Crianças Cristal são aparentemente aquelas nascidas de 1995 em diante, enquanto as Crianças Arco-íris estão apenas começando a surgir agora, quando as Crianças Cristal se tornaram adultas. Embora, por um lado, essa teoria faça muito sentido, a história parece discordar. Quando você para e avalia a maioria dos acontecimentos da história, e então considera os tipos mais notórios de pessoa que viviam na época, um padrão começa a surgir, que propõe a existência simultânea dessas crianças muito antes de 1978.

Os Guerreiros Índigo – as pessoas "macaco-capuchinho"

Na lenda do rei Arthur, os cavaleiros das cruzadas que buscavam o Santo Graal certamente eram Crianças Guerreiras? De modo semelhante à juventude de hoje, Lancelot, por exemplo, (muito conhecido por quebrar regras), foi supostamente guiado por um desejo altruísta de defender um conjunto de valores e crenças mais esclarecidos do que tudo que fora antes considerado. Com seus companheiros cavaleiros, Lancelot se reuniu em uma mesa idealisticamente sem cabeceira na qual todos eram iguais; eles viviam por suas próprias regras e eram unidos por um decreto simples e nobre: melhorar o mundo por meio da luta pela verdade e honra, não importasse seu preço.

De fato, os joviais pilotos britânicos da aeronave Spitfire, na Segunda Guerra Mundial, e os Comandos da Marinha eram Guerreiros, assim como eram os fuzileiros navais norte-americanos e os membros da Resistência Francesa, como Nancy Wake, notoriamente apelidada de "Rato

Branco". Eles eram heroicos e movidos a ação, assim como eram, de uma maneira sombria, os soldados nazistas. Nancy Wake e sua família em uma luta ruidosa pela compreensão da verdade. Eles quebraram as regras e arriscaram a todos, preferindo sair de cena em um momento de glória a fracassar ou se render.

E quanto aos manifestantes sinceros e barulhentos dos anos 1960? Sem dúvida, eles *devem* ter sido Guerreiros. Os ativistas dos direitos civis e liberalistas negros "agressivos", os objetores ao serviço militar, aqueles que abandonaram as escolas, os *hippies*, os membros da cultura desenfreada das drogas e artistas extrovertidos da época cujo objetivo principal era chocar e agitar? Eles *devem* ter sido Guerreiros.

As Crianças Cristal/Natureza – as pessoas "macaco-esquilo"

Da mesma forma que os cavaleiros da Távola Redonda obviamente eram Guerreiros, Guinevere, Viviane, Isolda e a Dama do Lago (entre outros) eram, na minha opinião, Crianças Natureza. Elas personificavam a abundância da natureza, os Outros Mundos, os elementos e a fertilidade da Terra; o silêncio do vácuo, a escuridão do útero e a sabedoria sagrada que é a forma criativa feminina. Merlin (glorificado como um mago e velho conselheiro de Arthur em algumas versões da lenda; caluniado como um louco das florestas que lançava pragas nos outros) poderia ser descrito como o equivalente masculino à força criativa que surgia na terra nesse período e era, por essa razão, provavelmente uma Criança Natureza também. As mulheres de Camelot personificaram a verdadeira essência da terra, o fluxo inerente da natureza, a deusa e à própria Mãe-Terra – qualidades identificadas nas "Crianças Natureza" que observamos atualmente.

Durante a Segunda Guerra Mundial, as Crianças Natureza surgiram para o desafio de cuidar das colheitas e criar animais, mantendo as fazendas em funcionamento para quando os homens retornassem. Com um dom natural para a jardinagem e supersensíveis ao reino animal, tornou-se responsabilidade das Crianças Natureza cultivar e proporcionar uma produção adequada para alimentar as pessoas. Era sua função manter as coisas o mais "normais" possível. Por mais difícil que fosse, elas não podiam se envolver com a guerra porque tinham de manter um estado normal de inocência, bem como garantir que a esperança e o compromisso prevalecessem. Elas fizeram isso ao assumir o papel de professores, babás e governantas de crianças, muitas das quais estavam escondidas pelo país no início da guerra para sua própria proteção.

Durante os anos 1960, foram as Crianças Natureza que consolidaram todo o movimento *"hippie/flower power"* defendendo a produção orgânica e a permacultura como um estilo de vida amigável e viável ao planeta Terra. Elas acreditavam que sua função era levar novamente as pessoas a viver em harmonia com a natureza. Muitas Crianças Natureza da época apoiavam explicitamente os Guerreiros, enquanto estes faziam ostensivamente o que precisava ser feito para perturbar o sistema. Muitas abandonaram de maneira prematura a escola e a universidade para se juntar a comunidades em matas, tornarem-se artistas e músicos introspectivos que produziram material destinado a fazer as pessoas pensarem diferente sobre a vida.

Atualmente, as Crianças Natureza entram em seu momento de poder sempre que as florestas são impiedosamente derrubadas, quando os oceanos são poluídos por petróleo ou quando bandos de baleias inexplicavelmente encalham. Elas são conservacionistas, liberais, porta-vozes e emissárias da Mãe-Terra. As Crianças Natureza acreditam em fadas, unicórnios e dragões, além de reconhecerem abertamente as árvores e as plantas como seres sensíveis imbuídos de espíritos que podem ser vistos, além de serem capazes de conversar. Elas se comunicam com os animais, são suas diplomatas e veterinárias, lutam por sua liberdade e pelo direito de serem reconhecidos como semelhantes aos homens. Elas são as humanitárias, que também falam pelos oprimidos e desfavorecidos entre nós, combatendo publicamente o racismo, o machismo, a pobreza e o abuso. Elas são as românticas e as artesãs. Exemplos reconhecidos de Crianças Natureza são Jane Goofall, Bob Geldof, Steve Irwin, Bob Dylan, John Lennon, Cat Stevens, Olivia Newton-John e os comunicadores de animais Billie Dean e Dawn Brunke.

As Crianças Arco-íris/Ouro – as pessoas "mico-leão-dourado"

Na mitologia nórdica, Ratatosk, cujo nome significa "dente perfurador", era um esquilo que corria acima e abaixo no tronco da Árvore do Mundo, transmitindo mensagens entre a Águia, que vivia no alto da árvore, e o Dragão, que habitava a profundeza de suas raízes. Nesse contexto, o Esquilo era um mensageiro: uma ponte ou "andarilho entre os mundos" que mantinha o equilíbrio entre os aspectos positivos e negativos da Criação. Ratatosk era um emissário do homem e de sua busca por mais conhecimento sobre os aspectos mais misteriosos da vida; um símbolo da jornada que devemos seguir em nossa missão para compreender melhor a conexão entre os reinos do Espírito e o Submundo e destes com o mundo terreno em que vivemos.

De diversas maneiras, o Rei Arthur da lenda arturiana era a personificação de Ratatosk. Ele era amado pelo povo, descrito como um "governante esclarecido" e reverenciado como um ponto de encontro sagrado entre a natureza e o homem. Ele amava a terra tanto quanto amava o povo e amava o povo tanto quanto amava o Espírito Criador ou Deus. Ele era uma ponte entre o mundo tangível, terrestre e o do Espírito; o material e o invisível; o masculino e o feminino. Ele era um equilibrista dos opostos e uma ligação entre a crença pagã e a fé cristã. Ele era o ponto de referência no "alvo da vida", se preferir: o centro da Roda da Fortuna, com tudo e todos partindo dele. Sua ânsia por um mundo perfeito, no qual apenas chovia à noite, com os dias tão bonitos como qualquer manhã de primavera, é compatível com a verdadeira essência do que afirmam que a cidade dourada de Camelot representa.

Se já existiu um exemplo perfeito de Criança Ouro, o Rei Arthur era ele.

Durante a Segunda Guerra Mundial, o bastão dourado do que significa ser uma Criança Ouro aparentemente foi passado para o exageradamente tímido Rei George VI – que não queria e sequer pensou que poderia se tornar rei – e seu então primeiro-ministro Winston Churchill, um líder visionário que veementemente se esquivou da opressão e conseguiu renovar a fé mundial na preeminência que é a democracia. Esses dois indivíduos, conforme alegam, carregavam uma "energia dourada"; um raio de esperança que proclamou novos começos vigorosos que rapidamente se espalharam pela terra como um relâmpago bem recebido.

Os anos 1960, contudo, estavam permeados de pessoas que ressoavam instintivamente à energia dourada e uma maior consciência que ela oferecia. Foi uma época psicodélica que viu o conhecimento esotérico sair do armário para ser apresentado às pessoas como estilo de vida. Os anos 1960 tornaram públicos os avistamentos de ÓVNIs e as abduções alienígenas, a meditação, a filosofia indiana, tarô e gurus, que foram apresentados ao Ocidente nessa época. Os anos 1960 foram um ponto de "concepção" para as Crianças Douradas, que ainda devem se unir como uma assembleia de qualquer número significativo. Contudo, essa época proporcionou uma estrutura fértil para a autoconsciência, ao mesmo tempo em que proclamou um período de maturidade e compreensão mais profunda do universo, da espiritualidade e do desenvolvimento pessoal como um todo. Foi um trampolim que viu pessoas de todos os estilos de vida começarem a questionar seu propósito e o verdadeiro sentido da vida.

Eu não sei se as Crianças Douradas realmente já vivenciaram seu momento de glória, embora muitos estejam começando a ter sua presença sentida por meio do trabalho notável que estão realizando: pessoas como Dr. Eric Pearl, por exemplo, e outros com dons ou conhecimento que eles não conseguem explicar – dons que impressionam os círculos científico e médico, assim como as arenas espirituais. Acredito que seu momento de poder virá quando (e se) testemunharmos a sociedade obrigada a se conectar com os aspectos da consciência humana, até então rotulada pela maioria como "a nova era do papo furado" para sobreviver. Crianças Douradas nasceram com um incrível senso de autoconhecimento. Elas possuem um conhecimento inato mais bem descrito como "precoce" e, embora poucas e dispersas, as Crianças Douradas estão aqui para despertar os dons de poder ocultos dentro daqueles que encontram. Elas são os sonhadores e os profetas. Galileu, Albert Einstein, Isaac Newton, Shakespeare, Edison e Dr. Christian Barnard (um pioneiro dos transplantes de órgãos) foram, sem nenhuma dúvida, exemplos de Crianças Douradas.

As Crianças Pacificadoras – as pessoas "lêmure-de-cauda-anelada"

Sob a direção do Rei Arthur, coube às Crianças Pacificadoras manter um estado de tranquilidade por toda a terra. Quando ele estava fora, elas falaram em nome do rei e com frequência davam relatos a ele, defendendo seus princípios e políticas com força e paixão. Os pajens, mensageiros, xerifes, meirinhos, juízes e defensores da lei em geral daquela época muito provavelmente eram Crianças Pacificadoras, encarregados que cruzavam a ponte entre os mundos, mantendo a harmonia, a ligação e a afinidade entre o soberano e seu povo.

Os oficiais da Marinha, marinheiros e membros da Marinha Real e da norte-americana durante a Segunda Guerra; a infantaria móvel e os soldados de infantaria, pilotos de bombardeios e o corpo médico (médicos, enfermeiros, estudantes de medicina e motoristas de ambulâncias) eram, sem dúvida, Crianças Pacificadoras; aqueles que estavam no solo e cuja função era zelar e defender a liberdade daqueles que ficaram em casa e a segurança do país; aqueles mais bem equipados para guiar o povo a locais seguros e fazer o que precisava ser feito para devolver a eles um estado de bem-estar.

As Pacificadoras também entraram em evidência nos anos 1960 e algumas delas apreciavam posições de destaque. JFK, por exemplo, sem dúvida tinha um lêmure no ombro esquerdo, assim como o historiador Geoffrey Blainey e o ministro sênior do então primeiro ministro australiano

Gough Whitlam, Jim Cairns, que adotaram uma abordagem socialista e intelectual para as questões mundiais. Durante os anos 1960, uma psicologia alternativa começou a despontar, bem como uma nova maneira de pensar. Aprendemos a aprimorar nossa visão de mundo, ao mesmo tempo em que permanecemos dentro das fronteiras familiares e estabelecidas da sociedade; uma abordagem idealista em relação à moral e à filosofia que atualmente é indicativa da abordagem adotada por aqueles celebrados como Crianças Pacificadoras. Nós vimos simpatizantes brancos, por exemplo, e os jovens universitários intelectuais que, por uma questão de princípio e filosofia, apoiavam o movimento de libertação negra, enquanto defendiam uma abordagem de não violência e uma determinação pacífica.

Durante períodos de devastação e revolta é quando vemos as Crianças Pacificadoras surgirem em seu poder verdadeiro: quando precisamos nos reunir e trabalhar como uma equipe. Exemplos incluem o 11 de Setembro de 2001 e o *tsunami* asiático, em 2004, entre outros. As Forças Armadas, as equipes de Busca e Resgate, a Polícia, a Ambulância e os Bombeiros estão cheios de pacificadores, veem como seu dever servir e proteger sua comunidade em geral. Nós as vemos em sua glória em períodos de inquietação e perturbação durante a guerra e momentos de desastres naturais. Elas inspiram esperança enquanto reúnem as pessoas, levando o melhor para aquelas que encontram, oferecendo uma perspectiva mais ampla, apoiando uma compreensão clara e precisa do cenário geral. Mesmo quando não estamos vivenciando uma grande confusão em massa, porém, ainda vemos Crianças Pacificadoras reunindo pessoas por uma boa causa, elevando a consciência em relação à caridade ou estabelecendo relações de maneira sutil, unindo casais ou aconselhando os outros para eles alcançarem uma posição de satisfação pessoal. Eles dão ótimos gerentes, professores, cuidadores, curadores e líderes.

As Crianças Pacificadoras tocam a vida de muitos. Eles parecem ser universalmente amados, levando um pouco de alegria para suas vidas. Guy Sebastian e Stevie Wonder são Crianças Pacificadoras, assim como Princesa Diana e Wolfgang Amadeus Mozart. Em geral, elas são racionais e pacificadoras e estão aqui para unir as pessoas *hoje* com a esperança de criar um *amanhã* mais produtivo.

As Crianças Inverno – as pessoas "colobos preto e branco"

Dizem que uma equipe só é tão boa quanto seus jogadores e, no caso do Rei Arthur, Camelot não era exceção. Os servos, camponeses, trabalhadores e fazendeiros, aldeões e cavaleiros "domésticos" – todos esses devem ter sido Crianças Inverno – aqueles que protegiam e preservavam as fronteiras e eram capazes de lutar ou defender o reino quando necessário, mas felizes por "manter as coisas em funcionamento" enquanto o rei estava fora. Os senhorios e escudeiros locais, os "pequenos burgueses", os "pequenos proprietários rurais", os cavaleiros de boa origem, aqueles de boa linhagem, mas de pouca inspiração, os nobres de segunda classe ou levemente inferiores – todos devem ter sido Crianças Inverno também: aqueles que representaram a espinha dorsal do Império Britânico e aqueles que, de fato, trabalharam duro e mantiveram as coisas funcionando de maneira eficaz e produtiva até o retorno do rei.

Durante a Segunda Guerra Mundial, as Crianças Inverno constituíram uma boa parte da população. Era uma sociedade anglo-saxã extremamente tradicionalista, formada por "bons cristãos", que dependiam de sua fé e obstinação para manter um senso de orgulho e sobrevivência, principalmente quando chegou o momento de reconstruir a sociedade após a guerra. Elas eram tipos conservadores típicos; pais, mães e pessoas da classe média e pessoas sem nenhuma grande expectativa. Formavam a "Guarda Doméstica", composta por esposas, filhas, irmãs e famílias daqueles que lutavam na guerra, que ficaram para trás abnegadamente mantendo as coisas funcionando. Tornaram-se os operários de fábrica e trabalhadores braçais – funções normalmente preenchidas pelos homens. Os representantes de sindicatos e o Governo Britânico "lá em casa" – as pessoas que trabalhavam com Churchill e executavam sua administração – também devem ter sido Crianças Inverno.

No entanto, foi no início da Grande Depressão que vimos as Crianças Inverno em seu momento de poder supremo. A Grande Depressão foi o período mais longo e rigoroso de decadência econômica já vivida pelas regiões industrializadas do mundo ocidental. Começou em 1929 e durou até aproximadamente 1939. Períodos históricos como esses nos exigem, como um todo, viver com os recursos disponíveis, passar por privações e pensar com criatividade. Nesses momentos vemos a força e a determinação da Criança Inverno em seu esplendor. As Crianças Inverno detestam desperdiçar coisas. Elas são poupadoras e avarentas. Elas concedem com relutância ajuda financeira àqueles que gastam de maneira desnecessária, mas, ao mesmo tempo, se ressentem por terem de ser sovinas e econômicas, portanto desenvolvem meios inteligentes, porém honestos, de viver bem, mesmo quando possuem os orçamentos mais apertados. Crianças Inverno sabem esperar o momento de agir. Elas sabem quando economizar recursos, não reclamar e viver com o que têm. As Crianças Inverno apresentam seu verdadeiro poder em períodos de privação e adversidade; inspiram outras a manter o queixo erguido, a se adaptar e batalhar. Dalai Lama e Madre Teresa são duas pessoas inspiradoras que eu classificaria como Crianças Inverno, as quais vivem para nos lembrar de que, ao final de cada período de trevas, há uma luz; que em cada situação negativa há um lado positivo, que depois de cada noite há um amanhecer e que, com paciência e integridade, sempre haverá uma luz no fim do túnel. Elas são guardiãs e mártires.

Jesus – a Criança Índigo original?
"O Reino de Deus está dentro de ti"

Atrevendo-me a fazer uma suposição, Jesus (como um sábio e professor mundanos) foi um Guerreiro? Seus modos não eram, ao mesmo tempo, rebeldes e provocadores? Ele não foi ao mesmo tempo amado e odiado pelo que defendeu como uma verdade sagrada? Ele não desafia outros a ter a mente aberta e fazer o que é preciso ser feito para alcançar seu potencial pleno? Jesus foi um poderoso arauto da verdade. Ele era um solitário, profeta e, a seu modo, um encrenqueiro que desafiou o sistema e ousou seguir um chamado maior. Na minha opinião, ele era um Guerreiro à frente de seu tempo. No entanto, como o redentor divino, Jesus também foi muito parecido com uma Criança Dourada, um emissário sagrado de Deus e salvador espiritual do povo. Afinal de contas, a Bíblia o retrata como tendo uma natureza dupla: um guerreiro revolucionário terreno e, ao mesmo tempo, um visionário espiritual e perpetuador de milagres.

Jesus nasceu no tempo de Augusto César (4 a.C.). Augusto (uma Criança Inverno do tipo guardião da fase positiva) era sobrinho de Júlio César (um Guerreiro óbvio, que assumiu a tarefa de expandir o Império Romano ao seu possível potencial máximo e, no verdadeiro estilo Frank Sinatra, escolheu "fazer ao seu modo"). Augusto endireitou as coisas após o assassinato de Júlio César, perseguindo e matando todos os assassinos, colocando assim um ponto final nas guerras civis. Augusto restaurou a autoridade adequada de Roma e estabeleceu a "Pax Romana". Augusto reinstituiu o Império Romano, com "César" como Imperador. Jesus foi crucificado aos 33 anos durante o reinado de Tibério César, o sucessor de Augusto e famoso degenerado. Tibério era um mulherengo e um tanto quanto sádico, que morreu em idade avançada, vítima de sífilis, em 37 d.C.

A aparente natureza dupla de Jesus incomodou por muito tempo a Igreja, sem que qualquer solução ao problema tenha sido aceita. No entanto, recentemente, o escritor Tony Bushby divulgou o teor de sua ampla pesquisa sobre os registros históricos daquela época em seu livro

The Bible Fraud [A Fraude da Bíblia]. Ele propõe que, originalmente, podem ter havido dois irmãos; ambos foram amalgamados no Conselho de Constantinopla da Igreja na figura lendária que reconhecemos hoje como "Jesus". A pesquisa de Bushby mostra que esse primeiro Conselho da Igreja, convocado pelo Imperador Constantino em 325 d.C., foi provavelmente formado para obrigar as Igrejas Cristãs antigas, que se encontravam fragmentadas, a formular uma que aceitasse a doutrina geral. Aparentemente, o plano permitiu que Constantino instituísse uma religião oficial para todo o Império Romano; uma manobra política que basicamente visava a reunificação, a pacificação e o controle do fragmentado Império Romano – e se colocar como chefe da Igreja.

Como discípula preferida de Jesus, companhia (e esposa?), Maria Madalena provavelmente foi uma Criança Natureza, assim como se presume que tenha sido Maria (mãe de Jesus). As duas incorporavam amor, cuidados e verdade incondicional, e eram representantes da própria Mãe-Terra. Os apóstolos Pedro ("Pai da Igreja") e Paulo, como emissário da Igreja, podem ter sido os primeiros exemplares de Crianças Pacificadoras, que juntos fundaram a Igreja e disseminaram sua mensagem amplamente, com todos os 12 discípulos (enviados para pregar a "Palavra de Deus"), personificando, da mesma forma, o princípio dos Pacificadores. Pôncio Pilatos, como representante oficial de Roma e "da lei", e Judas, o "defensor de valores tradicionais", parecem se enquadrar vagamente na descrição de Crianças Inverno. Judas traiu Jesus com o Conselho Judaico de sacerdotes (o Sinédrio) na esperança de que Jesus tivesse a chance de apresentar seu caso ao conselho e, assim, ganhar o endosso do estabelecimento judaico. Porém, como muitos planos bem intencionados, o esquema fracassou. O resto, como dizem, é história.

Portanto, parando para pensar, na verdade, pouco importa em que ano você nasceu, pois mesmo na avançada idade de 102 anos você pode ser uma Criança Índigo, Cristal ou até Arco-íris. Elas sempre estiveram aqui... e sempre estarão. Talvez os termos Índigo, Cristal e Arco-íris sejam apenas palavras novas e alternativas para descrever tipos de personalidade que foram reconhecidas por séculos? Eu acredito que sim.

Capítulo 5

Apoiando Nossas Crianças

Conselho geral

Antes de mais nada, deve-se enfatizar que não há nada de "errado" com nossas crianças. Em vez de nos concentrarmos em suas qualidades mais negativas, devemos reconhecê-las como igualmente avançadas e desenvolvidas quanto a próxima pessoa, mas perceber que elas (assim como a maioria de nós em determinado momento) podem simplesmente ter problemas para atuar de maneira efetiva em nosso mundo aparentemente indiferente e complicado. Portanto, em vez de "tratamento" por si só, muitos apenas exigem do "apoio" resultante. Em vez de "tratamento" no sentido tradicional, descobri que a maioria das crianças reage melhor quando lhe é oferecida "assistência" significativa para ajudá-las a lidar e compreender melhor o rigor deste mundo, principalmente combinada a cuidados paternais conscientes e uma "limpeza" inicial (acompanhada de um acompanhamento para cuidado regular) para ajudá-las a se recuperarem de um possível "pouso acidental" (na falta de uma expressão melhor) no momento de seu nascimento.

Início saudável

Enquanto estão no útero materno, os bebês são conscientes e conseguem ouvir todos os sons do mundo exterior. O mundo deles é seguro e de confiança, no qual, até onde sabemos, eles são tudo o que existe. No entanto, o menor dos sinais de estresse exterior logo resulta no aumento do batimento cardíaco da mãe. Epítome da inocência, a criança por nascer não compreende o que está acontecendo no lado de fora do útero, mas, logicamente, começa a sentir seu batimento cardíaco aumentar com o de sua mãe. Então imagine que, enquanto está no útero, a vida de seus pais continue estressante e difícil e os únicos sons externos ouvidos serem vozes elevadas e choro? O que a criança vai pensar do mundo exterior? Sua impressão será positiva? Acho que não.

 Embora ela possa aprender a se adaptar à tensão e à energia nervosa que molda sua visão de mundo, quando uma criança nasce, geralmente retém a ansiedade que conheceu e na qual confiou enquanto se desenvolvia no útero, carregando-a por toda a vida sem compreender minimamente por quê. Uma criança que se desenvolveu sob um véu de nervosismo e angústia precisa ter aquela energia explicada, não apenas após seu nascimento, mas enquanto cresce no útero. Elas precisam ser tranquilizadas de que não são a causa do sofrimento e que seu nascimento é algo esperado com grande ansiedade. Após seu nascimento, elas também devem ser confortadas e lembradas constantemente de sua sacralidade, ouvirem que são amadas, que estão seguras e terem reafirmado o lugar que ocupam na família e nos corações dos pais. Uma criança que cresceu em um útero sob constante ataque emocional em vez de nutrido pelo amor, pela confiança e pela paz, crescerá e se tornará uma que involuntariamente se sente responsável por seus pais e, de certo modo, culpada por coisas que não podem ser explicadas. Isso tudo é inconsciente. Elas não tomam a decisão por vontade própria ou presumem intencionalmente que são culpadas pela aflição de seus pais, mas no que mais podem acreditar? Para essas crianças, elas são apenas outros fatores na vida de seus pais. Elas desconhecem dinheiro, contas ou hipotecas. Elas não sabem nada sobre empregos, carros ou chefes. Elas sequer nasceram sozinhas, então como podem compreender a morte de um ente querido ou uma doença inesperada? Uma criança que se forma em um útero infeliz automaticamente terá a dor a bordo e carregará a culpa durante muito tempo após seu nascimento. Elas inocentemente acreditarão que são culpadas, indesejadas ou diferentes do restante da família. Elas se sentirão sozinhas, nervosas e apologéticas. Contudo, à medida que amadurecerem e sua incerteza for deixada sem solução ou explicação, a criança crescerá e se tornará um adolescente irritadiço e ressentido e um adulto desrespeitoso.

 A criança também pode gravar com intensidade o processo de nascimento por si só. Com frequência, o trabalho de parto e o nascimento podem criar padrões que possivelmente se repetem durante muito tempo na vida de uma pessoa. Veja por exemplo quando o trabalho de parto começa, mas é obstruído, exigindo uma extração por fórceps. Esse procedimento pode provocar padrões recorrentes durante toda a vida que podem fazer a criança iniciar projetos, apenas para ficar bloqueada ao encontrar dificuldades, até que alguma outra pessoa que assuma à frente a retire e acerte as coisas. Outra circunstância perturbadora é quando o processo de nascimento é rápido demais, resultando em sequelas para a mãe. Essa situação pode facilmente gerar um padrão para a criança de sempre fazer coisas com pressa ou sentindo-se pressionada, com pouco controle sobre os procedimentos. Também pode haver uma sensação frequente de insegurança e de que tanto ela como as pessoas ao seu redor estão correndo riscos ou em perigo. Qualquer número de experiências de nascimento pode ficar gravado na mente e no corpo da criança – e, dependendo de como as coisas ocorrerem, podem tanto ser um apoio verdadeiro ou um grande obstáculo em sua vida. Sabendo disso, uma variedade de terapias foi desenvolvida para ajudar a reverter o padrão negativo de nascimento, enquanto restabelece padrões funcionais de comportamento. Um bom exemplo é o processo de "renascimento".

Não existe experiência de vida perfeita, então não se culpe por ter tido frustrações ou circunstâncias difíceis durante a gravidez. Em vez disso, seja honesta consigo em relação ao que aconteceu e por quê, para compreender os acontecimentos que ocorreram no passado e aqueles que ocorreram como consequência. Apenas assim você pode ter uma verdadeira compaixão por esses acontecimentos, levando a perdoar a si e aos outros envolvidos na ocasião de maneira genuína, depois do que você estará totalmente preparado para falar francamente com seu filho sobre como era a vida quando ele estava no seu útero.

Recordar como a vida era durante a gravidez e como o parto se deu ajuda a explicar por que nossas crianças agem e reagem do modo como fazem. Explica também como e por que elas se sentem assim em relação à família, por que seguram a respiração em momentos de estresse e por que sua visão de mundo evoluiu da forma que se deu. Nosso senso de segurança, nossa confiança, nossos relacionamentos e até o tipo de emprego que procuramos são determinados pela qualidade do tempo que passamos no útero de nossa mãe e da força da primeira respiração que damos. Portanto, para que atinjamos nosso potencial, devemos revisitar nossa respiração sagrada para alimentar o fogo da Criação que queima em nosso centro sempre que concedemos e "damos à luz" novas ideias, criamos coisas novas ou embarcamos em novos relacionamentos. Devemos reconsiderar nosso período no útero e como a vida pode ter sido para a nossa mãe, além de contemplar a possibilidade de que pode haver alguns aspectos de nossa vida que podem ter sido bloqueados por uma lembrança inválida ou negativa do período que passamos no útero. E devemos considerar o fato de que nossas crianças podem estar vivenciando algo semelhante. A vida delas pode ser prejudicada por ansiedade ou estresse sentidos pelas mães durante a gestação, seu nascimento e seu desejo inconsciente de compreender tudo.

Portanto, converse com seus filhos sobre o período que eles passaram no útero e como foi o nascimento. Considere os detalhes que se destacam e os veja como uma chance de remapear sua jornada, de checar seu projeto de vida e revisar os contratos sagrados que você assinou com eles (e vice-versa) antes que entrassem neste mundo. Compartilhe com seu filho afirmações de amor sempre que puder. Elas afirmam seu senso de valorização em relação à criança e abrem um canal para a confiança e o amor fluírem entre vocês dois. Minha esposa e eu constantemente dizemos "eu te amo" e "você é muito especial para mim" aos nossos filhos; e o mais importante, aquilo que todas as crianças esperam ouvir: "sua gestação foi a melhor coisa que já me aconteceu". Veja isso como uma oportunidade para você reivindicar seu poder e para que seus filhos revisem o deles, para renascer como família e para que vocês finalmente honrem (e curem) a primeira respiração de seu filho assim que chegou a este mundo. Todos nós devemos fazer o possível para curar esse momento da primeira respiração, portanto, se este acontecimento não foi o mais saudável ou o mais forte, podemos garantir que a última respiração que dermos será um suspiro que confirma o contentamento com nossos esforços e realizações durante a vida; um suspiro que assegura que as primeiras respirações dadas pelas gerações que chegam sejam de abundância, interligação e boa saúde e não uma arfada que ecoa séculos de arrependimento.

Paternidade sadia

Recentemente recebi um e-mail sobre duas xícaras de café e um pote de maionese vazio. Ele se aplicava tão bem a esta seção do livro que pensei que poderia compartilhá-lo com vocês. Sem dúvida, fez muito sentido para mim.

Um professor de filosofia ficou diante de sua sala e dispôs alguns itens sobre a mesa. Quando a aula começou, ele silenciosamente pegou um pote de maionese grande e vazio e começou a enchê-lo com bolas de golfe. Depois, ele perguntou aos alunos se o pote estava cheio. Eles concordaram afirmativamente. Então, ele pegou uma caixa de cascalhos e os despejou no pote. Em seguida, chacoalhou-o suavemente. Os cascalhos rolaram para as áreas abertas entre as bolas de golfe. Depois, ele perguntou novamente aos alunos se o pote estava cheio. Eles concordaram afirmativamente. Em seguida, o professor pegou uma caixa de areia e a despejou no pote. É obvio que a areia preencheu todo o resto. Ele perguntou mais uma vez se o pote estava cheio. Os alunos responderam com um unânime "sim".

O professor então exibiu duas xícaras de café que estavam sob a mesa e despejou todo o conteúdo no pote, preenchendo bem o espaço vazio entre a areia.

"Agora", disse o professor enquanto as risadas cessavam, "quero que vocês reconheçam que este pote representa sua vida. As bolas de golfe são as coisas importantes: sua família, filhos, saúde, amigos e suas paixões favoritas; e se todo o resto estivesse perdido e apenas elas permanecessem, sua vida ainda seria plena. O cascalho são as demais coisas que importam, como seu emprego, casa e carro. A areia é todo o resto, as coisas pequenas e desimportantes. Se você colocar primeiro a areia no pote, não haverá espaço para o cascalho nem para as bolas de golfe. O mesmo ocorre com a vida. Se você dedicar todo o seu tempo e energia com coisas pequenas, nunca haverá espaço para as coisas que são importantes para vocês. Prestem atenção às coisas que são essenciais para sua felicidade. Brinque com seus filhos. Faça *check-ups* médicos. Leve seu cônjuge para jantar. Jogue mais uma partida de golfe. Sempre haverá tempo para limpar a casa e consertar o triturador de lixo. Cuide das bolas de golfe primeiro, ou seja, as coisas que realmente importam. Estabeleça suas prioridades. O resto é apenas areia".

Um dos alunos levantou a mão e perguntou o que o café representava. O professor sorriu. "Estou contente por ter perguntado. Serviu apenas para mostrá-los que não importa o quanto sua vida parece estar cheia, sempre haverá espaço para duas xícaras de café com um amigo".

Todas as crianças têm amigos que ficam mais do que felizes em dizer o que elas querem ouvir. Então, em vez de cair na armadilha de tentar ser amigo do seu filho (o que é algo que você, sem dúvida, não quer), seja a figura autoritária de que elas precisam. E, como seu pai, estabeleça limites firmes e demonstre sempre um comportamento impecável e aceitável. Negocie limites sólidos com as crianças mais velhas, porém, sem dúvida, permaneça firme quando for defendê-las. As crianças reagem bem quando lhes dizem sobre como seu futuro será, mas elas se fecham quando se veem vítimas da liderança aleatória ou da paternidade desorganizada.

Como podemos esperar que nossas crianças se tornem o melhor que puderem se fazemos pouco ou nada para nos tornarmos modelos melhores? Por isso, como pais, precisamos demostrar responsabilidade por todas as decisões que tomamos na vida. As escolhas que fazemos são nossa responsabilidade e não de outras pessoas. Nossas escolhas influenciam os relacionamentos que temos com nossos filhos e como eles nos veem como modelos úteis. Ser capaz de identificar hábitos ou comportamentos ruins que enviam mensagens confusas para nossas crianças significa que estamos um passo mais próximo de nos tornarmos pais melhores. Saber quando gastamos mais dinheiro do que podemos ou quando estamos vivendo além de nossos recursos, por exemplo; perceber quando nosso comportamento resultou no mau tratamento ou na negligência em relação aos nossos filhos ou reconhecendo quando colocamos trabalho, hábitos e compulsões, bem como novos relacionamentos em uma prioridade maior do que o relacionamento com nossos filhos são algumas das escolhas que precisamos demonstrar responsabilidade para quando nos esforçamos para nos tornar pais melhores.

As crianças reagem melhor quando começam a confiar e depender de uma rotina estabelecida. Até aquelas que não estão acostumadas à rotina sentem falta de tê-la em sua vida. Para aqueles que não estão acostumados a ter uma rotina estabelecida, removê-la ou alterá-la (mesmo que levemente) pode ser, ao mesmo tempo, confuso e perturbador. Uma rotina eficaz é uma que funciona em um ritmo mutuamente acordado, com momentos específicos para as refeições, o banho e a hora de dormir, levando em consideração todas as tarefas domésticas que devem ser feitas ou a lição de casa que precisa ser terminada.

Apoie seus filhos em sua tentativa de serem bem-sucedidos, mas tenha o cuidado o tempo todo de resistir à tentação de pressioná-los além de seus limites ou de alimentar falsas esperanças. Todos nós desejamos que nossas crianças atinjam seus objetivos, mas alguns sempre estarão fora de nosso alcance, e não há problemas quanto a isso. Não é ruim reconhecer nossas limitações – apenas quando permitimos que nossos filhos se tornem inseguros e frustrem nossas esperanças totalmente é que, de fato, se tornam um problema. Apoie seus filhos enquanto eles tentam seguir seus próprios sonhos. Não espere que eles sigam os sonhos dos pais. Deixe que eles escolham as atividades das quais gostariam de participar e resista ao desejo de direcioná-los a coisas que você gostava de fazer quando tinha a idade deles. Deixe seus filhos experimentarem. Incentive-os a tentar o máximo de atividades que desejarem, até encontrarem algo em que sejam bons e gostem de fazer. Deixe-os julgarem o que é certo para eles, enquanto você escolhe as atividades certas para você. Há uma diferença entre esperar que seus filhos façam o que você ama e amar o que seus filhos fazem. Encontre o equilíbrio e, ao fazê-lo, evite anos de ressentimento e frustração entre você e seus filhos.

E quando seus filhos finalmente descobrirem uma coisa na qual se destacam, não se vanglorie a respeito do talento deles para seus amigos ou para os amigos deles. Ninguém gosta de ser exibido. Esse tipo de comportamento (não importa quão honrosas sejam suas intenções) apenas indisporá seus filhos perante seus colegas. Eles precisam saber que podem cometer erros ou ter dias de folga, como qualquer outra pessoa. Ao fazê-los compreender que têm um dom ou são melhores do que os seus colegas, você está colocando pressão irreal sobre eles para terem sucesso. Eles precisam se destacar em seu próprio ritmo, sem pressão exterior nem expectativas para fazer mais.

Permitir que seus filhos socializem direito é fundamental. Você não pode proteger seus filhos do mundo real para sempre. Eles precisam cometer seus próprios erros e se levantar após cada queda. Eles nunca aprenderão a socializar plenamente se você passar o tempo todo envolvendo-os em algodão. Você precisa se certificar de que seus filhos tiveram a base mais firme a partir da qual sair para o mundo. Eles sabem fazer amigos, por exemplo? Eles sabem como compartilhar e negociar? Eles conseguem demonstrar seus pontos fortes sem serem exibidos? Eles conseguem receber não como resposta? Como lidam com a crítica e o aconselhamento? Eles conseguem se adaptar bem a situações novas e não familiares quando elas surgem? Essas são perguntas que devem ser feitas, com sérias considerações às respostas. Como pais, também é essencial cuidar e se responsabilizar pelo relacionamento que vocês têm com seu esposo ou esposa. É bom se concentrar plenamente em observar seu filho ser bem-sucedido no mundo, mas sem arriscar o relacionamento que você tem com seu cônjuge. Se é para seus filhos se desenvolverem plenamente, eles devem ter a chance de vê-lo alimentar seus outros relacionamentos e compreender que exigem tipos diferentes de atenção daquela que você destina a eles.

Uma maneira é deixar seus filhos terem muitas oportunidades de interagir com crianças exatamente como elas ou com crianças que as complementam ou equilibram em todos os níveis. Durante essas brincadeiras, elas logo percebem que não estão sozinhas: que podem ser "diferentes" de muitas maneiras (assim como muitas vezes é enfatizado de um modo não construtivo no sistema regular de ensino), mas que elas são saudáveis e boas (isso também é vitalmente importante para os pais dessas crianças, que também precisam saber que não estão sozinhos

– que há outros pais por aí passando por coisas semelhantes às deles). Na verdade, em vez de reafirmar as crenças negativas em si mesmas, os dias de "brincadeiras terapêuticas" ajudam nossas crianças a aprender mais sobre si – que, talvez, elas não sejam as mais bem preparadas para decidir o que é certo para elas, ao mesmo tempo em que criam uma rede de apoio que as incentiva a abrir as asas com segurança e a começar a viver seu próprio objetivo de vida.

Quando nos esforçamos para nos aproximarmos de nossos filhos, os incentivamos a se aproximarem de nós. Converse com seus filhos sobre coisas normais, cotidianas e quase desimportantes. Pergunte a eles sobre a escola, seus amigos, suas esperanças e medos, tentando se manter livre de julgamentos, críticas e culpas (não importa o quão difícil possa ser). Esforce-se para fazer parte do mundo dos seus filhos. A propósito, não faça pressuposições sobre nada a respeito do mundo em que seus filhos vivem – ele é totalmente diferente daquele em que você ou eu crescemos. É mais rápido e mais brutal em todos os níveis do que você sequer poderia imaginar. Portanto, lembre-se de perguntar frequentemente aos seus filhos se eles estão felizes, claros em sua compreensão e, o mais importante, seguros. E não limite seus filhos esperando que eles façam escolhas seguras ou corretas na vida com base apenas naquelas que você fez enquanto crescia. Há chances de que as decisões que você fez enquanto crescia sejam tão relevantes aos seus filhos quanto banheiros fora da casa, poços de água e televisores em preto e branco. Porém, quando você, de fato, oferecer aconselhamento, use uma linguagem específica para a idade dos seus filhos e é de bom-tom explicar por que você está dizendo o que está dizendo. Às vezes, é melhor dizer muito do que se arrepender de não falar o suficiente.

Contudo, no caso de você cometer o erro de não falar o suficiente para guiar e proteger seus filhos, estabeleça um plano de ação agora para evitar ou atenuar o impacto se aparecer uma situação difícil no caminho. Se seu relacionamento com seus filhos não for ideal ou não tender à conversa aberta e honesta, por exemplo, apoie-os em sua busca por encontrar uma pessoa "mais velha"; uma pessoa sábia, um mentor, professor, treinador, policial, conselheiro ou figura religiosa – alguém para agir como um guia e mentor, alguém em quem confiar e com quem se abrir. Porém, se isso não se aplica a você e você não tem sorte o suficiente para estabelecer um relacionamento bom e funcional com seus filhos, não hesite em agir e eliminar imediatamente a ameaça que jamais deveria surgir. Se seus filhos revelarem a você que estão em risco, deixe claro que você fará o que é preciso ser feito (dentro do razoável) para eliminar tal risco. Isso pode envolver ter de ligar para a polícia, confiscar itens perigosos, isolar seus filhos de determinadas pessoas ou levá-las para um local mais seguro. Nunca culpe seus filhos por algo que eles fizeram antes de descobrir por que e se eles o fizeram. Nunca eleve sua voz sem um bom motivo e nunca ataque uma criança verbalmente apenas porque você está desapontado com ela. Tudo isso o faz parecer cheio de papo-furado, proporcionando aos seus filhos um bom motivo para nunca se abrirem a você novamente. Concentre suas preocupações e frustração em ajudar seus filhos a resolverem o problema e deixe de lado toda a comunicação baseada em moralidade até o caso chegar ao fim. E, finalmente, nunca minta para seus filhos. Nunca. Nem mesmo conte uma mentira pequena. Seja aberto, honesto e sincero o tempo todo, e eles o recompensarão sendo abertos, honestos e sinceros com você o tempo todo.

Relembrando os "velhos modos"
Medicina tradicional chinesa

A medicina tradicional chinesa, que remonta a mais de 3 mil anos, tem muito de sua prática derivada da filosofia taoísta e adota a crença de que tudo no universo, inclusive nossa saúde, é criado a partir da força vital invisível chamada *Qi* e se desenvolve por meio da interação de forças ou polaridades positivas e negativas em todos os aspectos da vida – chamadas yin e yang. O mundo físico é governado por cinco elementos naturais: madeira, fogo, terra, metal e água. Também somos constituídos desses cinco elementos, tanto em nossos órgãos físicos e sentidos como também em nossa mente e emoções. A medicina tradicional chinesa apoia a crença de que as pessoas, tanto física como mentalmente, são inter-relacionadas e dependentes da natureza. Também se acredita que cada um de nós é regido pela influência de um dos cinco principais órgãos do corpo humano.

O tratamento destina-se a restaurar o equilíbrio do fluxo de energia e o funcionamento adequado da pessoa como um todo – corpo, mente e espírito. Isso é obtido principalmente por meio de abordagens de terapia dietética, ervas, massagem, acupuntura e Qigong (respiração, movimento e meditação focados).

A acupuntura se tornou um tratamento popular no mundo ocidental e foi apoiada por muitos estudos científicos que demonstram como ela funciona por meio da estimulação do sistema nervoso, das endorfinas e dos neuropeptídios químicos naturais do corpo humano. A visão chinesa clássica é de que os pontos de acupuntura são como transformadores em um sistema elétrico – pontos nos quais o fluxo de energia pode ser regulado e reequilibrado.

Ayurveda

Refere-se à Ayurveda como a "Ciência da Vida". Ela defende a prevenção e a longevidade e é uma das formas de medicina mais antigas e holísticas disponíveis atualmente. Documentada pela primeira vez há mais de 5 mil anos na Índia, é descrita como uma "medicina mundial" que lida tanto com o corpo quanto com o espírito; uma forma de cura que formou um elemento integral da tradição espiritual da religião universal ou védica.

Como um componente da antiga sabedoria chamada Vedas, o objetivo principal da Ayurveda é restaurar a saúde adequada aos veículos da mente, do corpo e da alma para que auxiliem o indivíduo no caminho para alcançar a verdadeira união com o divino – o objetivo do Yoga e do caminho meditativo.

A medicina Ayurvédica vê o ser humano como constituído de três princípios encontrados em todo o mundo natural: *Vata* (ar em movimento, ou seja, o vento), *Pitta* (fogo) e *Kapha* (terra e água combinados = óleo).

Na doença, acredita-se que um desses três princípios esteja em excesso, portanto, o tratamento destina-se a acalmar ou pacificar esse excesso. Abordagens usadas incluem terapia dietética, terapia com exercícios, como movimentos específicos de Yoga, ervas, tratamentos de limpeza e ajustes no estilo de vida. A prática da meditação é considerada essencial.

Homeopatia

O dr. Samuel Hahnemann (1755-1843) foi o fundador da homeopatia e, a partir de suas observações, originou-se a "Lei dos Semelhantes", a qual sugere que ao dar a um paciente pequenas quantidades de uma substância que produza os sintomas da doença da qual sofre, o corpo então será capaz de combater a doença do modo adequado e, portanto, ser capaz de se curar. É um pouco parecido com receber uma vacina contra uma doença. De acordo com a homeopatia clássica (que, como uma forma de medicina "alternativa", tem apenas 200 anos), todas as doenças se originam da interrupção da nossa "força vital". A força vital é a energia de força vital que sustenta a vida. Como a homeopatia presume que a fonte de todas as doenças está no nível energético, o remédio prescrito deve também ser desenvolvido com linhas semelhantes.

Em essência, compreende-se que essa força da doença entrou e desarranjou a força vital do corpo, o que resulta nos sintomas mentais e físicos da doença. Na verdade, esses sintomas são a reação do organismo humano à doença, não a própria doença. Portanto, ao administrar um remédio que intensifica os sintomas específicos, isso, na verdade, fortalece a luta do corpo contra a doença. Então, felizmente, a força da doença pode agora ser expelida e a doença, curada.

Os remédios homeopáticos são feitos com uma gama de substâncias: produtos minerais, vegetais ou animais. Todas as substâncias descobertas por experimentos clínicos que imitam os sintomas de uma doença específica podem ser utilizadas para preparar remédios. Além de esses remédios agirem principalmente na força vital invisível, eles também precisam ser sutis. Por isso, os remédios são frequentemente preparados e diluídos em um processo específico para produzir "remédios vibracionais" que não agem no nível físico, mas nas energias corporais sutis.

Naturopatia

Os naturopatas desenvolveram seus sistemas de tratamento a partir de séculos de experiência na Europa como botânicos, "mulheres sábias" e curadandeiros naturais. Seu objetivo é limpar as toxinas acumuladas nos sistemas dos órgãos, nutrir os órgãos e restaurar o funcionamento adequado de todo o ser humano. O fígado e o intestino são considerados fontes comuns de doença em nossa sociedade, assim como emoções perturbadas e estresse.

Os métodos empregados envolvem uma gama de abordagens, como terapia dietética, minerais, vitaminas, ervas, remédios homeopáticos, essências florais, banhos medicinais, sauna a vapor, lavagens intestinais, ar fresco, exercícios e mudanças no estilo de vida.

Osteopatia

A osteopatia foi desenvolvida em conjunto com a quiropraxia como um meio de tratar distúrbios na estrutura e no funcionamento dos músculos, tendões, articulações e ossos do corpo humano. Compreende-se que os distúrbios nesse sistema musculoesquelético podem estimular, agravar ou até, em alguns casos, provocar muitas doenças no corpo. Além disso, a osteopatia frequentemente se volta ao fluxo de determinados fluidos importantes no corpo humano, como os fluxos sanguíneos venoso e arterial, o líquido cefalorraquidiano no cérebro e o sistema linfático.

As técnicas de tratamento variam desde manipulações vigorosas (quebra das articulações) até técnicas muito sutis que podem ser massagens suaves, mas podem produzir benefícios maiores para as funções das articulações e dos músculos.

Uma escola posterior de osteopatia desenvolveu a chamada "osteopatia craniana". Essa abordagem faz uso de massagens muito suaves como métodos para corrigir distúrbios na estrutura óssea do crânio para melhorar os fluxos sanguíneo e do líquido cefalorraquidiano ao cérebro e até intensificar a própria função cerebral. Esses distúrbios nos ossos cranianos, geralmente com irritação resultante do cérebro subjacente, podem resultar de muitas causas, que incluem lesões cerebrais, nascimento muito rápido ou muito atrasado e parto com fórceps, e são surpreendentemente comuns. A osteopatia craniana pode trazer alívio para muitas condições, inclusive dores de cabeça crônicas, resfriados recorrentes, amidalite ou infecções nos ouvidos em crianças, além de distúrbios de comportamento em decorrência de irritação no cérebro.

Medicina integrativa

Recentemente, alguns médicos se interessaram pela prática da "medicina mente-corpo". Ela é de uso específico da assistência psicológica, da meditação, da hipnose e de outras formas de tratamento do "estado alterado da consciência" para permitir que a mente induza mudanças positivas no corpo. Além disso, terapias complementares costumam ser utilizadas. Isso envolve o uso de muitas terapias dietéticas, suplementos nutricionais, ervas, remédios homeopáticos e acupuntura de uma maneira ética cientificamente validada de acordo com as melhores tradições do juramento de Hipócrates. De muitas formas, esse é um retorno à medicina clássica como foi praticada por muitos séculos até o início do último século, quando começou o uso de drogas e tecnologia. Esses médicos estão descobrindo novas maneiras de tratar doenças, que alegam serem muito mais eficazes e seguras de utilizar, em especial em doenças crônicas que incomodam nossa sociedade, como câncer, doenças cardíacas, diabetes e artrite. Isso também leva os médicos para mais perto de terapeutas naturais, bem como de padres, teólogos e pensadores, em uma abordagem verdadeiramente integrativa à medicina.

Os cinco elementos "esotéricos"

Os antigos se referiam a um conjunto de elementos arquetípicos no esforço de explicar os ciclos e modelos que testemunhavam na natureza.

Os gregos identificaram quatro elementos primários: fogo, terra, ar e água, que apoiavam a regra simples de que todas as coisas da natureza carregam força vital, sendo todas as coisas compatíveis e iguais. Uma teoria semelhante foi adotada em toda a Ásia: uma teoria que constituía a base esotérica tanto do Budismo quanto do Hinduísmo. Os "cinco elementos principais" do Hinduísmo são terra, água, fogo, ar e éter. A tradição japonesa se refere a um conjunto de elementos chamado os "cinco grandes": terra, água, fogo, vento e vácuo, enquanto no Taoísmo existe um sistema semelhante que inclui tanto o metal quanto a madeira, mas elimina o ar. A espiritualidade chinesa reconhece quatro elementos primários, cada um deles regido por bestas conhecidas como animais celestiais. Esses animais devem ser reverenciados para intensificar o poder e o potencial dos quatro elementos – energias recebidas no lar para dar proteção, força e prosperidade para aqueles que vivem e trabalham de acordo com a arte chinesa do Feng Shui. A Tartaruga Negra, que rege o norte e as energias do inverno, por exemplo, representa a longevidade, a força e a persistência. O Dragão Verde (como guardião do leste e embaixador da primavera) oferece proteção, vigilância e benevolência. A Fênix Vermelha, regente do sul e mensageira do verão, repele a negatividade ao mesmo tempo em que representa as cinco características humanas: virtude, responsabilidade, conduta, compaixão e confiança. O Tigre Branco, enquanto companheiro do Dragão Verde, personifica o oeste e as energias do outono. O Tigre Branco não apenas emite força submissa e feminina, mas também é extremamente forte e protetor.

O neopaganismo descreve quatro elementos (terra, ar, fogo e água) com algumas tradições que adicionam um quinto: espírito. O uso do pentagrama ou estrela de cinco pontas está associado à prática de sintetizar os espíritos elementais das quatro direções no início de um ritual. Quando se descreve as características dos quatro elementos, afirma-se que o fogo é quente e seco, a terra é considerada fria e seca, o ar é descrito como quente e úmido, enquanto a água é, obviamente, fria e úmida. Alguns descrevem o quinto elemento como "quintessência": uma palavra alquímica que se traduz literalmente como "quinto elemento" e que também significa éter ou espírito. É interessante observar que cinco dos maiores planetas do nosso sistema solar receberam nomes derivados dos elementos: Vênus, do metal; Júpiter, da madeira; Mercúrio, da água; Marte, do fogo; e Saturno, da terra.

Muitas tradições consideram o dragão como um protetor dos quatro elementos, com um dragão específico apresentando determinadas características que correspondem exatamente à natureza elemental da terra, do ar, do fogo e da água. Afirma-se, por exemplo, que o Dragão Terra guarda os tesouros da Terra como seu "legado" àqueles que honram e respeitam a Terra como mãe. Dragões da Terra, as grandes criaturas semelhantes a minhocas que habitam buracos e cavernas, dizem respeito à abundância e à sabedoria obtidas quando atingimos a idade madura. Dragões da Água nos guiam quando meditamos e contemplamos. Os Dragões da Água ensinam a arte da introspecção, incentivando-nos a acalmar o ruído interior para encontrarmos o silêncio dentro de nós. Os dragões alados do ar proporcionam clareza da mente ao mesmo tempo em que compartilham os dons da intuição e alimentam o intelecto. Já o Dragão Cuspidor de Chamas nos lembra de honrar o fogo em nosso abdômen, a paixão que conduz nossa força criativa, ao mesmo tempo em que ensina as lições de entusiasmo e inocência. Os Dragões de Fogo são mais poderosos na puberdade, quando parecermos saber tudo, mas, na verdade, não sabemos nada, quando somos entusiasmados com tudo e agarramos o mundo como uma ostra na palma da mão.

Terapias energéticas sutis

As crianças de hoje não reagem bem aos tratamentos médicos pesados ocidentais prescritos para fazê-las se enquadrarem ou agirem "normalmente" como seus colegas. Sedar nossas crianças com Ritalina, por exemplo, não ajuda em nada no ajuste para se viver bem em sociedade. Ao contrário, ela entorpece a mente das crianças, tornando-as dóceis e mais complacentes e não um obstáculo ao sistema. Sedar nossas crianças simplesmente corrige superficialmente o problema principal, ao mesmo tempo em que viola descaradamente sua integridade, bloqueando a criatividade e a autoexpressão, frustrando, dessa forma, sua chance de sequer perceber seu potencial verdadeiro.

Mas é claro que sempre há a exceção à regra. Sempre existe o caso eventual, por exemplo, no qual a medicina convencional *de fato* parece fazer a diferença (mesmo que superficialmente), ajudando o indivíduo a se integrar, aprender e crescer e, nesse caso, provando-se benéfica à criança, à família e à escola. Também há aquelas circunstâncias nas quais, exaustos, estressados e, em alguns casos, discriminados pelo sistema, sentimos não ter nenhuma escolha, *exceto* medicar nossas crianças por medo de cometermos erros ou fazer mal a elas. Se, por nenhuma outra razão, medicar nossas crianças dá a oportunidade de reavaliar, recuperar a resistência e buscar tratamentos amigáveis substitutos. Às vezes, uma pausa no padrão negativo constante (oferecida pela medicina ocidental) cria uma janela de claridade, permitindo-nos (e às nossas crianças) ver claramente as alternativas apresentadas, uma das quais se mostrou uma razão lógica para escrevermos este livro.

Apesar disso, deve-se lembrar que, em geral, todas as crianças (e não apenas aquelas às quais são prescritas drogas como a Ritalina) reagem de maneira sadia à maioria das terapias energéticas sutis e terapias naturais suaves específicas, quando combinadas com cuidados parentais, uma dieta balanceada, um lar harmonioso e muitas atividades e exercícios ao ar livre.

Se o tratamento for necessário, é aconselhável que se busque a orientação de um médico holístico integrativo, naturopata, osteopata craniano ou conselheiro espiritual antes de seguir o caminho da medicina tradicional. Uma análise sanguínea (um exame simples que exige apenas uma gota de sangue), solicitada por um médico holístico integrativo ou naturopata, é uma maneira poderosa, porém simples, de obter informações sobre o metabolismo de seus filhos, por exemplo, também solicitando-se uma análise capilar (um exame que exige apenas uma pequena quantidade de cabelo retirada da cabeça dos seus filhos, realizado por seu médico holístico integrativo ou naturopata), que verifica com rapidez e facilidade a contaminação por metais pesados e a saúde e o bem-estar dos níveis de minerais de seus filhos.

Peça para seu médico holístico integrativo ou naturopata verificar se o fígado e o sistema digestivo de seus filhos estão funcionando adequadamente. Se não estiverem, descubra o que precisa ser feito para restaurá-los ao seu potencial máximo. Examine-os e tratem qualquer infecção crônica, inclusive inflamação no ouvido, sinusite, bronquite, enterite, parasitas, verminoses e candidíase. Se não forem tratadas (o que ocorre com frequência), toda e qualquer infecção dificultará o progresso de seus filhos. Se eles sofrerem de alergias que resultem em asma, eczema ou rinite alérgica, também pode ser útil mencioná-las na próxima visita ao médico holístico intregrativo ou naturopata. Ele logo sugerirá remédios que aliviarão bem os sintomas, ao mesmo tempo em que tratarão as causas subjacentes e removerão o estresse que causam em seus filhos.

Seu médico holístico integrativo ou naturopata pode sugerir osteopatia craniana, quelação (para a intoxicação por metais pesados), acupuntura a laser (uma forma segura e indolor de acupuntura que não exige o uso de agulhas) ou a prescrição de remédios homeopáticos, que são de natureza extremamente vibracional. Ele também pode sugerir que você incorpore o uso de essências florais no plano de tratamento geral de seus filhos.

Muitas pesquisas sobre remédios vibracionais, como essências florais (diluições homeopáticas derivadas de flores), provaram ter efeitos positivos no estado emocional de adultos e crianças de modo semelhante. Uma fórmula individual é recomendada apenas depois de um vasto exame inicial, portanto visite um terapeuta qualificado antes de se automedicar. Por exemplo, com essências florais, àqueles que constantemente cometem os mesmos erros sugere-se a essência de castanha; para quem sonha acordado, clematite; para aqueles que desistem com facilidade, a genciana é recomendada, enquanto àqueles que apresentam falta de confiança, a essência de lariço é o melhor remédio. Para pensamentos indesejados que persistem, tome *White Chestnut*, e para aqueles que não têm motivação, *Wild Rose*. Para estresse em geral, tome algumas gotas do *Remédio do Resgate* (uma fórmula combinada) aplicada diretamente sob a língua.

Considerando as modalidades curativas mais "alternativas", como psicoterapia transpessoal, cinesiologia, cromoterapia (por exemplo, Espiral ou Aura Soma), cura intuitiva, Reiki, terapia com cristais, música, arte terapia ou até caminhar sobre o fogo podem ser um pouco incomuns ou bizarras para alguns, mas muitas crianças se beneficiam muito com o que elas têm a oferecer. Algo tão simples quanto passear na natureza ou ter a companhia de um animal de estimação (como gatos ou cachorros) de fato ajuda a elevar os espíritos e melhorar o bem-estar geral tanto de adultos como de crianças, enquanto avalia, limpa e equilibra os chacras de seus filhos é tanto um padrão terapêutico antigo quanto reconhecido. Os chacras são os centros energéticos encontrados dentro de todos os corpos vivos, localizados na frente da coluna espinhal. Eles são, em geral, descritos como vórtices que giram onde a energia vital universal entra e sai. O termo chacra deriva da palavra "roda" ou "disco", em sânscrito, e origina-se das filosofias antigas do Yoga e dos textos tântricos indianos. Muitas religiões orientais e tradições esotéricas surgiram para incorporar os chacras aos seus sistemas de crença (por mais de milhares de anos), retratando-os muitas vezes como flores de lótus perfeitamente formadas e adequadamente coloridas. Os chacras são âncoras que filtram a energia que vem do ambiente e a direciona para dentro do corpo. Eles garantem que haja um fluxo de energia uniforme e harmonioso dentro do corpo humano o tempo todo, em todos os níveis. É vital que os chacras estejam equilibrados entre si, de modo que a energia flua suavemente de um para outro. Quando um deles está em total harmonia, fica totalmente aberto, como uma lótus totalmente aberta e perfeitamente formada, girando livremente e em equilíbrio perfeito.

A aura é o campo energético que cerca todos os corpos vivos e a força que irradia as energias vitais sutis dentro do corpo. Nosso ambiente, as pessoas com quem nos associamos e nossas escolhas de estilo de vida influenciam bastante as energias áuricas que formam um registro de quem e o que somos. A aura é facilmente observada e interpretada de acordo com nossa condição imediata: nossa saúde, atividade mental e estado emocional, em geral, muito tempo antes de os sintomas óbvios serem exteriorizados. A aura etérica pálida delineia de perto o corpo e não costuma ter mais do que 1,27 centímetro de espessura. Parecida com uma fina camada de fumaça que envolve com firmeza o corpo, é a parte mais fácil da aura que se pode enxergar. Quando dormimos, a aura etérica incha e se estende para fora do corpo físico para interagir e armazenar as energias áuricas exteriores do cosmos.

Chamada muitas vezes de invólucro da vitalidade, os níveis da aura etérica se contraem e formam um campo denso e protetor ao redor do corpo assim que despertamos. Emanando dos chacras, a aura principal está unida ao corpo em camadas coloridas de cor. A energia da força vital se alimenta da Mãe-Terra através dos pés para dentro de nossos chacras, de maneira muito semelhante como as plantas drenam a água por meio de suas raízes. Cada um dos chacras gera energias diferentes representadas por um símbolo colorido relacionado àquele centro. Como cada chacra opera, em que ritmo ele gira, seu equilíbrio com os outros centros de chacras – força, vibração e assim por diante – dependem totalmente de nosso estado físico e estado de espírito atuais. Trabalhando em conjunto, os centros de chacra geram a tonalidade dominante da aura, disparando mudanças em cada rotação. Para apenas "varrer, afofar e afagar" a aura, é um método reconhecido e eficiente de reativar a aura, enquanto corrige todos os efeitos negativos causados por nosso modo de vida.

O equilíbrio dos chacras tem sido usado e adaptado por muitas modalidades curativas e grupos de orientação espiritual e, semelhante à defumação, ainda é uma forma muito básica e popular de cura áurica. Você pode precisar de ajuda, mas se for capaz, pode fazê-lo sozinho. Com seus dedos espalhados como um rastelo, comece a fazer movimentos rápidos, curtos e combinados, progredindo aos poucos, desde os pés até o topo da cabeça. Nenhum contato físico é exigido, mas cada toque deve ser mantido a cerca de 30 centímetros de comprimento e de 10 a 20 centímetros de distância do corpo. Faça movimentos no espaço sobre a cabeça enquanto retrata a aura corporal nos olhos de sua mente como uma grande tigela de claras de ovos bem batidas (é com isso que se parece depois de fazer o movimento). Repita e dirija-se para baixo do chacra coronário. Quando finalizar, a aura estará completamente misturada, mas agora é preciso que seja "afofada", de modo a afrouxar quaisquer bordas e separar as energias negativas persistentes que possam ter sido negligenciadas antes. Comece novamente a partir dos pés e para cima. Faça movimentos circulares com as palmas das mãos, enquanto balança os dedos de maneira suave. Repita a ação novamente, descendo do chacra coronário no topo da cabeça. Isso tem um efeito tranquilizador à aula, em especial depois do trabalho rigoroso de "varredura". Agora imagine que a aura é um saco de algodão que foi colocado com cuidado em sua embalagem antes, mas que agora foi retirado, separado e se tornou uma nuvem desordenada de caos branco. Tente colocá-lo de volta à sua embalagem. Você não consegue sem que faça uma reorganização maior. Feche as mãos em concha e trabalhe dos pés até a cabeça, movimentando as mãos rapidamente, aproximando-se e afastando-se do corpo, entre 20 a 5 centímetros de distância. Você está efetivamente "afagando" a aura, para realinhar seu campo energético. Faça tudo novamente. Repita do topo da cabeça até os pés.

A defumação, por sua vez, emana energias positivas, enquanto expele a negatividade e limpa ou purifica a aura em um nível vibracional. Para defumar, seque cuidadosamente um pouco de erva-de-cheiro, sálvia, cedro ou tabaco e coloque umas ervas ou uma combinação de todas em uma tigela ou recipiente à prova de calor. Com um palito de fósforo, queime as ervas maceradas até começarem a produzir fumaça, tendo em mente que é a fumaça que se deseja, não uma chama. Roce a fumaça com as mãos em conchas ou uma pena, de modo que cerque e toque cada parte do corpo, enquanto pede ao espírito das ervas para remover toda a energia negativa. Visualize essa energia deixando a aura e retornando ao universo por meio da fumaça.

Lembre-se, o objetivo é reequilibrar o sistema energético sutil de seus filhos e ajudá-los a ter uma vida plena, feliz e bem equilibrada, desenvolver suas habilidades inatas e alcançar seu potencial para que façam sua parte em tornar o mundo um lugar melhor. Portanto, investigar ou procurar o que você pode considerar formas "incomuns" de cura deve ser considerado se estiver verdadeiramente disposto a apoiar seus filhos, assim como investigar a possibilidade do ensino não convencional ou a participação de toda a família na terapia. Decisões como essas podem parecer um pouco extremas (e desafiadoras), mas quando você para e pensa, não são o crescimento e o desenvolvimento de seus filhos que importam?

Alimentos integrais

Antes de tomar qualquer atitude, contudo, é essencial que você primeiro observe atentamente a dieta de seus filhos. A modificação da dieta é um ingrediente importante na reestruturação e na melhoria da saúde física e mental de seus filhos. Você observará uma melhora evidente em seu bem-estar geral quando prestar bastante atenção ao que seus filhos comem, principalmente quando suplementos nutricionais são incorporados. As crianças de hoje possuem uma sabedora inata que as permite enxergar a verdade em todas as coisas. A alimentação é, sem dúvida, uma área na qual podemos apoiá-las plenamente em sua busca por questionar e serem responsáveis por suas próprias escolhas. O crescimento não diz respeito apenas ao desenvolvimento físico, mas também a hábitos alimentares saudáveis e alimentos cheios de força vital que apoiarão seus filhos no desenvolvimento, nos âmbitos criativo, espiritual, emocional e mental. Se for possível imaginar que os alimentos integrais aproximam as crianças de sua verdade e que os alimentos vazios colocam uma barreira entre eles e sua beleza natural, então começaremos a nos aproximar de uma compreensão do porquê de a comida verdadeira ser tão importante.

A seguir, apresentaremos alguns conselhos dietéticos básicos, mas quando os revisar, dedique algum tempo à reflexão acerca de maneiras eficientes e simples de realizar algumas mudanças básicas quanto às compras, aos hábitos alimentares e a seu conhecimento nutricional básico.

Em se tratando da dieta geral de seus filhos (não importa qual tipo de criança seja), tente evitar ou reduzir o consumo de alimentos "vazios": comidas com corantes e conservantes artificiais em excesso, substâncias químicas, açúcar refinado (açúcar branco), gorduras hidrogenadas, doces e confeitos, sal/sódio adicionado, tortas doces, bolos e biscoitos, bebidas gaseificadas, alimentos processados ou com conservantes e *junk food* em geral. Ao contrário, tente consumir água fresca e límpida (filtrada, de nascente ou mineral), e não água extraída da torneira e coma mais alimentos não processados, "completos" ou integrais e super alimentos ricos em nutrientes. Procure e armazene em sua geladeira ou despensa alimentos sazonais frescos e produtos orgânicos. A maioria dos principais supermercados mantém agora um estoque saudável de alimentos orgânicos, mas se aquele que você frequenta não dispõe dessa seção, pergunte na loja de produtos naturais do seu bairro, empório ou hortifruti onde fica o fornecedor mais próximo. Assim, faça questão de comer apenas frutas e vegetais frescos, frango criado livremente, peixe fresco ou enlatado (conservado em água de nascente ou salmoura) e carne orgânica e magra. Se não encontrar carne orgânica, porém, o cordeiro é a melhor alternativa por conter, em geral, menos esteroides, antibióticos e hormônios do que a carne de outros animais.

Este é um bom modelo para toda a família seguir. As coisas se tornam mais fáceis, principalmente durante as refeições, se a família inteira apoiar a mudança de dieta dos filhos, com estes apreciando a mesma comida que os demais. Não fazer do crescimento de seus filhos uma preocupação familiar não é apenas hipocrisia (é muito comum esperar que seus filhos façam algo com a qual você não está preparado a se comprometer) – é também uma escolha de estilo de vida mais saudável para toda a família. Embora algumas crianças possam se beneficiar muito de uma dieta individualizada, isso é algo que deve ser orientado por um médico holístico, naturopata ou nutricionista capacitado que pode sugerir que você evite laticínios (algumas crianças são alérgicas à caseína, proteína presente no leite) e a produtos derivados de trigo, pois o glúten geralmente provoca reações alérgicas ou induz à "síndrome do intestino irritável".

Como em qualquer processo de mudança, contudo, vale a pena experimentar sua nova dieta por duas semanas para verificar sua eficácia geral. Se não houver benefícios evidentes nesse período, você pode retomar a dieta anterior e, depois, tentar uma nova alteração na dieta depois disso. No entanto, às vezes os sintomas podem se agravar antes de haver uma melhora. Isso acontece porque o corpo precisa de tempo para se ajustar à nova rotina antes que possa alcançar um objetivo positivo.

Talvez intuitivamente você já conheça algumas dessas dicas e sugestões. Talvez você se refira a eles como bom senso básico. Se este for o caso, excelente! Não é exatamente como deveria ser?

Escolhas saudáveis

Para realmente inspirar escolhas saudáveis, demonstre a correlação entre a Mãe-Terra (a fonte de nossos alimentos) e a mesa da cozinha. Crie uma pequena horta, jardim de ervas ou monte um pomar básico, por exemplo, e incentive seus filhos a cuidarem de seu crescimento e a colher sua produção para a própria alimentação. Construa um viveiro seguro para frangos e reaproveite seu esterco como fertilizante para sua horta e use seus ovos para cozinhar. Alimente seus frangos com grãos, milho e migalhas de alimentos que sobrarem em vez de ração industrializada ou grânulos repletos de hormônio disponível em lojas especializadas de sua região. Leve seus filhos para viagens ao campo com sua família para colher amoras, maçãs selvagens ou visitar uma fazenda e ordenhar uma vaca – tudo que abra os corações para a riqueza da natureza e a abundância da Mãe-Terra.

Estimule o interesse por alimentos com a simples valorização da cor e considere os impactos espiritual e psicológico que ela tem sobre nós. Quanto mais o alimento for naturalmente colorido, maiores serão as chances de conter nutrientes. Alimentos vermelhos ou escuros, por exemplo, possuem níveis mais elevados de flavonoides, que melhoram a concentração e a memória, portanto escolha variedades de alface roxa em vez das mais tradicionais, e cebolas espanholas em vez da variedade marrom, mais comum. Promova um relacionamento saudável com os alimentos e coma adotando uma abordagem criativa e multifacetada. Cante, dance, esculpa, brinque, desenhe, pinte ou escreva sobre alimentos e saúde. Transforme receitas em canções ou ria enquanto cria uma história sobre o que aconteceria se uma ervilha encontrasse um caqui no parque algum dia. Essas atividades não apenas ajudam a levar os alimentos para a vida, como também aprofunda a compreensão de seus filhos acerca do que colocam na boca, mas também são maneiras divertidas de passar um tempo de qualidade com as crianças.

Cozinhe com amor, envolvendo seus filhos nas tarefas simples de preparação de sua refeição noturna. Divida a responsabilidade convidando-os a ajudar com o corte e a preparação dos alimentos e inspira um senso de união familiar na cozinha. Escolha tarefas que sejam importantes para seus filhos e que sejam apropriadas para sua idade e estágio de desenvolvimento. Por exemplo, não peça para seu filho de 4 anos descascar e cortar uma abóbora nem espere que uma criança de 8 anos de idade saiba desossar um frango. Deixe sua paixão e entusiasmo por cozinhar virem à tona em cada refeição que você prepara incitando o orgulho em "fazer sozinho". Essa atitude positiva fará com que seus filhos escolham uma refeição caseira em vez de alimentos congelados ou processados todas as vezes. Faça da refeição noturna juntos um acontecimento importante para toda a família em vez de algo apressado em frente à televisão (certamente uma ocorrência comum em todo o mundo).

Ensine seus filhos a cheirar, provar e sentir sua comida. Apresente alimentos que incentivem a experimentação com as mãos e faça da apresentação de produtos novos e variados à sua família um hábito sempre que possível. Envolva todos os sentidos, inclusive as funções intuitivas. Peça para seus filhos ajudarem na escrita de sua lista semanal de compras e localize os itens listados enquanto faz uma busca no supermercado (uma tarefa importante que desafia sua habilidade de leitura e de escolha de produtos mais econômicos e saudáveis com sabedoria).

Ou permita que seus filhos o guiem intuitivamente até aquilo que eles sintam ser necessário. A maioria das crianças instintivamente sabem quais alimentos contêm os nutrientes que seus corpos exigem.

Introduza hábitos saudáveis e individuais, permitindo que seus filhos determinem o quanto de cada alimento vão comer enquanto os servem ou, melhor ainda, permita que eles se sirvam! Estabeleça limites prudentes caso integre essa abordagem à sua rotina, mas esteja atento ao fato de que incentivar a ingestão responsável é uma habilidade vital importante que ajudará a desafiar a crise de obesidade que muitas das crianças de hoje enfrentam. Nunca use alimentos como uma munição. Resista à tentação de desonrar a boa comida tornando-a uma ferramenta de barganha com as crianças. Reforçar os comportamentos positivo ou negativo ao oferecer ou retirar alimentos pode ter efeitos desastrosos e duradouros na atitude de seus filhos em relação à comida.

E, obviamente, sempre elogie os bons modos e as práticas respeitáveis ao fazer as refeições. Torne um hábito sempre agradecer pelo alimento em sua mesa. Ensine suas crianças a honrarem e reconhecerem os alimentos que estão prestes a comer, as mãos que os prepararam e a boa qualidade que lhes será ofertada.

Desintoxicando seu ambiente

O excesso de substâncias químicas em nossas casas influenciará em potencial a vitalidade, a criatividade e a felicidade geral de nossos filhos. As crianças são muito mais sensíveis às toxinas encontradas na fumaça do cigarro, nos produtos de limpeza e na higiene pessoal, na água da torneira, em garrafas de plástico, nos remédios, etc. do que os adultos.

Por isso, para proteger seus filhos, se você *deve* fumar, faça isso do lado de fora, não dentro da casa, no escritório ou no carro da família (porém, se você estiver realmente comprometido com a segurança de seus filhos, *não fumar* é a única opção viável – eliminar esse hábito da sua vida efetivamente o eliminará da vida deles); elimine ou troque sistematicamente opções de produtos à base de substâncias químicas por alternativas livres destas e explique suas decisões aos seus filhos. Amplie sua consciência acerca dos ingredientes que há nos alimentos e dos aditivos invisíveis que intensificam o sabor e reduzem a longevidade. Leia rótulos e dedique algum tempo a aprender sobre como cada alimento é comercializado. Muitos produtos rotulados como "saudáveis" não são tão bons assim, com descrições como "natural" dificilmente significando "livre de pesticidas ou conservantes" e palavras fabricadas como *light* geralmente enganando consumidores, significando ter muito mais do que a redução de gordura.

    Seguindo essas orientações simples, você não apenas estabelecerá uma base sólida de práticas saudáveis para sua família, como também garantirá um futuro saudável. Experimente e observe quando seus filhos imitarem sua seleção consciente apenas do que é melhor enquanto planeja uma vida de escolhas saudáveis.

Teste

Capítulo 6

Como determinar qual dos cinco tipos de macaquinho mais se relaciona com seu filho:

Você ou seu filho apresentam qualquer uma das seguintes características?

Embora as perguntas se destinem, em um primeiro momento, ao "seu filho", você pode fazê-las a si ou a outros e confiar que as respostas escolhidas sejam indicativo de sua natureza. No entanto, por favor, compreenda que essas perguntas foram formuladas apenas como um guia, sem que tenha sido realizado um estudo formal para determinar a precisão de seu resultado provável.

1. Em sala de aula, seu filho:

- a) Permanece concentrado, ouve com atenção e guarda a informação com facilidade?
- b) Logo se entedia e se agita, levanta-se e caminha, atrapalhando outros alunos?
- c) Senta-se em silêncio, como se estivesse sonhando acordado, ou senta e conversa com um colega, enquanto olha pela janela e observa os pássaros comendo os restos de lanche?
- d) Reclama que não entende ou reage bem ao ser tutor dos colegas?
- e) Faz perguntas avançadas ou solicita informações mais profundas que o permitirão absorver melhor o conceito discutido?

2. Quando pratica esportes, seu filho:

a) Tem bom desempenho em situações em grupo, joga limpo e recebe bem críticas positivas?
b) Tende a se empolgar com facilidade, é muito competitivo, rejeita possíveis críticas, fica vingativo em relação aos membros do outro time e apresenta pouco espírito esportivo?
c) Prefere atividades não competitivas que permitem passar um período tranquilo junto à natureza?
d) Evita totalmente atividades esportivas ou prefere atividades ao ar livre e de baixo impacto, como a pesca?
e) Escolhe atividades desportivas com uma história espiritual ou riqueza cultural, como luta olímpica ou atletismo?

3. Quando escolhe uma atividade recreativa, é mais provável que seu filho:

a) Leia, filie-se a um clube ou organização ou um esporte em equipe?
b) Passeie com os amigos no shopping ou sente-se no quarto sozinho e ouça música?
c) Ande a cavalo, aprenda a pintar ou se matricule numa escola de dança?
d) Assista à TV, navegue na Internet ou jogue videogame?
e) Medite com cristais, desenhe seu anjo da guarda ou espírito mentor ou brinque com cartas de tarô?

4. Nas refeições, seu filho:

a) Gosta de experimentar alimentos de sabores novos e estimulantes ou de origem cultural diferente?
b) Prefere alimentos que sejam rápidos e de preferência processados, consumidos em frente à televisão ou em seu quarto?
c) Prefere refeições cruas ou vegetarianas, com a opção de "beliscar" um prato de patê e petiscos saudáveis em vez de se sentar para fazer uma refeição com carne e vegetais?
d) Come qualquer coisa e o máximo possível do que lhe é servido, preferindo alimentos de sabor agradável e qualidade?
e) Pede para presidir a prece de agradecimento, preferindo receitas veganas ou alimentos muito simples?

5. *Quando se trata de interação social, seu filho:*

a) Parece preferir a companhia de adultos, apesar de fazer amizades com facilidade, assumindo de cara o papel de líder do grupo ou de quem toma as decisões?
b) Tende a ser solitário, tem dificuldade de se adaptar ou ser aceito por seus colegas?
c) Quando não está brincando com o cachorro, cuida dos "pobres coitados", permitindo que esses menos populares participem de suas brincadeiras e atividades (em geral, sob desaprovação de seus colegas).
d) Dá a impressão de ser carente tentando provar constantemente seu valor, esforçando-se para que os outros o aceitem ou o incluam em suas atividades?
e) Tem dificuldade de fazer amigos, pois é considerado "excêntrico" ou esquisito por causa de sua aparência, crenças ou maneirismos? Em vez disso, ele fala sozinho ou com seus amigos "imaginários"?

6. *Seu filho é:*

a) Dinâmico, concentrado, intelectual e bom com as pessoas?
b) Rebelde, rancoroso, desafiador, bagunceiro e, às vezes, agressivo?
c) Crédulo, inocente, pacífico, questionador e astuto?
d) Carente, protetor, comodista, não prático, mas quando inspirado pode se tornar motivado e meticuloso?
e) Contente, tranquilo, extremamente consciente, "uma alma antiga" e, às vezes, um pouco esquisito ou misterioso?

7. *Quando seu filho crescer, você consegue imaginá-lo:*

a) Como soldado, policial ou professor universitário?
b) Como ativista da igualdade de direitos, trabalhando com jovens carentes, lobista político ou membro de uma banda de rock?
c) Como médico ou enfermeiro, artista, trabalhador da área florestal ou veterinário?
d) Mecânico, encanador, operário, trabalhador agrícola ou chef?
e) Padre, freira, instrutor espiritual ou curador intuitivo?

8. Seu filho prefere a companhia de:

a) Pessoas motivadas, práticas e com senso de humor bom e sarcástico?
b) Na maior parte, ninguém, mas quando obrigado, indivíduos inspirados a lutar contra o sistema ou que provocam a revolução?
c) Animais, plantas ou pessoas gentis, empáticas e carinhosas?
d) Pessoas que precisem de pessoas e aquelas que amam saciar os sentidos?
e) Pessoas espiritualmente inspiradas, conscientes ou conectadas com os Outros Reinos?

9. Seu filho já foi diagnosticado com sintomas de:

a) Negação, dissociação, despersonalização, psicose induzida por drogas ou esquizofrenia hebefrênica?
b) Distúrbio de Déficit de atenção (DDA) ou Transtorno do Déficit de atenção com Hiperatividade (TDAH)?
c) Autismo, concentração ruim, baixo intelecto, memória reduzida e confusão?
d) Depressão grave ou recorrente?
e) Psicose, alucinações, esquizofrenia paranoide ou desorientação?

10. Seu filho sofre de qualquer uma dessas doenças físicas:

a) Anemia ou asma crônica e eczema?
b) Alergias, sensibilidade a diversos alimentos ou substâncias químicas, enxaquecas ou menstruação dolorosa?
c) Fraqueza, tontura, desmaio, diversas dores esparsas ou músculos flácidos?
d) Obesidade, endometriose, ciclo menstrual intenso, candidíase, diabetes, asma ou estresse?
e) Languidez, pressão sanguínea instável (alta ou baixa), manias ou apatia, rosto vermelho ou muito pálido?

11. Quando se trata de autoridade e disciplina, seu filho:

a) Precisa de controle, reage bem a ordens e segue instruções sem questionar?
b) Fica zangado e desafiador a princípio, mas quando se acalma, reconhece o fato e respeita limites que sejam consistentes e justos? Ele o vê como um modelo e exige que você aja como tal, enquanto

parece intolerante àqueles que demonstram hipocrisia, ignorância e arrogância?

c) Desculpa-se, arrependido, e imediatamente faz o possível para reparar seu comportamento errado (em geral acompanhado de um dilúvio de lágrimas verdadeiras)?

d) Fica na defensiva, nega conhecimento e imediatamente tenta culpar outras pessoas?

e) Assume a responsabilidade, reconhece seu envolvimento e jura nunca mais fazer novamente (intensificado por uma história de honrar promessas)?

12. *Você já percebeu que:*

a) Apesar de um péssimo ouvinte em momentos que exigem atenção, seu filho é sociável e bom em estabelecer relações?

b) Apear de extremamente motivado a fazer do mundo um lugar melhor, seu filho parece estar zangado na maior parte do tempo, emocionalmente explosivo, precipitado e até violento?

c) Apesar de gentil, carinhoso e bom ouvinte, seu filho parece apático, indiferente e, às vezes, distante?

d) Apesar de prático e trabalhador, seu filho tem propensão a surtos de depressão, autosabotagem, baixa autoestima e autocrítica?

e) Apesar de apresentar conhecimento espiritual inato e dons mediúnicos avançados (o que pode ser perturbador ou assustador para alguns), seu filho rapidamente inspira outros e é um líder nato?

13. *Você diria que seu filho é:*

a) Um pouco narcisista, sarcástico, mentalmente alerta, social e fisicamente bem estruturado?

b) Zangado, insolente, sofre de leve falta de atenção, hostil em relação a si mesmo, frustrado e inquieto, mas motivado por causas que o inspiram?

c) Gentil, carinhoso, atencioso, generoso e bondoso?

d) Prático, prosaico, sensato, mas às vezes ciumento e cínico?

e) Disposto, cortês, tolerante, perceptivo e, às vezes, desanimado e um pouco misterioso?

14. Seu filho tem:

a) Olhos arregalados, curiosos e inteligentes que revelam um senso de humor profundo e adora uma boa e longa conversa com um grupo de amigos?

b) Olhos obscuros, provocantes e desafiadores que parecem questionar sua integridade e invocam confronto?

c) Olhos grandes, redondos, confiantes e inocentes repletos de amor incondicional e a habilidade de se comunicar sem a necessidade de palavras ou expressões audíveis?

d) Olhos pequenos, fechados e profundos que parecem atirar como se procurassem por algo ou se estivessem testando para se certificar de que as coisas foram feitas corretamente?

e) Olhos parecidos com os de um gato, amendoados, que parecem olhar através de você; olhos repletos de compreensão, sabedoria e conhecimento.

Respostas:

Embora não existam respostas certas ou erradas a qualquer uma das perguntas anteriores, é muito provável que:

Se você respondeu "SIM" para a maioria das alternativas "A", é mais provável que seu filho seja uma Criança Pacificadora.

Se você respondeu "SIM" para a maioria das alternativas "B", é mais provável que seu filho seja uma Criança Índigo ou Guerreira.

Se você respondeu "SIM" para a maioria das alternativas "C", é mais provável que seu filho seja uma Criança Cristal ou Natureza.

Se você respondeu "SIM" para a maioria das alternativas "D", é mais provável que seu filho seja uma Criança Inverno.

Se você respondeu "SIM" para a maioria das alternativas "E", é mais provável que seu filho seja uma Criança Arco-íris ou Dourada.

Apresentando os Cinco Tipos de Macaquinhos e Suas Características

Capítulo 7

Análise resumida dos cinco macaquinhos

Macaco	Criança	Características principais	Quatro humores	Cinco elementos esotéricos	Medicina tradicional chinesa	Ayurveda
Capuchinho	Criança Índigo Criança Guerreira	Militante Realizadora Orientada por ações Artesã	Colérico	Fogo	Madeira Fígado	Pitta
Colobo	Criança Inverno	Guardiã Orientada pelos fatos Lógica Soluciona problemas	Melancólico	Terra	Terra Baço	Kapha
Lêmure	Criança Pacificadora	Racional Orientada por teorias Solitária Observadora Pacificadora	Sanguíneo	Ar	Metal Pulmão	Vata

Macaco-esquilo	Criança Natureza	Idealista Orientada por ideais Ativista Oradora Romântica	Fleumático	Água	Água Rim	Mistura Kapha-Vata
Mico-leão-dourado	Criança Dourada	Sonhadora Orientada Por sentimentos Profeta Intuitiva		Espírito	Fogo Coração	Três doshas: Mistura de Vatta-Pitta-Kapha

Como Extrair o Melhor de Nossas Crianças

Descobrimos que realmente ajuda seus filhos a se desenvolverem até seu potencial máximo se e quando todos contribuírem e se empenharem, tirando o melhor deles em vez de constantemente nos concentrarmos nos problemas e nos aspectos negativos. Esse é um fator particularmente importante para pais, professores, médicos e profissionais da saúde manterem em mente, enquanto crianças mais velhas e jovens adultos podem ser incentivados a pensar por si só dessa maneira.

Para começar, é importante determinar qual Elemento (ou combinação de diversos Elementos) seu filho ressoa. Ao identificar o Elemento de seu filho, você pode, dessa forma, adotar uma abordagem relacionada ao estilo de vida para ajudá-lo a compreender a si mesmo, e, por sua vez, trabalhar visando diminuir os desafios que esse Elemento traz, aceitando e celebrando as melhores qualidades do Elemento.

Macaco-capuchinho
- Criança Índigo/Guerreira
- Elemento Fogo

Para extrair as melhores qualidades da criança Elemento Fogo, é importante ajudá-las a agir de um local de entusiasmo, concentrar-se em sua intenção, tirar proveito de sua raiva e usar essa energia como uma ferramenta poderosa de mudança. O fogo é potente e pode destruir, contudo se for tratado com respeito e guiado com cuidado, seu poder pode ser aproveitado para superar estruturas antiquadas e "inúteis" em nossa sociedade e abrir caminho para novas possibilidades.

Portanto, extraia suas melhores qualidades, vise ajudar seu filho a remover qualquer bagagem pessoal que possa ter sido acumulada durante a vida, modere sua raiva para ela não ser lançada em todas as direções "queimando" tudo que toca. Ajude seu filho a se concentrar em sua verdadeira expressão de sentimentos, incentivando-o a entrar em contato com suas paixões interiores e deixando sua essência verdadeira fluir. Ao fazê-lo, ele perceberá que é capaz de ajudar a fazer do mundo um lugar melhor.

Macaco colobo
- Criança Inverno/Guardiã
- Elemento Terra

Para extrair as melhores qualidades da criança Elemento Terra, é importante agir de um local de paciência. Você precisa mostrar cuidado e comprometimento e, ao fazê-lo, elas aprenderão bem as lições sozinhas. Dever, lealdade e trabalho duro são características inerentes à essência da criança Elemento Terra, e com cuidados e comprometimento, elas naturalmente se "encaixarão" como criança Elemento Terra se suas melhores qualidades forem incentivadas. Como um elemento, a Terra pode ser muito pesada, desacelerando e afundando a criança. Porém, quando levado a seu potencial máximo, o Elemento Terra gera uma grande colaboradora para preservar o que é bom na sociedade e, quando incentivada, a criança Elemento Terra passa a desenvolver ainda mais essa compreensão.

Ou seja, para extrair as melhores qualidades da criança Elemento Terra, incentive-a a aprender como a se ativar – tanto física como mentalmente. Ação e movimento são essenciais, principalmente se mantidos com moderação e regularidade.

Macaco-esquilo
- Criança Natureza/Cristal
- Elemento Água

Para extrair as melhores qualidades da criança Elemento Água, é importante lembrar-se de que a Água tem tudo a ver com as emoções. Portanto, é necessário incentivar essas crianças a entrarem em contato com suas emoções e a expressarem seus sentimentos mais profundos de uma maneira equilibrada e eficiente. Ajude-as a se conectar com o reino da Natureza e a aprender a fluir com a vida.

Lêmure-de-cauda-anelada
- Criança Pacificadora
- Elemento Ar

Para extrair as melhores qualidades da criança Elemento Ar, é importante lembrar-se de que o Ar é relativo a movimentos rápidos, à mente e ao discurso. A melhor forma de incentivar as crianças influenciadas pelo Ar é ver se estão constantemente estabelecidas e concentradas em sua mente e sua fala.

Quando a criança Elemento Ar está bem estabelecida, logo tem ótimas ideias que podem ser compartilhadas e comunicadas com facilidade aos outros. As Crianças Elemento Ar podem se mostrar excelentes em estabelecer relações sociais, levando harmonia e unidade às pessoas.

Mico-leão-dourado
- Criança Dourada/Arco-íris
- Elemento Éter

Para extrair as melhores qualidades da criança Elemento Éter, é importante lembrar-se de que essas crianças são diferentes – e elas sabem disso! Éter é especial. É sobrenatural e mágico! Ele sustenta toda a vida e apresenta um esplendor dourado. Portanto, para extrair as melhores qualidades da criança Elemento Éter, é importante fazer com que se sintam amadas, necessárias e valorizadas. Sentir-se amado torna-se um antídoto para a rejeição pelos outros, o que acontece muito com a criança Elemento Éter, que é geralmente rotulada como "bizarra", estranha e até "assustadora". Elas precisam ser incentivadas a celebrarem o fato de serem "diferentes" e, ao fazê-lo, começarem a revelar seus dons únicos, que, em geral, são muitos. As crianças Elemento Éter também precisam ser ensinadas a se expressarem de um amaneira socialmente aceitável, para que sejam valorizadas como "diferentes", embora plenamente aceitas por quem e o que são na sociedade. Quando percebem e aceitam esse importante senso de equilíbrio, elas realmente começam a brilhar como expressões douradas do "Espírito na Terra".

Parte Dois

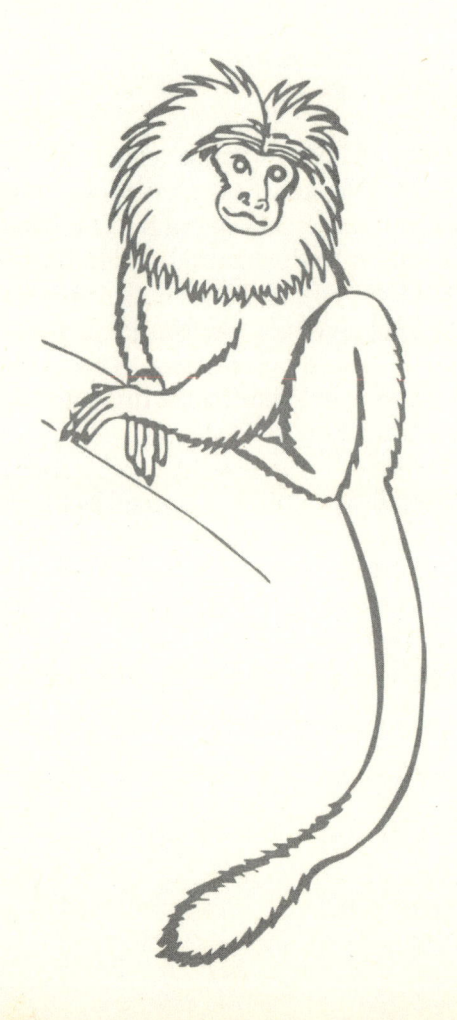

Criança Guerreira (Índigo)

Totem: Macaco-capuchinho
Características principais:
Militante/Empreendedora/Guerreira

Macacos-capuchinho são ativos durante o dia e procuram alimento entre as copas das florestas do sul da América Central. Conhecidos como os "macacos tocadores de realejo", os capuchinhos são animais extremamente inteligentes. Eles costumam ser criados como animais domésticos e treinados para fins terapêuticos. *Capuche* é uma palavra da língua francesa que significa "solidéu". Os macacos-capuchinho receberam esse nome pelo fato de seu pelo lembrar o capuz ou *capuche* usado por monges da ordem franciscana. Os macacos-capuchinho possuem corpo esguio, membros finos e polegares opositores. Eles habitam florestas baixas, da Costa Rica ao Paraguai e Trinidade e se adaptaram bem vivendo próximo a humanos.

As pessoas macaco-capuchinho são inspiradoras. Elas são líderes natos, energéticas, dinâmicas e otimistas. Apresentam o arquétipo de "pioneiros" e são, ao mesmo tempo, reservadas ao se aproximarem. As pessoas macaco-capuchinho representam os líderes, os pioneiros e os exploradores dentre nós. Elas podem vir a ser verdadeiras "arrumadoras", mediadoras e empreendedoras. Elas são determinadas, independentes e autoconfiantes. Pessoas macaco-capuchinho são confiantes, capazes e orientadas por objetivos. Inspiradoras e sábias, são, em geral, experientes em relação à vida. Seu conhecimento vem tanto de um nível elevado de consciência como da própria experiência de vida (em geral negativa ou abusiva). Por exemplo, muitas sofreram abandono ou foram adotadas após um período em instituições. Muitas enfrentaram anos de abuso sexual, emocional ou físico, bem como estupros ou opressão em geral. A maioria sabe muito bem a dor causada pela morte de um ente querido, um pai, ou talvez um irmão ou amigo íntimo. E a maioria experimentou ou foi vítima do abuso de substâncias – drogas ou álcool – e, como consequência, pode ter vivenciado por experiência própria ou testemunhado alguém especial na vida do crime, com problemas em relação à lei, prisões, internações em instituições, morando na rua, na prostituição ou na pobreza, para citar apenas algumas questões.

Pessoas macaco-capuchinho são profundamente conscientes, extremamente intuitivas e sensíveis às sutilezas da vida. Elas são estáveis e práticas em suas crenças, amam a natureza, apresentam habilidade com plantas, são atenciosas com animais e crianças, além de serem boas ouvintes. Elas conseguem identificar um mentiroso ou golpista até antes de terem alguma razão para suspeitarem; abominam hipocrisia e evitam julgamentos. Elas fazem o que falam, são realistas e aprendem com a experiência. Sobreviventes natos, pessoas macacos-capuchinho lideram com exemplos, ao mesmo tempo em que delegam, inspiram e estimulam efetivamente sua equipe com entusiasmo e elogios. Elas são membros produtivos de equipe, são competitivas por natureza e se esforçam para conseguir. Embora prefiram sua própria companhia à de uma multidão, as pessoas macaco-capuchinho podem ser sociáveis, educadas e pacientes quando exigido. Elas são boas em uma situação de crise, de grande pressão e geralmente sempre se provam corretas em uma discussão.

No entanto, em razão de uma sociedade desequilibrada que se move rápido demais, espera excessivamente e culpa o primeiro que ergue uma sobrancelha questionadora. As pessoas macaco-capuchinho são muito conhecidas por sua natureza impaciente, autoritária e irritadiça. Quando em sua fase sombria, geralmente apresentam traços de impaciência, agressividade, aborrecimento e admitem abertamente ter uma raiva profunda e quase irracional em relação a tudo e todos. Elas não conseguem relaxar. São briguentas, insistentes e rancorosas. Elas detestam perder e podem ser inflexíveis e teimosas. Pessoas macaco-capuchinho se aborrecem com pessoas estúpidas, fazendo comentários depreciativos, demonstrações emocionais e observações frias sobre quem as irrita. Dizem coisas da forma que veem e se recusam a medir palavras. Questionam tudo e podem ser hostis e até violentas quando pressionadas. Parecem desconfiadas de todos e são, em geral, excessivamente emotivas e explosivas. Quando questionadas, as pessoas macaco-capuchinho dirão que se sentem frustradas, inquietas e bravas com o mundo. Elas não têm nenhum motivo lógico para sua rebeldia. Não se importam em ser desafiadoras ou desrespeitosas – elas apenas são assim. Pessoas macaco-capuchinho ficam confusas e distraídas com facilidade, aparentemente abordando o mundo de uma maneira pouco convincente e desleixada. Elas se protegem emocionalmente desligando-se da família, reagindo de maneira indiscreta e até mesmo vulgar. Pessoas macaco-capuchinho são geralmente medicadas por serem até mesmo hiperativas, autodestrutivas e descontroladas. Costumam ser diagnosticadas de maneira errada como portadoras de DDA e TDAH, apenas porque podem ser manipuladoras, exigentes e controladoras. Apresentam traços de personalidade compulsiva, exigem lealdade e são, em geral, acusadas de serem "aproveitadoras". Pessoas macaco-capuchinho são solitárias, independentes e mandonas. Em geral, são impopulares com seus colegas e possessivas quando conseguem fazer amigos, mas não importa o que aconteça, nunca têm remorso.

Conselho individual para a Criança Macaco-capuchinho/Guerreira

Correspondências:
Elemento esotérico: Fogo
Elemento tradicional chinês: Madeira
Instrumentos elementais: Trompete, trompa, bateria, címbalo e instrumentos de corda dedilhadas, como a guitarra
Espíritos elementais: Salamandras, dragões de fogo, faunos, sátiros e a fênix
Direção: Norte, no Hemisfério Norte/Sul, no Hemisfério Norte
Cores direcionais: Branco, verde
Estação: Verão
Hora de poder: Meio-dia
Fase da vida simbólica na Roda da Vida: Adolescência, puberdade
Locais de poder: Desertos, vulcões, nascentes de águas quentes e lareiras/fogueiras
Signos zodiacais correspondentes ao elemento esotérico: Áries, Leão e Sagitário
Órgãos: Fígado e vesícula biliar
Chacras: Base (primeiro), terceiro olho (sexto)
Cores do chacra: Índigo, vermelho e preto
Cristais: Rubi, granada, olho de tigre, hematita, jaspe vermelho, ametista escura, coral, água-marinha, quartzo rosa, quartzo transparente e howlita
Totens: Macacos-capuchinho, leões, cavalo alazão, cobras venenosas, abelhas, escorpiões, coiotes, dingos, lobos-vermelhos e raposas-vermelhas
Ervas: Canela, zimbro e alho

Dotada de uma força de vontade extraordinária, a jornada da Criança Guerreira, em geral, é transformar a raiva em energia. Como uma Criança Guerreira, lembro-me muito bem da sensação de fúria que crescia dentro de mim e do ódio que ameaçava se derramar sobre quem ousasse erguer uma sobrancelha, condenando-me. Porém, à medida que crescia, aprendi a controlar minha fúria. Aprendi a canalizá-la de uma maneira produtiva. Como um raio laser, eu a direcionava aos meus relacionamentos, desenvolvendo minhas atividades e a verdadeira investigação da espiritualidade. Quando trabalho com Guerreiros, uma das coisas importantes que tenho em comum com eles é que para combater a raiva, eles devem descobrir primeiro o que os motiva e, então, canalizar sua raiva nessa paixão, usando essa raiva impetuosa como motivação para alcançar coisas maiores em vez de permitir que ela destrua todo o potencial. Apenas assim eles podem ter a esperança de perceber e manifestar seu propósito e visão para o mundo por meio da aplicação produtiva da vontade.

Ao crescerem, as Crianças Guerreiras se tornam solitárias. Quando adolescentes e jovens adultas, elas preferem ter muitos parceiros em vez de mostrar lealdade a apenas um. Elas têm dificuldade em demonstrar lealdade e fidelidade porque poucas, de fato, sabem o que significa ser amado de maneira incondicional. Elas geralmente são descendentes de Crianças Pacificadoras e filhas de Crianças Natureza (embora sempre haja exceções), além de costumarem apresentar conflitos ou problemas com Crianças Inverno.

Muitas vezes diagnosticadas com DDA ou TDAH, as Crianças Guerreiras apresentam com frequência personalidades compulsivas que, quando se permitem ser manifestadas negativamente, podem resultar no abuso de drogas ou álcool. Repetidas vezes elas se voltam ao abuso de substâncias em um esforço para bloquear a dor do passado e as dificuldades da vida. Por acreditarem que são intocáveis ou invencíveis, a maioria das Crianças Guerreiras apresenta maior propensão a fumar do que outras e adora ser convidada para festas turbulentas, frequentar boates hedonistas, fazer tatuagens, piercings e deixar sua marca por meio do grafite. Adoram skates, bicicletas e carros velozes. Podem se tornar hiperativas, *workaholics*, viciadas em substâncias estimulantes e, em alguns casos, obcecadas por jogos de azar, pornografia e sexo.

Crianças Guerreiras gostam de esportes e atividades físicas, mas muitos dos Guerreiros mais "intensos" apresentam um melhor desempenho quando incentivados a participar de modalidades individuais, menos competitivas; esportes que os inspiram a melhorar seu recorde pessoal, controlar suas emoções e aproveitar seu poder natural em vez de obrigá-los a carregar o fardo da expectativa do time ou de competir com outros que podem ter mais habilidade ou apresentar melhor forma física. Essa disputa tende a extravasar a frustração, a raiva e a baixa autoestima facilmente observada nas Crianças Guerreiras. Elas reagem melhor às formas não disciplinadas de atividade física; esportes que as consideram como indivíduos, ao mesmo tempo em que as incentiva a transformar e canalizar sua agressão e sentimento em crescimento pessoal. Por exemplo, artes marciais (tae-kwon-do, caratê, jiu-jítsu), esportes com cavalos, como adestramento, arco e flecha, tiro ou caminhada sobre brasas (que desafia a Criança Guerreira a aproveitar sua raiva numa luta "fogo contra fogo"), ginástica, calistenia, jazz/dança criativa, aeróbica e atividades circenses são ideais à Criança Guerreira. Cavalgadas regulares e trilhas a cavalo e a pé em locais abertos e na mata fechada, mountain biking, rali de moto e carro, caminhadas, escalar rochas, explorar cavernas, base jumping, corrida, jogging, windsurfe, surfe, body boarding e natação também são ótimos exemplos de esportes favoráveis à Criança Guerreira.

Para atingir seu potencial e entrar em uma fase positiva, as Crianças Guerreiras devem aprender a controlar suas características mais impulsivas com um senso de equilíbrio e moderação em todas as coisas. Por exemplo, o capítulo 59 do antigo livro *Tao Te Ching*, de Lao Tzu, fala de uma necessidade de equilibrar nosso caráter mundano de modo que possamos cultivar nosso espírito divino. Sugere-se que façamos isso trilhando o "Caminho do Meio". Explica-se que, ao trilhar o Caminho do Meio, retornaremos afinal à nossa natureza verdadeira e, ao adotar a moderação em tudo o que fazemos, aprenderemos a cuidar e a valorizar os outros. Ao se adotar a moderação também temos uma chance melhor de restabelecer nosso relacionamento íntimo com Deus. A moderação tem tudo a ver com deixar todos os nossos desejos de lado para podermos ser mais úteis ao mundo e a Deus (e, finalmente, a nós mesmos). Quando temos uma vida que estima toda a vida, todas as pessoas e todas as crenças, o resultado é um grau de providência perfeita. Quando levamos uma vida de benevolência, manifestando integridade, honestidade e moralidade em tudo o que fazemos, com o passar do tempo, de acordo com Tao, nada é impossível. E quando acreditamos que nada é impossível, nunca mais seremos impedidos por obstáculos ou limitações. E quando nos vemos livres de obstáculos, estamos totalmente no comando do nosso próprio destino; prontos para sair pelo mundo como indivíduos plenos e saudáveis para ter vidas abundantes. Quando percebemos essa verdade simples, também notamos tolerância e perseverança. De acordo com a filosofia taoísta, isso se chama "estabelecer raízes profundas" e "criar uma base firme", garantindo dessa forma a si uma vida longa e uma visão eterna.

De um modo geral, as Crianças Guerreiras devem aprender a valorizar sua singularidade e honrar seus dons individuais, bem como a contribuição específica que eles podem (e vão) fazer a diferença como adultos. Elas precisam aprender a desenvolver habilidades que farão vê-las controlar o ímpeto interior para ele não sair do controle e destruir tudo o que tocar. Deve-se mostrar a elas como controlar o entusiasmo e o corpo para restabelecer a clareza e o equilíbrio. Elas devem ser ajudadas a recuperar sua alegria natural, de modo que possam rir, amar e confiar em todos. Atividades relaxantes e tranquilas (que não precisam ser no silêncio da natureza) podem envolver caminhadas e trilhas pela mata, natação ou surfe, canoagem, rafting, equitação ou andar de tobogã e rolar na neve. Além disso, apenas passar um dia no campo, no qual estarão cercadas do verde, beneficiará muito as Crianças Guerreiras. Afinal de contas, o verde é a cor do chacra cardíaco, o eixo de equilíbrio e harmonia. De acordo com a medicina tradicional chinesa, o fígado (o órgão que rege todas as Crianças Guerreiras) ressoa a cor verde e, em alguns casos, a azul, o que é interessante, especialmente quando você considera que o azul royal e profundo também é conhecido como "índigo".

Atividades que promovam movimentos equilibrados e harmoniosos, como Iyengar yoga, e, para aqueles que levam a sério acalmar a alma e combater a raiva, o Tai Chi (uma forma mais suave de arte marcial), são perfeitos para a Criança Guerreira. O Tai Chi é a antiga arte de movimento chinesa. Foi criada a princípio como uma forma de arte marcial, que inspira a autodefesa, enfatizando a tranquilidade, o equilíbrio interior e a autodisciplina. Atualmente, os movimentos fluidos são praticados como uma forma de exercício holístico destinada a desenvolver a flexibilidade, a postura corporal e o equilíbrio, bem como a nos levar de volta ao nosso local natural de conhecimento e poder antigos; um lugar de vida e morte, de luz e escuridão e de escolha. Propicia uma fonte potente para as Crianças Guerreiras que desejam manifestar sua vontade no mundo, assim como a Iyengar yoga: uma forma de yoga física, metódica e controlada que promove a assimilação de corpo, mente e espírito. O Iyengar yoga incentiva o autoconhecimento, a perspectiva mais profunda, a contemplação e uma maior autoconsciência, enquanto promove uma melhor saúde física e o fortalecimento da mente num esforço para aliviar a angústia, a falta de concentração e a insônia: condições conhecidas por se agravarem, e serem até investigadas pelo desequilíbrio físico e a má saúde. O Iyengar yoga atua no desenvolvimento de um corpo mais flexível, forte e receptivo. Como se afirma com frequência, o corpo é o templo da alma e, portanto, digno de respeito. O foco do Iyengar yoga não é consertar o corpo por si só, ao contrário, é tranquilizar a mente e desenvolver a clareza e uma consciência maior (além de melhorar e aperfeiçoar a forma física).

Quando se tornarem adolescentes e jovens adultos, é fundamental que as Crianças Guerreiras alinhem seus interesses com objetivos humanitários e façam com que a dor que geralmente assombra seu passado signifique algo em um nível tangível, de modo que sirva a um objetivo maior. É importante que a Criança Guerreira encontre sentido para seu sofrimento. Elas veem pouco ou nenhum sentido em ficarem sobrecarregadas por qualquer motivo. Essencialmente, a Criança Guerreira se vê embarcando em uma busca para encontrar sentido e propósito para seu sofrimento; criar algum valor para a dor que vivencia. Não é raro que Crianças Guerreiras tenham passado por injustiças, tragédias ou alguma forma de abuso nos primeiros anos de vida, com o objetivo de tentar aprender com tais acontecimentos. Ao fazê-lo, serão capazes de proteger os outros e a se prepararem com sabedoria profundamente baseada na experiência. Agir no âmbito social para gerar algum sentido a partir do sofrimento dos outros proporciona paz e compreensão para a Criança Guerreira. Dessa forma, incentivar a criança a trabalhar de uma maneira que sirva à comunidade, ao bem maior e aos ideais avançados é um modo profundo de ajudá-las a transformar seu egoísmo inerente em empenho altruísta. Embora muitas se vejam trilhando o caminho de aprendiz tipicamente seguido pelas Crianças Inverno, a maioria se ressente por ter de dedicar suas vidas ao trabalho braçal. Para a Criança Guerreira, ser aprendiz oferece nada mais do que empregos sem futuro para aqueles considerados os "imbecis" da sociedade; aqueles de quem todos desistiram ou de quem não se espera nada melhor. Elas não têm autoestima e paciência para se tornar aprendizes de carreiras lucrativas (que muitas prometem seguir). Ao contrário, elas se veem como pessoas excluídas que levam os outros a logo afirmarem: "Sim, eu sabia que isso era tudo o que elas ganhariam". Crianças Guerreiras são boas trabalhando como defensores públicos, por exemplo, como consultores jurídicos, assistentes sociais, lobistas políticos e jornalistas. Para aqueles que ingressam na universidade, também se tornam "briguentos" profissionais e poderosos como, por exemplo, professores e diretores radicais, advogados, economistas e políticos.

Para inspirá-las, façam-nas visitar uma instituição de cuidado a idosos do bairro, uma escola de Ensino Fundamental, um orfanato, um hospital ou clínica médica e incentive-as a prestar serviços voluntários ou sugira que se aproximem destes como possíveis escolhas como experiência profissional.

Ou incentive uma exploração nas artes dramáticas: teatro, dança e música. Visite um teatro, uma ópera ou um museu de artes dramáticas.

Como afirma Brian Dale: "Imagine os momentos em que você se sentiu muito feliz em relação a si e ao que alcançou. Sua autoestima está elevada. Sua confiança aumenta. Você sabe que é capaz de conseguir qualquer coisa que colocar em sua mente. É assim que os jovens artistas se sentem ao final de uma peça ou produção musical. O risco de se colocar no palco para que todos o vejam, o foco de sessões de teatro, dança ou música, a prática individual e o trabalho duro dos ensaios são sua recompensa. Todos nós precisamos de elogios e sucesso. Nós reagimos à positividade. A realização e o reconhecimento aumentam nosso senso de valor. As crianças não são exceção. Na escola, nosso sucesso como indivíduos é geralmente mensurado por nossas conquistas acadêmicas ou façanhas esportivas. Existe um grupo de crianças com oportunidades e escolhas limitadas. O motivo é que as artes dramáticas ocupam uma posição menor na vida escolar e têm um destaque menor no currículo. Teatro, dança, canto e música preenchem a lacuna das disciplinas eletivas, são uma produção escolar anual ou atividades extracurriculares. Aumente sua importância e você desenvolverá a autoestima de muitas crianças. A dinâmica de grupo e a realização de objetivos em grupo é um sentimento poderoso. Crianças e jovens adultos trabalhando juntos para uma dinâmica de grupo uniforme é uma recompensa. Assistir a esses jovens artistas, tanto meninos quanto meninas, ajudá-los e incentivar cada um e depois celebrar sua performance com abraços, tapinhas nas costas e palavras de elogio é uma alegria a se contemplar.

A performance também é uma realização coletiva. Um artista tem a necessidade de não apenas saber seu papel, mas também de ter consciência do desempenho do grupo. Se um artista tem um branco, esquece suas falas ou uma deixa, aqueles ao seu redor devem ter a consciência e a capacidade de "assumir" a partir de onde a falha ocorreu. Esse processo cria um elo maravilhoso de dependência e amizade. Todos nós precisamos nos expressar. O teatro é uma ferramenta incrível de autoexpressão, permitindo que o artista explore uma gama diversa de personagens e opiniões. Ele proporciona a jovens artistas principalmente a oportunidade de examinar uma variedade de assuntos, personalidades e expressões verbais, muitos dos quais considerados tabus na vida cotidiana, como sexo, drogas, agressão verbal, etc. A autoexpressão diz respeito a ser criativo. No entanto, na performance dramática, também há as tecnicalidades que desenvolvem uma expressão individual. A respiração, a projeção vocal, a expressão facial, a linguagem corporal, o conteúdo emocional, o estilo linguístico e a ênfase em palavras-chave são todas habilidades que os artistas precisam aprender para aprimorar sua autoexpressão. Participar de artes dramáticas exige uma concentração e um foco incríveis. Há muitas coisas no mundo atual que dispersam e confundem a direção e a energia das crianças. Ao participar de uma apresentação artística, a exigência primordial é concentração e foco. Por mais talentoso que seja o artista na interpretação ou caracterização, se o foco não estiver ali, é tudo em vão. A performance, por sua própria natureza, exige foco. Ela faz muitas exigências, apesar de oferecer muitas recompensas. O teatro em grupo proporciona a possibilidade de desafio e crescimento pessoal para os jovens artistas.

Como alternativa, examine as belas artes: pintura, desenho, escultura, texturas e moda. Visite uma galeria, uma casa de alta costura bem conceituada ou explore a biblioteca, a Internet ou revistas como motivação. Se tais recursos não forem acessíveis, não desista. Ligue para o centro comunitário mais próximo e pergunte sobre os cursos oferecidos. A fotografia, por exemplo, faz bem àqueles que apresentam o arquétipo "guerreiro", pois pede para que literalmente "persigam" a presa, usando uma câmera, em vez dos tradicionais arco e flecha. Incentive-os a aprender a tocar um instrumento ou, se já o fazem e dominam um, inspire seu lado criativo sugerindo que o use para compor músicas apropriadas ao seu uso pretendido. Caso manifestem interesse em dança, direcione-os a estilos com um significado cultural: dança do ventre, dança clássica indiana, tribal, irlandesa, etc. Sua Criança Guerreira reagirá de maneira positiva, eu garanto.

Humor correspondente: colérico

Os coléricos são conhecidos por serem dominadores, intolerantes, voláteis e teimosos. Eles não sabem o que significa se sentirem sempre calmos; são impulsivos, adoram debates e precisam que ouçam sua opinião. Raramente desistem (mesmo quando a derrota certa se aproxima) e permanecem persuasivos em seu argumento até o final. Eles são depreciativos, disfarçam emoções e são indiferentes às necessidades dos outros. Por isso a necessidade de serem "esfriados e umedecidos", de acordo com a filosofia que defende os Quatro Humores.

Eles também são líderes natos, motivados e energéticos, determinados e influentes. Podem sofrer de um desejo irracional por concretizar transformações e devem corrigir erros percebidos a todo custo. Por serem bastante reservados, não ficam abatidos facilmente, bem como são autônomos e independentes. A maioria dos coléricos emana autoconfiança e consegue lidar com quase tudo. Porém, para se manterem no caminho, os coléricos precisam conservar uma atitude equilibrada perante a vida, ao mesmo tempo em que direcionam firmemente suas paixões para atividades construtivas, como a dança energética e a música vigorosa, o que, acredite ou não, tranquilizam o fogo interior e "esfriam o sangue". Eles se beneficiam muito alimentando ideais elevados e servindo a um propósito maior, portanto incentive isso a todo custo e deixe-os decidirem sozinhos ou negociarem o que é certo ou não para eles; caso contrário, sua teimosia e temperamento difícil virão à tona e atrapalharão. Proporcione meios para que exercitem seu alto nível de inteligência típico – especialmente em atividades intelectuais, que servem a eles e à sua necessidade de servir ao bem maior.

Elemento esotérico correspondente: Fogo

Por volta das 12 horas, todos os dias, o Sol fica diretamente acima da nossa cabeça e os planos para os acontecimentos do dia estão feitos. A tarde reserva mistérios não revelados e, com a força e o calor do Sol incidindo sobre nós, a vida parece ilimitada e temos confiança de que podemos enfrentar tudo com um grau quase garantido de sucesso. Quando o Sol assenta todos os anos em sua plenitude, encontramo-nos no dia mais longo e na noite mais curta; é o verão, e estamos simbolicamente situados ao Norte (no Hemisfério Sul/Sul no Hemisfério Norte) – a direção proporcionando o calor máximo.

Quando o Sol está em sua plenitude, representa o elemento fogo. Fogo é o elemento de grande mudança. É o elemento que representa vontade e paixão e é o mais primitivo de todos os elementos. Ele governa os reinos da sexualidade e da inocência, crescendo em todos em um ritmo acelerado. De acordo com os ensinamentos da Roda da Vida, encontramo-nos trabalhando com o elemento fogo quando estamos simbolicamente no auge de nossa juventude, quando achamos que sabemos tudo, mas, na verdade, não sabemos nada, quando o potencial de aprender está maduro para ser apanhado e estamos mais do que dispostos a tentar tudo o que a vida oferece. Evidente principalmente nas características esotéricas daqueles nascidos sob os signos de Áries, Leão e Sagitário, o fogo representa não apenas o "fogo sagrado" do sexo, mas também a centelha da divindade que brilha dentro de todos os seres vivos. É o mais físico e o mais espiritual de todos os elementos, pois representa crescimento e maturidade, conexão e sabedoria.

O fogo invoca simbolicamente as energias projetivas dentro de cada um de nós, as energias que promovem os poderes masculinos do espírito em suas formas físicas: o calor da chama nua, do sangue e da seiva.

De acordo com os Cinco Elementos Esotéricos, no ponto de vista vibracional, as Crianças Guerreiras correspondem às energias da vida, e, por sua vez, ao verão. Durante o verão, a divindade está em sua fase gestacional e o mundo prospera, feliz e em paz. É nesse momento que começamos a perceber nossa conexão com a Mãe Natureza e tiramos o máximo de proveito dela acampando nas matas e viajando para a praia. O verão é purificador, energético, sexual e vigoroso por natureza, além de ser personificado pelos espíritos de fogo, como as salamandras e os dragões.

Construir uma fogueira e dormir sob as estrelas são as atividades recreativas preferidas de muitos, especialmente em áreas de matas ou locais com vista para um rio suave, braço de mar ou lago tranquilo (para aumentar a diversão com pescaria e caminhada). Quando nos sentamos e contemplamos o movimento das chamas saltando da madeira que alimenta nossas fogueiras, especialmente quando são troncos misturados com sal, não é difícil imaginar pequenas criaturas parecidas com lagartos dançando entre as brasas quentes. A associação entre os locais preferidos para acampamento (com fogueira) e as pequenas criaturas anfíbias avistadas à noite tirando proveito da água nos leva a crer que seria possível que salamandras existissem no fogo, controlando seus hábitos e dominando sua força. Com o passar do tempo, as salamandras se tornaram conhecidas como o espírito elemental do fogo e a encarnação de sua energia.

Desde o momento em que o homem "descobriu" o fogo e controlou sua potência pela primeira vez, aprendeu que o fogo demonstra pouca piedade por aqueles que abusam dele ou o negligenciam. O homem logo aprendeu que para integrar o fogo à sua vida teria que restringir seus movimentos dentro de um círculo de rochas ou algum outro receptáculo retardador de chamas. Caso presumisse o contrário, veria tudo ao redor ser tragado e envolto em suas chamas coléricas. Ele também aprendeu que a única maneira de anular seu progresso seria com água, um elemento ao mesmo tempo tranquilo e contemplativo.

Chegou-se à conclusão de que as salamandras, apesar de viverem perto da água, mas serem aparentemente "ativas" dentro do fogo, aceitavam ambos os elementos de maneira equilibrada e assim como o símbolo chinês yin yang, cria equilíbrio entre tudo o que é considerado criativo e destrutivo; bom e ruim; obscuro e claro; estimulante e vingativo. O Sonho da Salamandra pode ser invocado para trazer vida e amortecer a ferocidade do fogo em sua forma tangível, na mata ou no conforto de nossa própria casa. Quando acendemos uma vela, um fogão à lenha ou construímos uma fogueira, essencialmente invocamos o Sonho da Salamandra. O fogo é uma entidade viva. Ele respira oxigênio. Deve ser alimentado ou então morrerá. Ele cresce e viaja pela terra e parece ter vontade própria quando alcança a magnitude. Abuse dele e ele dará o troco. Deixe de alimentá-lo e ele morrerá. E, como os elementos remanescentes de água, ar e terra, o fogo é personificado com cada respiração que damos. Como o elemento que rege o norte na Roda da Vida, o fogo simbolicamente governa nossas atitudes e como conduzimos nossas próprias vidas. Ele governa questões relacionadas ao coração, ao intestino delgado e ao pericárdio, aos sistemas cardiovascular e nervoso, à função digestiva e à circulação. Sempre que estabelecemos limites pessoais, temos relações sexuais ou iniciamos um relacionamento de qualquer tipo, validamos o elemento fogo, representado pelo Sonho da Salamandra. Também o fazemos quando nos expressamos e quando demonstramos afeição, entusiasmo, paixão, alegria ou felicidade. Tudo que aumenta o calor, acelera o coração ou instiga nosso sangue a correr mais rápido por nossas veias vem sob a bandeira do Sonho da Salamandra.

Pessoas de fogo são apaixonadas por muitas coisas, mas nem sempre de uma maneira produtiva. Elas são naturalmente fortes, obstinadas, firmes e orgulhosas e quando essas qualidades se intensificam sem controle, tendem a resultar em relacionamentos interrompidos ou disfuncionais, medo de intimidade, tristeza profunda, timidez, insônia e desconfiança, além de condições associadas ao coração, sistema circulatório, intestino, pescoço, parte superior das costas e sensibilidade ambiental.

Como o próprio fogo, as pessoas de fogo devem tomar o cuidado para manter o controle e não permitir que sua disposição impetuosa e natureza enérgica as deixem, pois, caso isso ocorra, as recompensas obtidas durante anos de trabalho duro e esforço dedicado podem rápida e quase que literalmente virar fumaça. Questões amorosas logo se tornam problemas que afetam o coração, por exemplo. Amor e alegria logo se transformam em dor e desespero. Ouvir, compor ou dançar músicas "intensas", de fundo e marciais, em especial que incorporem trompetes, trompas, percussão, címbalos e instrumentos de cordas dedilhadas ou rock pesado com guitarras como parte essencial são sons ideais e mais adequados para amansar e suprimir o fogo interior da maioria das pessoas de fogo. Essas pessoas precisam ser elas mesmas (caso contrário, parecerão falsas e fúteis), mas devem (mais do que outras, ao que parece) se esforçar para trilhar a linha tênue entre serem verdadeiras consigo e respeitosas e tolerantes com opiniões, crenças e valores daqueles que as cercam – em especial quando são diferentes das suas.

Uma visualização guiada que explora o elemento fogo

Ache um local confortável onde você sabe que não será interrompido. Se possível, na natureza. Sente-se com as costas apoiadas no tronco de uma árvore, numa rocha lisa ou num cepo musguento. Sente-se com a intenção de fortalecer seu elo com o Espírito e de recordar sua relação inerente com a Mãe-Terra. Você pode se enrolar em um cobertor, se quiser, pois é normal a temperatura corporal cair assim que você entrar cada vez mais em silêncio profundo. Acalme sua mente consciente e se esforce para calar seu diálogo interior. Espere o momento em que você intuitivamente sentir-se disposto a abrir sua consciência aos Outros Reinos. Garanta que seu subconsciente esteja receptivo e alerta, conversando com seu consciente. Deixe as visões e imagens simbólicas flutuarem em sua mente. Mantenha o foco dentro de si. Deixe todos os pensamentos apenas passarem. Quando você se vir envolvido em um pensamento consciente externo, respire fundo e leve-se de volta ao seu centro.

Agora você está pronto para começar

Visualize-se em uma grande planície coberta de grama, repleta das mais belas e coloridas flores selvagens. De onde você está é possível ter duas paisagens muito diferentes. À sua direita há um caminho que leva até um pico de montanha íngreme e à sua esquerda há um caminho que leva a um vale profundo. O local onde você está é, na verdade, a intersecção entre tempo e realidade, um ponto de realidade misturando "os Outros Mundos", do físico e do místico. É onde o milagre pode ser encontrado.

Veja-se tomando o caminho da direita, que leva ao alto da montanha. É meio-dia e o Sol, em sua plenitude, está diretamente acima da cabeça. O caminho o leva para o Norte, para a direção do calor maior, passando por hibiscos, mostardas, cardos, pimenteiras e primaveras, cactos e papoulas vermelhas, com grilos, joaninhas e abelhas rastejando por suas folhas. É verão, e o ar está quente. Você avista um coelho marrom mordiscando a grama seca. Acima de você, enquanto fragmentos de luz cortam o céu, um dragão cuspidor de fogo gira com uma fênix – um pássaro sagrado com a cauda em chamas. À medida que você atinge o topo da montanha, percebe que é um vulcão. Da terra rachada e ressecada, redemoinhos de fumaça sobem e dançam na brisa morna e, neste momento, você se sente novamente como um adolescente – inocente e vulnerável, embora forte e corajoso. Você ouve o som de uma harpa, sua música saindo do ardente coração da montanha.

De repente, um som alto de estalos corta o silêncio e, de uma explosão de calor e fumaça ondulada, Pele, a deusa vulcânica da purificação e da violência, surge e se coloca à sua frente: todo seu ser está em combustão, contorcendo-se com vigor e envolto em mantos de chama azul. Ao lado dela estão três figuras flamejantes. São salamandras, com formato humano, mas selvagens em sua forma. Uma segura um incenso aceso; outra, uma lamparina e a terceira, uma vela vermelha. Elas são os espíritos elementais do fogo, enviados pelo arcanjo Miguel, o guerreiro das chamas sagradas, e por Adonai, o Rei do Fogo elemental.

O mundo delas é de fé e esperança, renovação e relacionamentos com os outros, consigo e com a natureza. Eles são evasivos, embora protetores. Eles ensinam a autocura, o amor e a paixão. Rejeitam o estresse e a tensão, atraindo energia, espírito e sexualidade. Personificam a Criação, a força vital e o nosso sangue como ele corre em nossas veias. Eles conhecem as verdades associadas à evolução, ao autoconhecimento e ao corpo, e sua existência é influenciada por nossa obsessão por chamas de velas, fogueiras, fogo de lareiras e explosões. Eles são regidos pelo Sol, por erupções vulcânicas e pela energia sexual e, assim como nós, dependem do oxigênio para sua sobrevivência, pois sem ele não conseguem existir. O mundo deles é de destruição e transformação, de vida, morte, renascimento, de atividade física, vitalidade e mudança, e eles os chamam para se juntar a eles, para explorar seu mundo e formar uma unidade.

As salamandras correm a bordo de carruagens douradas em chamas – uma puxada por leões, outra, por cavalos com cascos faiscantes e a terceira é puxada por cobras, tão escarlates quanto fogo. Você percebe que também há uma carruagem para você, puxada por duas raposas-vermelhas com olhos parecidos com obsidianas verdes. As salamandras mudaram você e sua percepção da realidade, e neste mundo você é capaz de viajar no terreno escaldante delas. Elas o presentearam com um manto trabalhado com penas vermelhas – símbolos de coragem e força espiritual. Você sobe na carruagem cravejada de opalas de fogo e âmbares vermelhos e segue em uma nuvem de vapor.

Elas o levam em uma viagem indômita, o vento mordaz queimando seu rosto e derretendo seus cabelos. Você sabe que essas sensações representam seu maior medo, portanto feche os olhos e se concentre, repelindo sentimentos de pânico e vulnerabilidade. Você abre os olhos e, para seu alívio, percebe que seus cabelos e sua pele estão bons. Você passou em um teste de força interior em que outrora havia falhado. Você passa por minas de ouro, ferreiros e forjas quentes, por fontes termais borbulhantes, desertos queimados pelo Sol e por incêndios florestais intensos até que finalmente se encontra novamente à beira do vulcão fumegante.

As salamandras ficam na sua frente, satisfeitas com seus esforços. Elas pegam sua mão e falam com você através do seu chacra base – o centro energético que rege a paixão e a Criação dentro de todos os seres vivos. Elas falam com você sobre dança, teatro e movimentos livres, de exercícios, comunicação física, sensualidade e amor, enquanto compartilham ensinamentos influenciados por seu elemento – consciência corporal, filosofia e vibração espiritual. Elas soltam sua mão e retornam a Pele e seu mundo vulcânico.

Faça uma oração silenciosa ao Espírito por um motivo sagrado a você e dê graças, inspirando três vezes pelo nariz e expirando pela boca antes de retornar ao local físico em que você está sentado.

Medicina tradicional chinesa: Pessoa madeira/fígado

De acordo com os ensinamentos da medicina tradicional chinesa, as Crianças Guerreiras, por serem "pessoas fígado", apresentam mente, corpo e sistemas energéticos centralizados no elemento madeira. Esse elemento corresponde à primavera e à magnanimidade da natureza: vida nova, renascimento, abundância e oportunidade. A cor dominante na primavera é o verde, indicativo de novos brotos e plantas florescendo. O outono gera uma sensação de vulnerabilidade em pessoas fígado, assim como o clima extremamente quente e o vento forte. O centro de atenção para aqueles governados pelo elemento madeira, portanto, está no desejo de manifestar sua vontade por meio de atenção centrada, que, por sua vez, ajudará a realizar esses sonhos e visões. Elas são os tipos militantes que agem e colocam as coisas em ordem para construir o que entendem por um futuro mais promissor.

As pessoas fígado, quando atuam em harmonia com seu elemento, têm uma visão clara de seu futuro, com metas e objetivos definidos. No entanto, o mais importante é que saibam exatamente o que precisam fazer para realizá-los. Elas são excelentes planejadores e tomadores de decisão, são influentes e convincentes, com olhos penetrantes que podem tanto fascinar como atrair, ao mesmo tempo (com mais frequência do que se imagina) em que ocultam uma natureza cruel. De acordo com os ensinamentos da medicina tradicional chinesa, no nível corporal, um nível maior de bem-estar para os tecidos corporais relacionado ao fígado é notado: músculos e tendões mais saudáveis para movimentos rápidos e ativos como, por exemplo, olhos mais fortes e visão mais clara, bem como melhor saúde do próprio fígado como fábrica química e usina de desintoxicação (conforme a medicina oriental). Quando o

Qi (força vital essencial) da pessoa madeira cai, pode apresentar indecisão, ficar perdida, confusa, constrangida e reprimida. Quando o *Qi* hepático está bloqueado ou preguiçoso, ela pode se mostrar arrogante, manipuladoras e irritadas. É quando apresenta a tendência a se tornar viciada em trabalho, permite que sua personalidade viciante inata se mostre ou é quando surgem os indícios de abuso de drogas ou álcool. As pessoas madeira podem parecer desequilibradas (em geral, por causa do trabalho excessivo, falta de bom sono, rotina desregrada, dieta inadequada, falta de repouso, pouco tempo de contato com a natureza e abuso de alimentos picantes e muito condimentados, álcool, drogas e até sexo). Sintomas como inchaço, gases, prisão de ventre e/ou diarreia, fadiga, dores musculares, dores de cabeça (em especial nas laterais da cabeça), zumbido nos ouvidos, boca seca e sede insaciável, urina escura e rala, insônia, prisão de ventre, sabor amargo na boca, rigidez muscular no pescoço e nos ombros, visão embaçada, olhos vermelhos, acne, coceira na pele, irritabilidade, raiva e frustração começam a aparecer. Se esse desequilíbrio se prolongar, pode gerar problemas mais sérios, como enxaquecas, alergias, asma, eczema, rinite alérgica, azia, períodos menstruais intensos e dolorosos, depressão, sensibilidade ao álcool e até doenças degenerativas e autoimunes graves, como artrite reumatoide, doença inflamatória intestinal, esclerose múltipla, sensibilidades a vários alimentos e substâncias químicas e síndrome da fadiga crônica. Quando diagnosticadas, pessoas que sofrem com esses sintomas são descritas como "rabugentas" ou "enfezadas".

De acordo com os ensinamentos da medicina tradicional chinesa, as Crianças Guerreiras (pessoas propensas a sobrecarga no fígado/madeira) precisam controlar seu excesso de energia no fígado e acalmar mente e corpo caso queiram perceber plenamente seu potencial. O consumo de muitos vegetais folhosos, como brócolis, repolho e saladas, por exemplo, ajudará bastante. Adicionar melão, maçã, aspargo, cevada, salsão ou aipo, pepino, berinjela, glúten, manga, cogumelo e pera à dieta também ajudará a relaxar o fígado, assim como beber muita água morna (não gelada, a qual afirmam prejudicar o "centro feminino" ou a energia Yin), bem como sucos verdes e frescos de maçã, clorofila e cevada verde (em especial quando enriquecidos com suplementos como a spirulina, que fornece uma mistura poderosa de vitaminas, minerais e fitonutrientes – encontrados na casca de muitos legumes, frutas e alguns grãos e sementes – e chlorella, que auxilia o corpo a quebrar naturalmente hidrocarbonetos persistentes e toxinas metálicas que podem fortalecer os sistema). Acredita-se também que fígado de boi e de frango, gergelim preto, salsão, algas marinhas, amoras, ameixas, espinafre, castanhas, centeio, vinagre, aspargo e ovos reduzam a sobrecarga no fígado. Faz bem às Crianças Guerreiras evitar, sempre que possível condimentos, álcool e drogas, frutos do mar, café, carnes muito vermelhas, açúcar, doces, aditivos alimentícios, conservantes e exageros de qualquer tipo.

Outras terapias defendidas pela medicina tradicional chinesa para o tratamento do excesso de energia no fígado/madeira em Crianças Guerreiras incluem a aplicação de loções sem álcool frias ou suaves na pele, banhos com água mineral ou morna impregnadas de chá de bergamota ou sal marinho, acupuntura (para bloqueios mais severos), ingestão de remédios à base de dente-de-leão (para doenças mais graves) e boas a longas horas de sono.

Ayurveda: Energia do fogo/Pitta

De acordo com a filosofia Ayurveda, "Pitta" é uma força criada pela interação dinâmica dos elementos água e fogo. As Crianças Guerreiras devem aprender a acalmar seu excesso de energia fogo caso desejem atingir seu potencial máximo. Mais uma vez, o conceito é equilíbrio e moderação. Elas devem encontrar um equilíbrio de modo que seu fogo não seque sua água e sua água não extinga seu fogo.

Desde jovens, pessoas Pitta devem ser incentivadas a permanecerem concentradas, organizadas e ativas. Elas são capazes disso, mas se distraem com facilidade, em especial quando se refere a coisas que pouco lhes interessam. Elas devem ser ensinadas a serem precisas ao seguirem instruções e manterem planos. No entanto, como as pessoas Pitta podem ser obsessivas quando se trata de concluir tarefas, elas precisam encontrar um equilíbrio de modo que não se preocupem em alcançar o objetivo. Moderação em todas as coisas é o segredo. Elas gostam de estar no comando. Quando estressadas, logo ficam mordazes e exaltadas. Pessoas Pitta apresentam tendência a erupções cutâneas, vermelhidão na pele, furúnculos, câncer de pele, úlceras, azia, acidez estomacal, queimação no estômago ou no intestino, insônia, anemia, icterícia, vermelhidão ou ardência nos olhos e outros problemas de visão. Elas (especialmente quando solteiras ou jovens) adoram gastar dinheiro, vestir-se com roupas e acessórios de grife e ter o melhor carro com todos os opcionais. Elas preferem viver no melhor bairro da cidade e ser vistas com pessoas "bonitas".

Pessoas Pitta são inteligentes e atentas, sistemáticas e determinadas. Muitos as descreveriam como confiantes, seguras de si e empreendedoras quando apresentam suas qualidades mais positivas, porém violentas, desafiadoras e agressivas quando não o fazem. São em geral indivíduos animados que não se importam com confrontos e adoram debater sua opinião. Do ponto de vista romântico, são tanto obsessivos quanto passionais. As pessoas Pitta podem ser inflexíveis, agressivas e teimosas, embora realmente se saiam bem ao se expressar publicamente quando têm oportunidade. Podem ser críticas e sarcásticas e usam palavras nocivas quando chateadas ou frustradas. Quando equilibradas, as pessoas Pitta apresentam boas habilidades organizacionais e gerenciais, mas, do contrário, podem se tornar ditatoriais. Quando não conseguem fazer do seu jeito, não hesitam em ter ataques de cólera, intolerância e momentos de raiva pura.

Fisicamente, as pessoas Pitta têm constituições físicas medianas, com tendência a serem fortes e musculosas e sua pele é de clara a avermelhada com sardas. Costumam se queimar com facilidade sob o sol. Possuem cabelos lisos e finos loiros ou vermelhos que, em geral, ficam grisalhos prematuramente, com predisposição à calvície ou queda precoce dos fios. Como transpiram muito, a maioria das pessoas Pitta não gosta do clima excessivamente quente e evitarão se sentar direto sob o sol, o que as faz sentirem calor e perderem energia. Em geral, elas têm sistema digestivo saudável e bom apetite. Precisam participar de atividades que sejam revigorantes, tranquilas e recreativas, de preferência que envolvam a natureza. Acampar, caminhar, nadar e passear são atividades ideais. Para abrandar sua energia de fogo, mantenha o hábito de observar o que seus filhos comem. Por exemplo, incentive-os a comer muitas saladas, frutas e alimentos que contêm amido (com exceção daqueles listados no final deste parágrafo), cevada, trigo, aveia, arroz branco, tofu, soja, grão-de-bico, feijão mungo verde e azeite de oliva, bem como ervas e temperos "refrescantes", como cardamomo, coentro, canela, endro, erva-doce, menta, açafrão e cúrcuma. Sabores amargos, doces ou adstringentes são bons. Aves, pimenta-do-reino, cominho, manteiga, sorvete e leite devem ser consumidos com moderação, ao passo que carnes vermelhas, pimenta malagueta, ervas ardidas e temperos, gorduras, conservas, sal, vinagre, iogurte, creme azedo, queijo, café, alimentos fermentados como cervejas e pasta de levedura, frituras, cenoura, berinjela, alho, pimentas vermelhas, cebola, rabanete, espinafre, tomate, lentilha, damascos, bananas, frutas vermelhas em geral, cerejas, pêssegos e toranja devem ser totalmente evitados.

Não espere que pessoas Pitta sejam tão organizadas quanto você, mas, da mesma forma, elas devem aprender a não esperar que os outros sejam tão concentrados quanto elas. Isso vale para ambos. Para amenizar a frustração sentida pelas pessoas Pitta por não conseguirem encontrar um senso de equilíbrio, incentive-as a se sentarem ao ar livre em uma noite amena e observar a Lua, as ondas do mar chegarem ou passearem ao lado de um rio calmo e contemplar o movimento deliberado, porém irregular da água. Dê a elas exercícios que ajudam a tranquilizar a alma, ao mesmo tempo em que as ajudam a aperfeiçoar sua memória e seu intelecto; atividades que, por exemplo, as ajudem a lembrar de datas importantes, como aniversários. Isso as ajudará a transferir seu foco para além de seu mundo imediato para começarem a reconhecer e valorizar o mundo mais amplo e as pessoas que o compartilham com elas. Sessões frequentes de yoga, meditação ou Panchakarma, um tratamento de limpeza dos tecidos profundos da Ayurveda que remove toxinas e impurezas do sistema também ajudarão a pessoa Pitta a encontrar o equilíbrio necessário para compensar sua energia de fogo. As ervas conhecidas por auxiliarem o processo incluem aloe vera, raiz de confrei e açafrão.

Homeopatia

Os remédios homeopáticos listados a seguir podem ser benéficos para equilibrar a constituição da Criança Guerreira:

- Arsenicum album
- Ferrum metallicum
- Lachesis
- Medorrhinum
- Nux vomica
- Sulphur

Para uma explicação mais detalhada sobre esses remédios homeopáticos sugeridos, por favor consulte a seção ao final deste livro dedicada à homeopatia e sua história, bem como a tabela com observações sobre cada remédio.

Outro conselho

Os remédios herbáceos conhecidos por contribuir para o bem-estar geral da Criança Guerreira incluem erva-de-são-joão (*Hypericum perforatum*), administrada como tintura herbácea para tratar depressão, de leve a moderada, ansiedade, agitação, terrores noturnos e insônia; valeriana, uma erva calmante geralmente adotada para aumentar a concentração; lúpulo, que também ajuda a acalmar o sistema nervoso;

Scutellaria lateriflora, um sedativo natural; ginkgo biloba, que ameniza o esquecimento ao mesmo tempo em que ajuda a melhorar a concentração e o foco. Acredita-se que o ginkgo biloba provoque efeitos positivos nos neurotransmissores do cérebro, enquanto a camomila é sedativa e calmante, assim como a erva-cidreira e, finalmente, o espinheiro-branco, que aparentemente auxilia a circulação sanguínea no cérebro. "Ervas hepáticas", como dente-de-leão e cardo-mariano são recomendadas, enquanto Swedish Bitters, um remédio de 500 anos promovido pela botânica Maria Treben, sem dúvida merece uma chance. Afirma-se que o sabor amargo de Swedish Bitters provoca o rejuvenescimento dos órgãos vitais do corpo, melhora a regularidade, auxilia na digestão e limpa todo o sistema interno, entre outras coisas. É óbvio que, assim como se deve fazer em relação a todos os remédios herbáceos, é recomendável buscar aconselhamento de seu médico holístico integrativo ou naturopata antes de se automedicar com remédios de qualquer tipo.

Investigue as propriedades da aromaterapia, principalmente os odores doces e refrescantes do sândalo, da rosa, da menta, da canela e do jasmim. Ao aspergir um pouco de seus perfumes no quarto de seus filhos com um queimador elétrico ou adicionar três ou quatro gotas diretamente na água do banho, você certamente descobrirá um tesouro calmante e tranquilizador, como aconteceria se você fizesse uma exploração maior no reino dos cristais e de suas propriedades curativas vibracionais. Cristais são presentes oferecidos diretamente a nós pela Mãe-Terra, cada um deles impregnado com remédios poderosos. Carregue cristais em seu bolso, em um amuleto no pescoço ou em sua meia ou sutiã. Muitos cristais são ideais como auxílio à Criança Guerreira. Por exemplo, a hematita é uma pedra base que promove uma circulação sanguínea saudável (e de energia de apoio vital) pelo corpo, e, como tal, é profundamente equilibrada em sua natureza. O quartzo rosa oferece uma sensação suave de tranquilidade e confiança plena. A ametista conecta seu usuário aos reinos espirituais e ao eu superior, enquanto o quartzo branco oferece clareza, consciência e discernimento espiritual. A água-marinha é ao mesmo tempo tranquilizante e refrescante, enquanto a labradorita nos inspira a seguir nosso destino, transforma a raiva em ação e ajuda a incutir um senso de persistência. O olho de tigre é ótimo para o desenvolvimento da intuição e acredita-se que alivie a teimosia, enquanto a howlita alivia a dor, o estresse e a raiva.

As Crianças Guerreiras são extremamente intuitivas. Incentive-as a se filiarem e participarem de um grupo de desenvolvimento espiritual, visitarem uma feira mediúnica e participarem dos *workshops* e das palestras oferecidas ou compre para elas um jogo de tarô e as ensine como usá-lo da maneira adequada, explicando a jornada simbólica do crescimento que elas transmitem. Mostre à sua Criança Guerreira como criar um patuá, um amuleto compacto para usar no pescoço, feito de camurça, couro fino ou tecido de algodão. Coloque dentro dele itens sagrados que as conecte com o Espírito, seus guias ou aqueles no Espírito, como folhas, galhos, sementes, pedras, cristais, conchas, penas, fragmentos de pele, garras, ossos, dentes ou cabelos e/ou itens pessoais que tenham valor emocional ou espiritual para quem o usa, como uma joia, moedas, fotos, enfeites, etc. Patuás são usados como uma forma de recordar alguém em espírito, como um meio de intensificar energias curativas específicas ou como uma forma de identificar e irradiar o remédio pessoal de alguém ou forças espirituais e dons. Incentive-as também a recorrer ao arcanjo Miguel para obter direcionamento e ao seu santo padroeiro, São Francisco de Assis, para obter ajuda. O macaco-capuchinho recebeu esse nome por causa dos monges capuchinhos que eram membros da ordem franciscana. O monge capuchinho desejava fazer apenas o bem no mundo. Seguindo o exemplo de São Francisco de Assis (que era um amante ávido de animais e pessoas), os monges capuchinhos dão prioridade para dois ministérios: trabalhar com os pobres e proclamar a palavra de Deus.

 E por falar em animais, as vantagens terapêuticas que os animais oferecem é um fato documentado. As Crianças Guerreiras amam e respeitam os animais, portanto permitir que seus filhos tenham seu próprio animal de estimação dará um propósito, amor imediato e alguém para quem podem contar seus segredos. Isso os incentivará a ter responsabilidade sobre algo que não eles mesmos, enquanto os ajuda a perceber que se não assumirem a responsabilidade, ninguém mais cuidará do animal. Deixe seu filho escolher, pois o vínculo é geralmente estabelecido no pet shop, além de sempre ser uma questão pessoal. Salamandras, camundongos, cobras, dragões, lagartos, cães de portes médio e grande, gatos de rua, coelhos e papagaios são ótimos animas de estimação (e companhias) para Crianças Guerreiras. Se você não tiver condições de possuir um animal, visite sempre o zoológico de sua cidade, um santuário de vida selvagem, o centro de resgate de animais selvagens, a associação de adoção de animais, a fazenda ou um parque. Muitos zoológicos e santuários oferecem benefícios para visitantes assíduos: Amigos do Zoológico, por exemplo, permite acesso irrestrito a todos os parques afiliados por uma anuidade simbólica. Tire proveito desse amor aos animais de uma maneira terapêutica, fazendo com que seus filhos desenhem o animal favorito ou aquele de que têm mais medo. Explique que o "remédio" ou sonho com o animal favorito representa suas potencialidades e aspirações, enquanto, em relação ao animal temido, esse medo representa suas vulnerabilidades, medos e fraquezas. Os animais de que temos medo são tão importantes e valiosos para nosso crescimento quanto os animais que amamos. Eles representam esses aspectos de nossa psique que escolhemos ignorar – nossos medos, segredos e pensamentos obscuros. Eles caracterizam nossos limites pessoais, nossas limitações impostas por nós mesmos e aquelas partes que rejeitam a espontaneidade, correr riscos e o desenvolvimento da autoestima. Eles também representam nosso lado sombrio – o aspecto obscuro de nossa alma que tendemos a ignorar ou oprimir por causa das conotações representadas e das responsabilidades que elas nos impõem. Eles nos fazem olhar para nós mesmos, enfrentarmos nossas fraquezas e nossas fragilidades, bem como honrá-las como lições e trampolins para o poder.

A sabedoria antiga claramente ilustra nosso relacionamento com todas as coisas. O que pode ser inicialmente considerado inerte, os ensinamentos antigos retratam a vida. Afirma-se que todas as coisas da natureza, basicamente criadas de uma única fonte, merecem a mesma honra e respeito. Como resultado, as tradições de muitos povos indígenas abarcam a natureza como um todo, com a compreensão de que o Espírito que vive dentro de todas as coisas da natureza formam o cerne de seu sistema de crença. Os ensinamentos sugerem que a Terra é nossa mãe, da qual viemos e para a qual devemos retornar. Ela nos supre com tudo de que precisamos. Ela nos embala quando estamos desesperados, nos alimenta quando estamos famintos e nos protege quando estamos frágeis. Ela ama incondicionalmente, assim como as mães o fazem. Ela também repreende quando a desrespeitamos, castigando-nos sem piedade com tempestades e secas. Ela nos instrui bem em todas as lições da vida – de dar e receber, de amor e guerra, de nascimento, morte e renascimento. Ela ensina simbolicamente suas lições marcando com clareza seus ritos de passagem com a mudança das estações, a transição do dia para a noite e da noite para o dia, os quartos crescente e minguante da Lua e o fluxo e o refluxo das ondas da Avó Oceano. Ela nos presenteia com ervas e pedras curativas, bem como sabedoria vibracional oculta no fundo do nosso coração e a torna disponível quando necessário. Ela emprega os animais como nossos mentores, curadores e guias, cada um simbolicamente dotado de uma mensagem única e sagrada destinada a nos guiar a um lugar de plenitude individual e como um povo unido. Seus animais se apresentam quando mais precisamos deles.

Eles compartilham seu conhecimento de maneira incondicional, mesmo quando não prestamos atenção em sua sabedoria no momento. Seus animais, nossos "professores-criaturas", podem nos ajudar a manifestar a mudança; eles podem nos auxiliar a concretizar a cura para nós mesmos e para os outros; podem levar um viajante em segurança de volta para casa ou garantir uma passagem segura para alguém prestes a embarcar em uma viagem. Eles podem aliviar a dor que uma mãe sente quando seus filhos deixam o lar, exatamente da mesma forma que conseguem garantir saúde, paz e felicidade quando um novo bebê chega ao mundo. Há um animal com a sabedoria para nos ajudar em cada aspecto de nossas vidas materiais. Da mesma forma que há animais em Espírito que agem como professores vibracionais, totens e guias espirituais, também há animais na Terra que estão mais do que dispostos a nos ajudar, ainda que em sua forma física.

Essencialmente, a filosofia abrange o antigo caminho espiritual conhecido como "Animismo", muito semelhante ao do Xamanismo, porém mais genérico e aberto à interpretação pessoal. Por tipicamente evitar a religião organizada, o Animismo é um caminho apropriado à Criança Guerreira. Trata-se de um caminho espiritual que servirá a elas em todos os níveis até o dia de sua morte. O Animismo defende a crença de que todos os objetos e seres vivos são constituídos de uma alma permeada com sabedoria, discernimento e livre-arbítrio que atuam sobre sua realidade. Simplificando, o Animismo defende que tudo é vivo, consciente e tem alma, e deve ser tratado com o respeito merecido. Também afirma que o mundo é uma comunidade de "pessoas" vivas, apenas algumas das quais são humanas. Descreve todas as coisas como iguais: os humanos, as rochas, as plantas, os animais, os pássaros, os espíritos ancestrais e assim por diante. O Animismo oferece uma "crença nos espíritos", sejam eles seres místicos, paranormais, invisíveis ou ilusórios. O Animismo, como caminho espiritual, celebra os seres para seu próprio bem, tenham ou sejam eles almas, por serem "pessoas" ou não.

O Xamanismo, no entanto, refere-se a uma variedade de crenças tradicionais e práticas que defendem a habilidade de diagnosticar e curar o sofrimento humano por meio da constituição de um relacionamento especial com os "espíritos". Afirma-se que os xamãs controlam o clima, praticam a arte da adivinhação, interpretam sonhos, fazem viagem astral e vagueiam entre os mundos superior e inferior. Alega-se que os xamãs formam uma ponte entre os mundos natural e espiritual e viajam entre eles em um estado de transe, no qual clamam aos espíritos para que ajudem com a cura e a caça. O Xamanismo defende a crença de que o mundo tangível é envolto por forças ou espíritos invisíveis que influenciam a vida dos seres. Ao contrário do Animismo, o Xamanismo exige treinamento especializado, iniciação, conhecimento e habilidade. Pode-se dizer que os xamãs são os "especialistas" empregados pelos animistas para instigar uma mudança necessária e benéfica em nome da comunidade em geral.

Duas facetas do Xamanismo que poderiam ser exploradas pela Criança Guerreira, com resultados positivos quase garantidos, são a Tenda do Suor (acima dos 16 anos de idade) e o tambor. Apenas participe da Tenda do Suor, no entanto, quando tiver a certeza de que o "condutor" (a pessoa principal conduzindo o ritual) está bem treinado e qualificado e não tem nenhuma motivação financeira ou ganho próprio, e para as meninas somente participem se não estiverem no período menstrual. A Tenda do Suor é uma prática sagrada adotada e modificada por muitas comunidades xamânicas em todo o mundo, com orientação quase que comumente testemunhada na tradição dos nativos norte-americanos, e deve ser tratada e celebrada como tal. Constitui-se de um completo restabelecimento da Criação, documentada excessivamente e de variadas formas. A Tenda do Suor é uma maneira tangível de retornarmos ao Espírito e apaziguar nosso relacionamento com a Criação para nos reconectarmos ao local que temos e ao papel que desempenhamos nele. É uma cerimônia de purificação de todos os aspectos do ser, nos níveis físico, mental, emocional e espiritual. A Tenda do Suor é poderosa. É capaz de promover mudanças profundas na forma de cura e crescimento pessoal e nos reconectar com as energias estimulantes da Mãe-Terra. No nível físico, nós transpiramos, limpamos nossos poros da sujeira e da fuligem profundamente impregnados. No nível emocional, derramamos lágrimas, liberando ativamente de uma forma sagrada anos de acúmulo pessoal, com o objetivo de retornarmos ao ponto central de equilíbrio e harmonia interior. No nível mental, nossa percepção é levada rapidamente de volta à clareza para conseguirmos enxergar, talvez pela primeira vez em anos, o que for realmente importante para nós, o que é sagrado e o que sobrecarrega nosso fardo em um nível emocional físico e espiritual. Quando deixamos a tenda, caímos exaustos na terra, como bebês recém-nascidos: chorando de alegria, fracos, molhados e cobertos de lama, o sangue da nossa Mãe-Terra. Renascemos e ficamos tão profundamente humildes frente à magnitude da experiência que a vida nunca mais será a mesma. A Tenda do Suor nos reconecta ao Espírito – às Avós, aos Avôs, à Criação, ao Mistério Maior, ao nosso espírito e ao Espírito em tudo. Tudo que possui força vital é uma recordação do Espírito. Tudo com força vital é Espírito. A Tenda do Suor propicia a habilidade poderosa de trazer mudanças profundas na forma de cura e crescimento pessoal, reconectando-nos à sacralidade da Mãe-Terra e sua sabedoria.

O tambor ecoa a batida do coração da Mãe-Terra. Seu ritmo nos guia a outras dimensões, novas oportunidades e níveis mais elevados de consciência. A batida constante do tambor proporciona clareza e consciência e evita a falta de visão. Frequentemente somos tão consumidos por atividades mentais e espirituais que ficamos propensos a negligenciar o mundo tangível, nossa saúde e outras responsabilidades. O tambor nos lembra de acessar nossos próprios ritmos inerentes e a intuitivamente ouvir o que nosso corpo pode estar tentando nos dizer a respeito de nosso bem-estar físico. O tambor reinstala um senso de equilíbrio emocional, leveza e estabilidade. Ele nos ajuda a manter uma postura firme em relação à vida e a reacender o fogo em nosso ventre para conseguirmos tomar decisões práticas, porém muito atrasadas, poderosas o suficiente para estimular novos começos poderosos. O tambor nos faz voltar para nosso centro; ele centraliza novamente a intenção e proporciona o renascimento simbólico e a renovação; revela nossos possíveis dons, enquanto controla a arrogância e a vaidade com a influência sólida da sabedoria da Mãe-Terra. O tambor estabiliza nosso corpo emocional e cura o desequilíbrio físico acessando nosso DNA, recobrando nosso senso de identidade e verdade pessoal. A batida do tambor lembra a batida dupla do coração que todas as crianças ouvem no útero. O poder desse som é percebido por audição e vibração, consequentemente nos realinhando em um nível unido sentido no coração. O tambor desperta novamente o conhecimento antigo armazenado na memória de todos. Ele nos estimula enquanto buscamos a sabedoria guardada, para ser lembrada quando nós seguimos novamente a batida do coração da Mãe-Terra. Ele nos ensina a interpretar as frequências sonoras sagradas que alimentam lembranças do conhecimento antigo e como nos reconectamos com a consciência universal para podermos novamente, um dia, caminhar como um só.

Para criar um tambor, você precisará comprar um couro cru de cabra ou veado, que será usado nas duas "faces" do tambor e para a tira que irá prendê-las, bem como uma moldura de tambor (redonda ou octogonal) ou de tamanho tradicional (uma moldura tamanho adulto deve ter aproximadamente 42 centímetros de diâmetro, enquanto a infantil geralmente possui 30,5 centímetros. Você pode precisar da ajuda de um carpinteiro experiente ou de alguém que se sinta confortável trabalhando com madeira), um molde de papelão (necessário para determinar o tamanho e o formato da face do tambor e a localização da tira ou dos furos para prendê-la. O modelo precisa ter cerca de 10 centímetros a mais de diâmetro do que a moldura do tambor), um quadrado de tecido de algodão vermelho (que será usado para criar um laço que será preso dentro do tambor), tesoura, um balde, duas toalhas de banho, uma pedra ou cristal pesado (utilizado para manter a face do tambor e a tira submersas durante o processo de imersão), uma pitada de tabaco e uma pitada de sálvia (que será usada no laço), uma caneta e um bloco de anotações, um martelo e um furador de couro.

Para começar, posicione o molde sobre couro cru, colocando-o mais próximo possível da borda e do final para reduzir o desperdício. Use a caneta para marcar a borda do molde e a localização das marcações dos furos. Com a tesoura, corte a face do tambor e use o martelo e o furador de couro para cortar as tiras que serão amarradas aos furos. Novamente, com a tesoura, começando na borda do couro cru, corte em espiral uma tira contínua de 1 centímetros de largura, porém o mais comprida possível. Continue circulando o couro cru até que não sobre mais nada e, em seu lugar, haja uma bela correia. Posicione a face do tambor, coloque a tira no balde e o encha com água. Coloque a pedra ou o cristal no balde, de modo que o couro cru fique submerso. Deixe-o de molho por 24 horas. Aconselha-se que quem esteja produzindo o tambor coloque itens de valor pessoal dentro do balde, como joias ou cristais, pois se acredita que sua energia será absorvida pelo couro cru, facilitando uma ligação mais firme entre a pessoa e o tambor, em um nível espiritual. Em seguida, componha uma oração em agradecimento à arvore e ao animal que deram suas vidas para que esse tambor sagrado fosse criado. Escreva com o coração e considere-a uma mensagem destinada apenas para os olhos do Espírito. Contudo, se alguém vê-la e zombar dela depois, deve compreender que a oração em si nunca foi a motivação para seu desprezo, mas, sim, para seu próprio medo, ignorância e ingenuidade. Quando terminar, reescreva a composição dentro da estrutura do tambor, de qualquer modo ou tamanho.

Coloque uma toalha no chão e, em seguida, o couro cru (agora úmido) no centro da toalha, com a face para baixo. Posicione a estrutura do tambor no centro do couro e as extremidades sobre o aro da armação. Use a outra toalha para secar a tira com batidinhas leves. Se estiver pingando, pode não dar certo, mas não deixe que fique muito seca. Pegue uma extremidade da tira e passe-a por um dos furos e, depois, pelo furo diretamente oposto a ele. Amarre a tira e levante-se. Segure a primeira extremidade em uma mão e deixe a outra percorrer a outra mão até que consiga levantar os braços sobre a cabeça. Agora, corte a outra ponta da tira, de modo que fique um pedaço da tira amarrada na face do tambor com uma extremidade em cada uma de suas mãos acima da cabeça. Coloque a parte que sobrou no chão ou no seu balde vazio. Agora, volte aos dois furos recém-amarrados e torça a tira entre eles, de modo que pareça uma corda, e não apenas um pedaço reto de couro cru úmido. Continue a torcer a tira além dos furos e a amarre com um nó frouxo. Ele não precisa ser muito firme, apenas o suficiente para que não ceda. Então, basicamente, agora a tira deve estar entre dois furos opostos, presos e torcidos com um nó no meio. Se o tambor estiver amarrado com muita firmeza, pode romper a tira à medida que ela secar e se retrair. Imagine a primeira tira indo de Leste a Oeste. Repita os passos anteriores com os furos de Norte a Sul. Certifique-se que os furos estão diretamente opostos uns aos outros. Continue o procedimento de amarrar e torcer nos furos Norte-Leste até os de Sul-Oeste e assim sucessivamente até que todos os furos tenham sido ocupados. Você deve fazer isso até que a tira termine, amarrá-la e continuar como explicado antes. Mesmo que os nós pareçam frouxos, uma vez que o couro tenha secado, nunca irão se desfazer. O couro cru é duro como pedra! Junte o centro da tira (onde todos os nós centrais estão), mantendo-a justa e bem acabada. Ela deve ficar parecida com uma estrela gigante ou o centro de uma teia de aranha.

Agora que você concluiu a amarração do tambor, é o momento de amarrá-lo para formar uma alça. Olhe a parte posterior do tambor e observe especialmente a tira saindo do centro em direção à extremidade do couro. Imagine a parte superior do tambor voltada para o Norte, a parte inferior, para o Sul, a direita, para Leste e a outra, para Oeste. O que você tem de fazer em seguida é distribuir as tiras pelas quatro direções. Isso pode ser feito por contagem ou de olho. Depois de decidir quantas tiras serão distribuídas para cada direção, posicione-as na parte norte e amarre um comprimento do couro cru à base (a extremidade mais próxima dos nós centrais, no meio do tambor). Pegue essas tiras com a mão que você não usa para escrever. Com a outra mão, comece a amarrá-las bem com a tira até que chegue a três quartos do final. Deve parecer um tronco grosso com diversos "galhos" saindo da parte superior. Continue esse procedimento com as outras três direções. Lembre-se: tradicionalmente, todos os nós devem ser feitos em grupos de quatro, sem que sejam deixados nós independentes (exceto em momentos em que não seja possível por causa da falta de comprimento, etc.), nem sobrem mais de três. O número quatro é sagrado, pois representa as quatro raças humanas, as quatro direções, os quatro elementos, as quatro estações e assim por diante. Agora você deve alisar todas as rugas da extremidade da estrutura do tambor. Os lados e todas as extremidades devem estar lisos e livres de dobras, inchaços e ondulações. Vire o tambor de cabeça para baixo e, com os polegares, tire as rugas, em direção ao lado do tambor em que estão as tiras amarradas, fazendo movimentos firmes. Seu tambor agora está pronto.

Corte quaisquer bordas que sobrem e deixe o couro cru secar de uma a quatro semanas. Não caia na tentação de usar o tambor até que esteja totalmente seco, pois pode danificá-lo para sempre. Você pode querer fazer uma baqueta unindo um pedaço redondo de couro com enchimento em um graveto de sua árvore preferida, algum tronco ou um pedaço de vara. Se você decidir pintar seu tambor, aconselha-se que seja usada tinta à base de óleo, pois ela se agrega aos óleos naturais do couro e não vai craquelar, como as tintas acrílicas ou à base de água. Porém, tenha em mente que a tinta a óleo demora muitos dias para secar, portanto não pense que a demora se deva a algo que você fez errado. Um laço de oração é tradicionalmente amarrado a uma das tiras na parte posterior do tambor como uma forma de mantê-lo protegido e sua intenção e os motivos de usar o tambor claros. Um laço de oração é simplesmente um quadrado de tecido de algodão vermelho amarrado para formar uma bolsinha na qual são colocados tabaco, uma erva sagrada e sálvia. O laço de oração costuma ser amarrado ao tambor com uma tira verde (ou algodão bordado). Algumas pessoas fazem bolsas para carregar o tambor. Dessa maneira, o tambor e a baqueta podem ser transportados, reduzindo a chance de serem quebrados ou danificados. Algumas pessoas colocam sálvia, lavanda, erva-de-cheiro ou até cedro para garantir a segurança do tambor em um nível espiritual.

O tambor é uma ferramenta antiga e poderosa o suficiente para reestabelecer um senso de direção, foco e cura na Criança Guerreira. Quando colocado sobre o corpo durante tempos de crises e tocado repetidas vezes com a baqueta, por exemplo, o som ritmado e confortante produzido efetivamente levará a pessoa a um estado de relaxamento e paz, inspirando uma liberação produtiva de emoção, que iniciará a comunicação e a liberação de toda a raiva, ressentimento e frustração.

Embora todas essas sugestões certamente provoquem mudanças profundas na Criança Guerreira, fazer um pacto consigo (e mantê-lo) é o passo mais importante que qualquer Criança Guerreira dará, em especial quando não tenham alertado ninguém que tomaram uma decisão. A lei da atração nos traz as coisas que ressoamos melhor, enquanto a lei da reflexão nos mostra as coisas às quais precisamos nos dedicar mais em nossa vida, colocando-a a nossa frente por meio de uma fonte externa. Portanto, a atitude pode tanto ajudar quanto prejudicar o espírito de uma Criança Guerreira. Infelizmente, esse é um passo que seu filho deve decidir dar por conta própria. Todo o incentivo ou repressão de sua parte farão uma pequena ou nenhuma diferença para a Criança Guerreira. Na verdade, apenas a incentivará a fincar ainda mais os pés em um processo mais profundo, porém lento, de crescimento/cura.

Capítulo 2

Criança Inverno

Totem: Macaco colobo preto e branco
Características principais:
Mártir/Lógica/Solucionadora de problemas

A bela e brilhante pelagem preta dos macacos colobos preto e branco, ou Guereza, contrasta com o manto branco longo que percorre todo o comprimento dos dois lados de seu corpo. Os macacos colobos também têm caudas em tufo luxuosamente longas. Habitantes das florestas, esses macacos passam a maior parte do tempo escondidos no alto das copas das árvores, misturando-se com a luz do sol que forma a luz e as sombras da floresta. A diversidade chamativa entre os pelos pretos e brancos do macaco contra a folhagem verde da floresta cria uma forma poderosa de camuflagem conhecida como coloração disruptiva: a ilusão de que o animal não está lá, apesar de sua presença óbvia. Também há uma variedade preta de macaco colobo (*Colobus Satanas*), que possui pele acinzentada e face nua, e uma forma conhecida como colobo vermelho, *Piliocolobus Pennanti*, que possui pelagem marrom-ferrugem, cabeça preta, bem como colar e patas traseiras brancas. Comandados por um macho dominante em um território claramente definido, os macacos colobos preto e branco andam em bandos compostos por diversos grupos familiares, mas que não passam de mais de 200 indivíduos.

Todas as pessoas macacos colobo preto e branco são aplicadas e leais; meticulosas em tudo o que fazem. A maioria apresenta abordagem inteligente, metódica e determinada. Intensas e excessivamente solenes em alguns momentos, as pessoas macacos colobos preto e branco demonstram empatia em relação às outras e são capazes de atingir níveis admiráveis de grandeza pessoal (quando permanecem concentradas e compelidas), pois são corteses, amáveis e prestativas. Pessoas macacos colobos preto e branco adoram trabalhos manuais; são ao mesmo tempo artísticas e musicais. Têm mentes analíticas e adoram descobrir coisas. Precisam ser úteis e reagem de maneira favorável a elogios e quando reconhecidas por seu alto nível de habilidades, são idealistas, sensíveis e confiáveis. Pessoas macacos preto e branco são românticas – prestativas, animadoras e sistemáticas. Quando incentivadas e lhes confiam responsabilidade, são organizadas, econômicas e cautelosas com dinheiro. Pessoas macacos colobos preto e branco são dignas de confiança, leais e boas ouvintes, principalmente quando o favor for recíproco. Sua empatia as tornam boas solucionadoras de problemas e mediadoras, apesar de serem excessivamente emocionais em alguns momentos (quase "rainhas do drama" quando encurraladas).

Em momentos de melancolia, pessoas macacos colobos preto e branco podem parecer negativas num primeiro encontro. Elas sofrem de mau humor e surtos imprevisíveis de depressão. Elas vão se condenar para ter atenção, podem parecer se sabotar e geralmente possuem baixa autoestima e imagem negativa de si. Pessoas macacos colobos preto e branco se punirão quando sentirem que estão falhando, ameaçadas ou negligenciadas. Elas fazem coisas que sabem que não deveriam de propósito (parecem adorar serem resmungonas, por exemplo, quase defendendo a crença errônea de que "atenção negativa é melhor do que nenhuma atenção"). Elas patinam no gelo fino de bom grado e desafiam o destino quase que com um abuso intencional de sua saúde, relacionamentos e outras responsabilidades.

Portanto, de vez em quando, as pessoas macacos colobos preto e branco darão a impressão de serem arrogantes, imprecisas e, em certos momentos, inacessíveis. Elas sofrem de audição seletiva e podem ser melancólicas, carentes e egoístas. Elas se perturbam com facilidade e logo ficam bravas, expressando argumentos insignificantes para quase perturbar em caso de situações de confronto. Elas também vão exagerar a verdade e dar desculpas rasas para cobrir superficialmente suas deficiências quando encurraladas. Elas gostam de fazer as coisas ao seu modo e logo demonstrarão comportamento infantil para assumir o controle ou defender uma opinião, em que birras não estarão fora de questão. Elas culpam, negam responsabilidades e demonstram sinais de hipocondria.

Conselho individual para a Criança macaco colobo preto e branco/Inverno

Correspondências:

Elemento esotérico: Terra

Instrumentos elementais: Instrumentos de percussão, como bateria e clavas

Espíritos elementais: Gnomos, duendes e anões, dragões de terra, centauros

Estação: Inverno

Hora de poder: Meia-noite

Fase da vida simbólica na Roda da Vida: O Ancião/Sábio/Velho/Professor/Avô/Avó

Locais de poder: Montanhas, planícies abertas, campos, cavernas e minas

Signos zodiacais correspondentes ao elemento esotérico: Touro, Virgem e Capricórnio

Direção: Sul, no Hemisfério Sul/Norte, no Hemisfério Norte

Cores direcionais: Branco, verde, marrom

Órgãos: Baço, estômago

Chacras: Sacral (segundo), Plexo solar (terceiro)

Cores do chacra: Amarelo, laranja, ocre

Cristais: Pirita, malaquita, cornalina, citrino, jaspe marrom, ocre e vermelho, calcita amarela, sal-gema, carvão, diamantes, peridoto, ferro e chumbo

Totens: Macacos colobos preto e branco, carcajus, cavalos brancos, cangurus, emas, touros, bisões, cervos, cães, formigas, ursos polares e lobos brancos

Ervas: Benjoim, confrei, hera, cereais, aveia, arroz, centeio, trigo, patchouli, vetiver, musgo, líquen, nozes, raízes, bolota e carvalho

A ideia principal da jornada da Criança Inverno é transformar a impraticabilidade (teimosia, obsessão e arrogância) em realismo e função (flexibilidade, consideração e proteção).

Crianças Inverno são as guardiãs, lógicas orientadas por fatos. Elas aparentam ser mártires, no entanto, são solucionadoras de problemas experientes e líderes competentes quando se sentem importantes. Sua abordagem é tradicional, embora encorajadora e apaixonada por natureza. Elas tendem a apresentar falta de visão periférica, confiando no que sabem e acreditam ser verdade acima das "fantasias" ou ideias dos outros. Como a própria estação climática, as Crianças Inverno são reflexivas e contemplativas, solitárias e reservadas. Todas as Crianças Inverno são extremamente sérias e práticas. Porém, quando acreditam que não são reconhecidas, as Crianças Inverno parecem ser "difíceis" e empacadas. Elas se tornam indiferentes, cínicas e desanimadas, irritadiças e ressentidas. Parecem se fechar a todos e tudo ao seu redor, fechando a porta para a beleza que as cercam, ao mesmo tempo em que punem em silêncio aqueles que as amam. Fazem comentários sarcásticos, enquanto escondem estes superficialmente sob um véu de humor forçado. Elas recorrem a uma atitude submissa e irresoluta; seus movimentos se tornam deliberados, conscientes e buscam atenção. Quando melancólicas, as Crianças Inverno são desconfiadas e propensas à imaturidade, melancolia, depressão e vingança. Algumas irão tão longe até se colocarem em apuros, fazendo a coisa errada de propósito ou sabotando responsabilidades importantes em uma tentativa perversa de recuperar a atenção. Ao serem repreendidas, elas se sentem, de certa forma, valorizadas, novamente reconhecidas e parte do time. As Crianças Inverno apenas veem o lado negativo de uma situação, sentem-se afastadas do divino e abertamente se inflamam contra o que percebem como injustiça e fraude.

Para mudar para a fase positiva, as Crianças Inverno devem se tornar ativas participando de atividades físicas de baixo impacto ou recreativas na natureza ou algum outro interesse que as inspire e tire sua atenção de suas vidas cotidianas. Essas crianças pensam muito, mas não de uma maneira erudita. Elas observam e pensam em pressentimento – tornam-se negativas se não tiverem nada mais com que ocuparem seu tempo ou estimular seus pressentimentos de maneira produtiva. Em geral, oriundas do nada ou nascidas em famílias de baixa renda e expectativa correspondente, as Crianças Inverno invejam em segredo e são ressentidas em relação a quem conquista objetivos e aparentemente "nasceu em berço de ouro". As Crianças Inverno são muito materialistas e, portanto, adoram nada mais do que fazer compras. Adoram lojas virtuais, canais de compras na televisão, vendas de garagem, *outlets* e pontas de estoque. Elas sempre mantêm os olhos abertos para uma pechincha e comprarão coisas de que não precisarão, "para depois", "apenas para garantir", pois são acumuladoras, avarentas e armazenadoras que guardam coisas para depois. Crianças Inverno farão o possível para ganhar dinheiro. Quando adultas, frequentemente se envolvem em atividades diferentes, fazendo o possível para ter uma renda boa e residual, mas em geral escolhem coisas que nunca pagam bem. As Crianças Inverno são sonhadoras e, em casos raros, jogadoras. Veem oportunidade na maioria das coisas, mas geralmente detestam correr riscos que possam resultar em fracasso. Elas guardam um grande potencial em seus corações, mas honestamente não fazem ideia de como acessá-lo. Elas podem ser excessivamente generosas. Não conseguem dizer não e por isso geralmente se veem em situações difíceis de sair. Detestam desapontar as pessoas, em especial aquelas que não são íntimas ou de sua família próxima. Sem medo do trabalho duro, sempre estão à procura de uma alternativa mais fácil, investindo repetidamente no enriquecimento por meio de esquemas rápidos, apenas para descobrir logo depois que foram trapaceadas – novamente. Elas são as provedoras e protetoras, e por isso detestam ter "pouco dinheiro", especialmente quando obrigadas a servir os abastados e, em sua tentativa desesperada para se tornarem um dos ricos, podem se estressar e exigir muito de si. Durante seus momentos mais melancólicos, elas entram em pânico e ficam desesperadas, transformando-se em pais negligentes e amigos e parceiros rancorosos, em geral perdendo tudo e ganhando novamente em uma tentativa frenética para conquistar, expandir e crescer.

Para acessar e celebrar seu potencial, as Crianças Inverno devem, primeiramente, encontrar sentido e significado para sua existência conectando-se com o divino e agindo como verdadeiro benfeitor da humanidade. Na infância, precisam ter responsabilidades que as façam se sentir desejadas, necessárias e especiais. Os professores veriam uma incrível melhora no comportamento, por exemplo, simplesmente confiando funções de responsabilidade em sala de aula para as Crianças Inverno. Como, por exemplo, levar a lista de presença à secretaria depois de ter sido feita a chamada, todas as manhãs, recolhendo e entregando os pedidos do almoço preparados pela cantina da escola ou simplesmente apagando o quadro-negro no final do dia são maneiras simples de extrair o melhor da Criança Inverno. Elas adoram espalhar papéis nas mesas da aula de arte, pegar livros emprestados da biblioteca e serem responsáveis por trancar e abrir o bicicletário antes e depois da aula. Enquanto se sentirem valorizadas, elas permanecerão dóceis e na palma da sua mão. Contudo, é conveniente saber que as Crianças Inverno não são boas em manifestações. Elas não são boas em instigar ou inspirar pessoas a alcançar um lugar de grandeza – essa é uma função mais adequada às Crianças Guerreiras. Estas são excelentes em inspirar pessoas a ponto de elas ficarem entusiasmadas, motivadas e prontas para fazer algo maior. Porém, em seguida, perdem o interesse. As Crianças Guerreiras são ótimas inspiradoras, mas líderes incompetentes. Elas não ligam para o que as pessoas fazem com sua paixão recém-descoberta, contanto que a descubram. As Crianças Inverno, por sua vez, são excelentes líderes. São trabalhadoras braçais e as provedoras – aquelas no mesmo nível das "pessoas comuns". Elas são plenamente equipadas para intervir (em geral, com a ajuda de uma Criança Pacificadora) e reunir uma multidão enfurecida e destiná-las a ações produtivas, o que elas o fazem com destreza e tranquilidade. Embora possam ser líderes versados e modelos de conduta, se dão melhor quando têm alguém para quem olhar ou um exemplo a seguir. Chefes e diretores soberbos, as Crianças Inverno precisam de orientação e direcionamento. Quando sabem o que se espera delas, destacam-se em sua função. No entanto, elas são más iniciantes, ou seja, têm melhor desempenho quando são capazes de seguir um plano estabelecido. Quando têm um planejamento a seguir, mostram com orgulho aos outros o caminho de uma maneira embasada e prática. Consequentemente, para canalizar suas energias de modo produtivo, as Crianças Inverno são mais indicadas como líderes ou capitães da equipe, mas nunca a treinadora.

À medida que crescem, as Crianças Inverno devem encontrar uma coisa pela qual são apaixonadas e se manterem fiéis a isso, de modo que, quando se tornarem adultas, possam facilmente transformar o que antes era um passatempo em uma carreira lucrativa.

Apesar do fato de eu ser uma Criança Inverno, alguns aspectos de minha personalidade refletem traços distintos daqueles de uma Criança Inverno. Há cerca de dez anos, por exemplo, minha esposa e eu estávamos na casa de nossa amiga Susan. Eu tinha acabado de me demitir do cargo de professor e estava em uma encruzilhada. Eu não sabia para onde deveria ir ou o que deveria fazer – só sabia que tinha uma esposa e um filho e nenhum emprego remunerado para sustentá-los. Durante o jantar, Susan disse: "Quando pergunto o que você deseja fazer com sua vida, qual é a visão que você tem nos olhos de sua alma?". Sentei e me perguntei se deveria ou não dizer a ela, então falei: "Eu me vejo sentado em uma pequena cabana fazendo coisas, com pessoas vindo até a mim em busca de ajuda e aconselhamento". Por acaso o marido de minha amiga havia morrido tragicamente algum tempo antes e ela estava se perguntando em que investir o dinheiro do seguro de vida. Ela queria que fosse utilizado em algo significativo, algo que se tornasse um legado para seus filhos.

Ao ouvir minha visão, ela anunciou que tinha decidido que uma cabana era algo que valia a pena, um bom investimento e algo que honraria a memória do marido e sua vida. Então ela comprou aquela cabana e nós a embelezamos para incorporar uma sala de meditação, diversas salas de consulta e uma pequena loja que vendia cartas de tarô, cristais, velas e incensos – coisas típicas de um negócio de orientação espiritual. Trabalhamos a cabana como um centro de cura e a chamamos de Círculo de Pedras. Dezoito meses depois, contudo, a cabana havia crescido muito, a ponto de estarmos prontos para nos lançarmos e mudarmos para uma loja de rua em uma cidade turística maior. Eu ministrei *workshops*, círculos de desenvolvimento espiritual e oferecemos leituras pessoais na cabana e as levamos para um novo nível quando nos mudamos para nosso novo local. A loja decolou imediatamente. Foi bem recebida pelos turistas que visitavam nossa cidade e pelos moradores que nunca haviam tido uma loja como a nossa em seu bairro antes. Por estar localizada em uma cidade de tradição Adventista, pensamos que um negócio como o nosso levantaria algumas sobrancelhas (e não estávamos errados), mas apesar de figurativamente ser um gato entre os pombos, nosso negócio cresceu rapidamente. Por causa dos *workshops* sobre medicina animal que ministrava no espaço "externo" e da popularidade que minhas leituras de carta animais, minha reputação com o oráculo de espíritos animais começou a se espalhar de uma maneira favorável, em especial quando as pessoas perceberam que eu era capaz de ver espíritos de animais com as pessoas para quem lia. O estranho era que, mesmo que pudesse ver os espíritos animais e saber por que apareciam com meus clientes, persistia com as leituras de cartas e apenas mencionava os animais que via perto do final das leituras que realizava. Eu não sei por que estava dando tão pouca atenção a eles, exceto que talvez estivesse tão acostumado a eles estarem ali que tenha subestimado seu poder ou talvez estivesse inconscientemente preocupado com o modo como as pessoas reagiriam se eu, de maneira súbita, despejasse as cartas ao seu favor.

Então, certo dia (não consigo lembrar por que fiz isso), decidi deixar as cartas de lado e apenas depender dos animais que via e das mensagens que recebia para realizar as leituras que estavam agendadas. Para minha surpresa, minhas leituras não eram apenas simples de fazer, as mensagens eram muito mais precisas e relevantes. Eu também conseguia oferecer mais do que as comuns três ou quatro leituras e não ficava exausto ao final do dia. Percebi que como estava trabalhando com o Espírito e não resistindo à minha habilidade nata de traduzir os símbolos que se mostravam a mim, tudo havia se tornado "mais fácil". Depois daquele dia, minha reputação explodiu e eu estava lotado por muitas semanas porque era único, preciso e – mais importante – estava vivendo meu propósito.

Por volta dessa época, outra amiga, Roz, suplicava para que eu compilasse uma lista básica de animais "comuns" da Austrália que incluísse seus significados espirituais. Ela pensou que uma tabela simples seria uma boa ideia, algo a que as pessoas poderiam recorrer quando precisassem de ajuda para interpretar a simbologia dos animais que encontrassem. Eu segui seu conselho e comecei a escrever a tabela. Foi divertido, mas tive dificuldade de limitar os animais ao que era considerado "comum". No momento em que a finalizei, contudo, tinha uma bela lista de mais de 200 animais e, em vez de uma tabela simples, terminei com um livro que eu mesmo publiquei. Chama-se *Animal Dreaming*. Um distribuidor maior se interessou pelo livro e foi bem recebido em toda a Austrália. Ele recebeu resenhas favoráveis da maioria das revistas *new age* e espiritualistas da Austrália, assim como de algumas internacionais. Eu me vi sendo entrevistado na televisão e no rádio, bem como aparecendo como convidado em uma das maiores feiras espirituais do país. O mais fantástico de tudo, porém, foi quando me ofereceram um contrato de publicação com a Nova Zelândia, quando eles me perguntaram se poderia expandi-lo para incluir animais de todo o mundo. Esse livro eu chamei de *Animal Messenger*, lançado pouco tempo antes deste.

Como pode ver, minha característica prática e objetiva de macaco colobo estava apenas esperando por alguém alheio à minha vida cotidiana perguntar ao meu respeito e investir energia na resposta que dei. Embora minha esposa tenha me estimulado e proporcionado o fórum para que me curasse e aprendesse sobre mim mesmo, ela não poderia me levar para aquele próximo nível. Eu sabia que ela me amava incondicionalmente e que sempre o faria. E isso, acredito eu, era o problema. Minha esposa era tão próxima que não conseguia ouvir o que ela falava ou ver o que ela me mostrava. Eu precisava que alguém de fora me questionasse e me desafiasse a fazer mais. No momento em que alguém respeitado demonstra crença em suas habilidades naturais e lança uma luz-guia em seu caminho, as Crianças Inverno geralmente honram o processo e fazem o que é preciso para afiar suas habilidades e apresentá-las para o mundo de uma maneira fértil. Elas simplesmente precisam ter sua visão de futuro confirmada ou sua crença em si mesmas estabelecida em um nível tangível antes que concedam às suas visões algum valor real.

As Crianças Inverno devem aprender a confiar em sua habilidade para transformar os aspectos comuns, desinteressantes e triviais de sua vida em verdadeiros potes de ouro. A maioria das Crianças Inverno carregam o arquétipo "alquimista" ou "Midas" sem perceber, uma característica que promete, literalmente, transformar tudo o que tocam em ouro, desde que acreditem em seu próprio valor e seu lugar no esquema maior das coisas. A única coisa que as impede de perceber seu potencial (na maioria dos casos) é a veia tediosa, ressentida e temerosa que percorre sua natureza, bem como sua incapacidade em acreditar em coisas que não podem ser vistas fisicamente ou coisas desejadas, mas que ainda não foram realizadas. Para entrar em sua fase positiva, portanto, as Crianças Inverno devem trabalhar duro, permanecer focadas e nunca ter medo de gastar dinheiro para ganhar dinheiro. Elas devem enxergar seu papel de fazer diferença no mundo e constantemente se perguntar: "quais habilidades eu tenho que podem ajudar a transformar o planeta?", e considerar seu potencial como dormente sob a superfície coberta de neve da Terra, esperando irromper para beneficiar as pessoas no momento certo.

Quando adultas, as Crianças Inverno geralmente se aliam com Crianças Pacificadoras ou outras Crianças Inverno com quem frequentemente geram Crianças Natureza (embora sempre haja exceções). Elas não se dão bem com Crianças Guerreiras. Elas tendem a entrar em conflito no primeiro encontro sem qualquer motivo óbvio. E muitas não compreendem as Crianças Douradas, rotulando-as como esquisitas e assustadoras.

Humor correspondente: melancólico

Melancólicos podem ser pessimistas, vendo apenas o lado negativo em uma situação. Eles parecem temperamentais e desmotivados, apresentando as características derrotistas da clássica zebra. Eles parecem gostar de serem magoados, colocando-se persistentemente na linha de fogo repetidas vezes. Afirma-se que melancólicos apresentam falsa modéstia e vivem em um mundo fantasioso. Eles sofrem de baixa autoestima, audição seletiva e sentimentos de culpa e vergonha. Podem ser egoístas e mal-humorados e acreditam ser constantemente discriminados. Muitos são hipocondríacos. No entanto, quando estão em sua fase positiva, os melancólicos podem ser profundos e compreensivos. Tornam-se líderes metódicos, embora pareçam solenes e determinados em excesso. Por serem intelectualmente brilhantes, muitos são classificados como "dotados" ou beirando a genialidade. Eles são imaginativos e criativos, buscam a verdade e são prosaicos, gostando apenas de estar cercados de coisas raras e belas. Melancólicos são perspicazes e sensíveis, altruístas, aplicados e, às vezes, um pouco tímidos.

Atividades e trabalho produtivos são úteis, contanto que inspirem os melancólicos a apenas olharem o lado positivo das coisas, daí a necessidade, de acordo com a filosofia que defende os Quatro Humores, de os melancólicos terem a chance de serem "aquecidos, umedecidos ou lubrificados" para atingirem seu potencial. Afirmações positivas podem ser úteis, especialmente quando estiverem preparados para aceitar a dificuldade e a dor, mas se recusam a se render a elas, e quando estão preparados para se esforçar. Eles precisam saber que uma pessoa pode genuinamente fazer diferença ao mundo, por mais modestos que sejam. Eles fazem bem em evitar histórias da mídia e notícias que se concentram nas desgraças dos outros ou nos problemas relacionados ao mundo. Em vez disso, os melancólicos devem buscar histórias inspiradoras de sucesso que transmitam cenários motivacionais de "pobreza à riqueza", como narrativas de vida de celebridades, como Mark Wahlberg, Oprah Winfrey, Madonna e outras.

Elemento esotérico correspondente: Terra

De acordo com os ensinamentos da antiga sabedoria da Terra, nós simbolicamente visitamos o sul da Roda da Vida como Avó ou Avô; um idoso com muito mais conhecimento para compartilhar e sabedoria para transmitir aos membros mais jovens da família. O sul fala de sabedoria, abundância, prosperidade e riqueza oferecidas pelo elemento terra. É estável, sólido e seguro e visto como o lugar de maior escuridão, como o inverno, a estação energeticamente associada ao sul. Durante o inverno, os véus entre os mundos são os mais finos. É um momento de grande transformação.

As sementes lançadas durante os meses férteis germinam sob o solo aparentemente dormente, congelado e árido, preparando-se para brotar na superfície como as colheitas da nova estação, completando assim o Grande Ciclo da Vida, do nascimento, da morte e do renascimento. A deusa está em sua fase idosa, quando percebe seu propósito e é capaz de compreender melhor as complexidades da vida com a obtenção da sabedoria e da experiência. As lições do inverno nos deixaram completos e plenos, com nada mais a fazer, exceto retornar para o oriente e o frescor da primavera, para começar uma nova vida. Nós "despimos nossas vestes" como um idoso no inverno, para renascer como uma criança na primavera, prontos para reaprender lições de vida ou para "polir" aquelas aprendidas da última vez.

O inverno é feminino e receptivo por natureza, assim como o elemento terra, a força que rege os signos zodiacais de Touro, Virgem e Capricórnio. O elemento terra ensina aqueles preparados a ouvir as lições de crescimento pessoal e físico e a rendição da vontade, do sustento, da prosperidade e da abundância; da criatividade, fertilidade, nascimento e morte, silêncio interior, compaixão e estabilidade, sucesso, cura e força, que são lições de maturidade e sabedoria geralmente mais bem assimiladas por meio da experiência, do sofrimento e, às vezes, da perda. Ao final do inverno, surgimos do silêncio para nos alegrarmos e começar novamente. Fica claro que as Crianças Inverno parecem incorporar muitas das mesmas qualidades que seus homônimos, sendo, por um lado, gentis, simpáticas, carinhosas e contemplativas e rancorosas, amargas, duras e rígidas, por outro.

Pessoas terra são esclarecidas, práticas e despretensiosas. Elas são confiáveis e sólidas, estáveis e focadas. Precisam ser organizadas, mas não têm sempre uma abordagem racional. Pessoas terra são as cuidadoras maternais, as trabalhadoras e aquelas felizes por ficar em casa e que costumam realizar tarefas domésticas: cozinhar, limpar, lavar, passar roupas, fazer jardinagem e agir como verdadeiras motoristas para os filhos que praticam esportes e os companheiros que frequentam bares. Contanto que se *sintam* seguras, amadas e necessárias, são capazes de agir efetivamente, mas no momento em que se sentirem inseguras ou desvalorizadas, tornam-se frias e emocionalmente distantes. Pessoas do elemento terra tendem a tomar decisões baseadas em sentimentos ruins, seguindo pressentimentos e ouvindo seus instintos mais básicos, bem como fazendo conjecturas educadas em vez de pensar as coisas de maneira lógica e racional. Quando as coisas não seguem um plano, as pessoas de terra logo caem aos montes. Elas tendem a ter reações exageradas, serem rainhas do drama e costumam ser acusadas de viver em negação.

Pessoas do elemento terra costumam ser escravas de seus sentidos físicos. Elas parecem viver por coisas mais bem descritas como prazeres mundanos: todas as coisas belas e deliciosas – boa comida, vinhos finos, música fascinante e sabores intoxicantes. Elas sempre buscam coisas que trazem prazer, desde obras de arte esteticamente agradáveis a sexo e intimidade física. "Prazer" é a palavra-chave para todas as pessoas elementos terra, com a maioria se enquadrando em uma destas categorias: os *gourmets* e os *gourmands*; os primeiros preferem comer um pouco diversas vezes, jantando apenas o melhor da produção em restaurantes conhecidos como os melhores dos melhores. Os *gourmands*, contudo, preferem comer muito de tudo em qualquer oportunidade. São os glutões (aqueles que funcionam principalmente na fase obscura de seu elemento) que preferem fazer da *junk food* de restaurantes *fast food* o aspecto principal de sua dieta, ignorando deliberadamente o tempo todo o prejuízo que tal regime causa à sua saúde. Como resultado, muitas pessoas terra têm sobrepeso ou sofrem de condições relacionadas ao peso, com tendência a ganhar peso rápido enquanto demoram muito tempo para perdê-lo.

Sempre que penso em pessoas terra que escolham agir principalmente a partir de seu lado obscuro (por qualquer razão), lembro-me do glutão, o membro mais raro da família dos Mustelídeos, um animal conhecido por sua tenacidade e pela determinação com que defende com agressividade sua liberdade. Eles são encontrados em florestas altas e regiões alpinas, apreciando uma vida de solidão e isolamento. Glutões são hábeis escaladores de árvores e comerão de tudo, de frutas a carniça. Seu nome latino é *Gulo gulo*, que significa "glutão". Todos os membros da família dos Mustelídeos têm grande apetite. O glutão não é exceção. Eles protegem seu esconderijo marcando-o com um odor almiscarado imediatamente reconhecido por outros carnívoros. Com uma constituição atarracada, o feroz glutão, parecido com um cão, protege vigorosamente seu território contra intrusos. Quando um glutão identifica uma fonte regular de alimento (mesmo quando acontece apenas uma vez ao ano), visitará essa fonte repetidas vezes até que os recursos se esgotem. Um glutão que descobre um canteiro de frutas vermelhas, uma desova de salmão ou uma ninhada de alce, por exemplo, e retorna todos os anos, é provável que fique bem alimentado. Nomes como "urso do diabo", "demônio do norte" e "o diabo" ajudaram a confirmar a reputação malévola do glutão como um carniceiro determinado. Os glutões são completamente intolerantes em relação a humanos... e a lobos. Eles dependem unicamente da vastidão para sua sobrevivência e tudo o que ameaça aquele modo de vida cria caos em seu mundo. Sensível à invasão de estradas, trilhas, atividades agrícolas, desmatamento, exploração de petróleo e gás e atividades recreativas básicas, o glutão fêmea é conhecido por deslocar sua toca a cinco quilômetros após ser incomodado com apenas uma passagem de um único esquiador.

Para atrair as qualidades empáticas e positivas do elemento terra, as pessoas terra devem observar a energia que pode emergir por meio da dança ritualística, da percussão rítmica e do transe evocando cânticos e mantras. Elas devem passar um tempo sozinhas na mata e se conectar com a energia antiga que é a Mãe-Terra, explorando cavernas, fazendo trilhas e acampando na floresta. Muitos se beneficiam pessoalmente buscando o conselho de um idoso respeitado ou sendo aprendiz de um Sábio ou Professor de Medicina. Pessoas terra precisam sujar as mãos, projetando e plantando uma horta ou canteiro de ervas. Muitos costumam levar as coisas além, estudando naturopatia ou fitoterapia medicinal ou esotérica. As cores dominantes associadas ao elemento terra lembram a própria Mãe-Terra e aquelas inspiradas pelas montanhas, florestas e vales: ocre, vermelho-sangue, mostarda, ferrugem ou laranja-queimado, marrom e castanho-avermelhado, verde-oliva e branco (por ser a cor da neve). Dessa forma, pode ser terapêutico para a pessoa vestir essas cores devido às suas características terrenas e práticas e de suas implicações estimulantes e quentes.

Uma visualização guiada que explora o elemento terra

Vá para um local confortável em que você sabe que não será interrompido. Se possível, encontre um lugar na natureza. Sente-se com as costas apoiadas no tronco de uma árvore, numa rocha reta ou num cepo musguento. Sente-se com a intenção de fortalecer seu elo com a Mãe-Terra. Você pode se enrolar em um cobertor, se quiser, pois é normal a temperatura corporal cair assim que você entrar cada vez mais em silêncio profundo. Acalme sua mente consciente e se esforce para calar seu diálogo interior. Espere o momento em que você se sentir intuitivamente predisposto a abrir sua consciência aos Outros Reinos. Seu subconsciente deve estar receptivo e alerta, conversando com seu consciente. Deixe as visões e imagens simbólicas flutuarem em sua mente. Mantenha o foco dentro de si. Deixe todos os pensamentos apenas passarem. Quando você se vir envolvido em um pensamento consciente exterior, respire fundo e leve-se de volta ao seu centro.

Agora você está pronto para começar.

Visualize-se de pé em um campo aberto. De onde você está é possível ter duas visões muito diferentes. À direita há um caminho que leva até a um pico de montanha íngreme e à esquerda há um caminho que leva a um vale profundo. O local onde você está é, na verdade, a intersecção entre tempo e realidade, um ponto misturado de realidade e "os Outros Mundos", do físico e do místico. É onde o milagre pode ser encontrado no silêncio.

Visualize-se tomando o caminho da esquerda, que leva ao vale profundo. O caminho o leva para o Sul, o lugar de maior escuridão. Quando viajamos para o Sul, devemos aprender a pesar e mensurar nosso crescimento e progresso para ultrapassarmos nossos limites físicos e evoluir. É no Sul, a direção regida pelo elemento terra, que colocamos em prática o conhecimento que acumulamos, bem como recebemos sabedoria mais profunda. Combinamos sabedoria sagrada com sabedoria prática para intensificar nossa jornada. Estamos trilhando o caminho daquele que atingiu a idade avançada – o idoso sábio – o guardião da sabedoria do povo.

É meia-noite e o inverno está sobre você. A montanha acima do vale está com uma neve espessa, mas, no vale, o orvalho pinga das sequoias e dos carvalhos gigantes e o ar gélido está denso por causa da névoa. De onde você está, é difícil notar as hortas e os viveiros que preenchem o vale, muito menos as florestas adjacentes, fazendas e os campos com cereais, aveia, arroz, centeio e trigo, por causa da escuridão, mas as luzes das janelas da cabana brilham em meio à nevoa parecida com cristais cor de mel.

Bóreas, o vento norte que nasce da escuridão do inverno, sibilando pelas árvores, gelando até o coração mais quente, proclamando a morte das formas de pensar ultrapassadas, dos velhos hábitos e das coisas que não são mais necessárias na preparação para o novo nascimento e o recrescimento da primavera. Você caminha até chegar a um grande círculo de pedras cobertas de hera. Esse é um local sagrado, um lugar de conhecimento consagrado, ensinamento e aprendizado, de ritual e verdade. É um lugar dos ancestrais.

À medida que você caminha para o centro do círculo de pedras coberto de musgos, você sente o chão tremer e, bem na sua frente, a terra racha e se abre, revelando uma fenda profunda que leva a uma grande mina de ouro. O som de marteladas e vozes gritando orientações emerge do desfiladeiro, montando em nuvens grandes de poeira e ar quente. Você olha para baixo, para o buraco aberto e questiona o que pode haver lá. Você ouve um som atrás de si e você se vira para ver uma mulher em cavalo branco com olhos tão verdes quanto peridotos perto de uma criatura esquisita, que parecer ser metade homem e metade bode. Ele tem o tronco de um homem, mas pernas peludas e cascos rachados de um bode, com dois pequenos chifres saindo de sua testa e uma barba peluda no queixo. Ele percebe que você o encara e se apresenta como Pã, o deus das florestas e dos animais domésticos. Ele é uma divindade da terra que representa tudo o que é masculino. A moça montada no cavalo agora fala e o informa que é Rhiannon, a protetora dos animais e, como Pã, uma divindade da terra, mas que representa tudo o que é feminino. Ela desce do cavalo e o oferece a você. Você aceita, sabendo que com o convite há a expectativa de que você deve entrar no desfiladeiro e explorar suas profundezas. Você olha hesitante para o buraco novamente e volta o olhar para Rhiannon e Pã, mas eles não estão mais lá. O cavalo fala, garantindo-lhe que a essência deles viajará com você, protegendo-o do mal.

    Você ouve o som de tambores, a batida do coração da Mãe-Terra, assim que começa a descer para o ponto mais baixo. Para sua surpresa, um caminho está preparado, tornando sua jornada mais fácil. Além disso, você percebe que com o presente do cavalo vem um novo figurino. Sua vestimenta consiste de uma túnica de veludo verde com acabamento dourado e calças marrons. Em sua cabeça há um gorro preto com uma pena roxa de pavão. Você está vestido com cores que representam o elemento terra e foi presenteando com tais roupas para que fosse bem recebido pelas criaturas espirituais que residem dentro do desfiladeiro. Três seres se aproximam de você, em agradecimento. Eles estão vestidos com túnicas verde-oliva e calças em tom ocre. Eles também usam gorros pretos na cabeça, mas sem penas. Seus rostos estão cobertos de fuligem, pois estavam trabalhando na mina em busca de ouro, carbono, ferro e chumbo. Eles esticam as mãos e você percebe que um deles está carregando um pentagrama de ouro, outro, um saquinho com sal, e o terceiro, um punhado de pedras preciosas (rubis, esmeraldas e diamantes). Eles são gnomos, espíritos elementais da Terra, enviados por Ariel (Uriel), arcanjo da Terra, guardião da sabedoria sagrada, Ghob, servo de Ariel e guia de todas as jornadas terrenas, e Agla, o rei elemental da Terra. Seu mundo é fértil, úmido e nutrido, estável e sólido. A gravidade é uma manifestação do elemento terra. É feminina e de natureza receptiva, preenchida com a promessa de prosperidade desde que alguém esteja preparado para usar suas energias para o crescimento material. Os gnomos o convidam a entrar em seu mundo e compartilhar seus segredos. Eles se viram e cada um monta um pônei que até então estavam longe de seu ângulo de visão. Um pônei é preto, o segundo é castanho e o terceiro é dourado. Com seu corcel branco, você percebe que as quatro cores da roda da medicina foram exaltadas e você iniciou uma jornada sagrada de aprendizado. Todos viram e trotam em um ritmo constante em direção à escuridão do coração da Mãe-Terra – o útero de toda Criação.

    A primeira coisa que você nota é que o som de batidas que ouvira antes diminuiu até se tornar um ritmo constante e métrico, que tem um efeito muito tranquilizador e seguro sobre você. Eles o levam por grandes cavernas arejadas, cânions cheios de água, abismos de fogo, bosques suntuosamente verdes, viveiros folhosos, parques varridos pelo vento, minas úmidas e buracos repletos de lava e montanhas subterrâneas. Você percebe que todos os espíritos elementais encontram refúgio ali, a Terra é a mãe de todos e sem ela os outros elementos não existiriam; eles não teriam base, nem propósito, tampouco estabilidade.

Os aromas de mirra, artemísia e patchouli enchem suas narinas e você percebe que essas ervas crescem de maneira selvagem lá. São ervas sagradas para a Terra que carregam consigo as energias vibracionais de abundância, materialismo e prosperidade.

Os gnomos o levam para uma grande caverna forrada de jade que está decorada para um banquete. No centro da sala há uma mesa de carvalho maciça coberta com veludo vermelho com pratos de ônix e tigelas de barro espalhadas cheias de cogumelo, líquen, nozes e raízes. A carne é assada em um espeto sobre uma enorme fogueira e chifres de veado e de touro decoram as paredes. Um cachorro e um texugo rastejam sob a mesa, esperando que qualquer petisco caia dos garfos dos convidados famintos. O chão está coberto de camadas de confrei e pele de bisão e o ar está espesso com a fumaça de muitos incensos de benjoim queimando.

As paredes, decoradas com obras de arte com imagens de várias formas de estudos xamânicos, tendas do suor, pessoas fazendo caminhadas nas florestas, trilhas nas montanhas e explorando cavernas parecem falar com você em um nível vibracional. Suas qualidades espirituais parecem ressoar em você e, enquanto você observa, elas começam a se debater e palpitar, como se estivessem vivas e pulsassem força vital. O banquete é interrompido e os cães começam a uivar. Rhiannon e Pã entram na sala e parece que querem falar. Eles lhe dão boas-vindas à sua casa e começam a falar. Eles falam com uma voz monótona sobre diversas coisas: sabedoria, natureza prática, símbolos, cerimônia, paciência, responsabilidade, códigos e autoridade.

Agora, os gnomos o encaram e, pela primeira vez, falam. Eles falam uma língua não muito diferente do inglês e que é prazerosa de ouvir. Falam da necessidade de respeitar o corpo, o crescimento e os modos naturais das coisas. Falam também de ganho material, riqueza, dinheiro e prosperidade. Eles falam ainda de estruturas, questões a resolver, indústria e negócios, de sabedoria, fertilidade e emprego, de estabilidade, cura e posses e da necessidade de combinar isso tudo com as forças da natureza para intensificar seu poder e recompensa – os dons que a Mãe-Terra destinou a cada um de nós por igual. Eles lhe mostram como exemplo, enquanto abrem os braços em arco, como o simples trabalho duro, a determinação, a obstinação e a paixão podem resultar em recompensa pessoal, abundância material, bem como segurança emocional e força espiritual. Com isso, os gnomos o levam de volta para o caminho que o trouxe para a sala e de volta à superfície. Eles o deixam no círculo de pedra e retornam ao seu mundo terreno puxando o cavalo branco. Você se sente poderoso e simbolicamente mais rico por causa de suas experiências.

Faça uma oração silenciosa para o Espírito por um motivo sagrado para você e dê graças, inspirando três vezes pelo nariz e expirando pela boca. Retorne ao espaço físico no qual está sentado.

Medicina tradicional chinesa: Pessoa terra/baço

De acordo com os ensinamentos da medicina tradicional chinesa, as Crianças Inverno, por serem "pessoas baço", têm sua mente, corpo e sistemas energéticos centralizados no elemento terra.

A pessoa baço tem seu foco dominante na digestão e na nutrição, seja ela a digestão da experiência e ser nutrida por isso, a nutrição corporal por meio do sistema hormonal ou o processo físico da digestão, que alimenta o corpo. No nível corporal, quando essa relação é compreendida e a pessoa baço trabalha em harmonia com seu elemento, um maior nível de bem-estar para os tecidos relacionados ao baço é alcançado, de acordo com os ensinamentos da medicina tradicional chinesa: sistemas hormonal e digestivo bem dispostos, sangue saudável, carne flexível, braços e pernas bem constituídos, boca generosa e lábios grossos e sensuais (a boca é o local por onde o alimento é transportado para o corpo). Pessoas com o Qi dinâmico em terra costumam ser descritas como justas, cuidadosas e compreensivas. Elas adoram receber os amigos para jantar, sentindo prazer tanto na preparação da comida quanto em seu consumo.

No entanto, quando desequilibradas com seu elemento, a pessoa baço desenvolve sinais óbvios de fadiga, exaustão e "preguiça" geral. Elas também sofrem de diarreia, flatulência e inchaço, obesidade, edema (retenção de líquido), neoplasias, dores incômodas, tumores benignos e cistos, problemas hormonais, arrepios, "umidade", produção excessiva de muco (em especial, nos pulmões e seios nasais), suor excessivo e pele úmida, alergias e intolerância a alimentos, desordens alimentares, azia e problemas digestivos. Problemas mais graves podem incluir períodos menstruais intensos (menorragia) e outros desconfortos menstruais, cistos no ovário, endometriose, candidíase, infertilidade, diabetes, desordens relacionadas à produção de muco, asma "úmida", pensamentos obsessivos e estresse. Em geral, a pessoa baço se desequilibra por causa do excesso de alimentação. Amantes de comida e bebida, um exagero no consumo de alimentos com níveis elevados de açúcar, sal, conservantes ou corantes, bem como de alimentos processados e congelados fará com que a pessoa baço sofra. Longos períodos de indolência ou viver em ambientes frios ou casas úmidas também podem agravar o problema, assim como ter uma vida sedentária.

Quando as pessoas têm *Qi* terra fraco, podem ser curiosas e incansáveis que geralmente trabalham ou estudam até tarde da noite, em especial quando leem, fazem pesquisas, preparam-se para um teste ou outro trabalho acadêmico. Quando forçam seus limites, tendem a se tornar confusas, fracas, distraídas e incoerentes. Reduzir o consumo de alimentos congelados, crus e laticínios parece beneficiar aqueles que sofrem de *Qi* terra fraco. Em vez disso, devem incluir alimentos quentes e cereais em sua dieta – conhecidos por serem estabilizadores e calmantes, enquanto doces com açúcares processados devem ser substituídos por cereais, vegetais e frutas de sabor adocicado. Pessoas com *Qi* terra baixo são propensas à deficiência do baço, portanto impulsionar a energia do baço deve ser considerado prioridade. De acordo com a medicina tradicional chinesa, o baço é relativo à estrutura e ao processo de digestão – tanto a digestão de alimentos quanto a de experiências. Para auxiliar na restauração da digestão e na circulação adequada de fluidos, as cores amarela e laranja são curativas. Contudo, é uma simples regra prática que prescreve o consumo de alimentos amarelos e laranjas: morangas, abóboras, laranjas, limão e gengibre, por exemplo.

Pessoas baço devem evitar consumir alimentos frios e úmidos, crus ou congelados, doces e laticínios. Além disso, devem evitar comidas processadas, escolhendo alimentos quentes que são facilmente digeridos, como sopas, guisados e mingau de arroz. Abóbora japonesa cozida, por exemplo, além de cenoura, batata-doce, nabo, alho-poró, cebola, moranga, arroz bem cozido e aveia são alimentos que devem ser consumidos, assim como manteiga, pêssegos cozidos, cerejas ou morangos, figos secos, pudins, araruta, cardamomo, gengibre, canela, noz-moscada e pimenta-do-reino. Adoçantes, como mel, melaço, açúcar, xarope de farelo de arroz, malte de cevada e xarope de boldo devem ser consumidos apenas em quantidades moderadas, enquanto pequenas porções de frango, peru, carneiro, carne vermelha e anchovas são indicadas, em especial quando preparadas como caldos ou sopas. Saladas, frutas cítricas e seu suco, sal em excesso, tofu, cereais crus, painço, trigo sarraceno, leite, queijo, algas marinhas, ágar-ágar, alimentos líquidos e excessivamente doces devem ser evitados, enquanto temperos quentes são considerados benéficos: gengibre, por exemplo, e pequenas quantidades das pimentas do reino e malagueta. Sopa de beterraba com um toque de pimenta-do-reino (mais conhecida como *borscht*) é excelente.

A exemplo das Crianças Natureza e Pacificadoras, afirma-se que Crianças Inverno também podem aumentar muito sua força vital por meio da prática de Qigong e do Tai Chi e adotar os benefícios da acupuntura e do Hatha Yoga. Qigong refere-se à combinação de "*Qi*" (ar, respiração, energia e força vitais) e "gong", o domínio do autocontrole e da realização. Incorpora meditação, relaxamento, movimentos físicos, integração mente/corpo e diversos exercícios respiratórios. A acupuntura está profundamente fundamentada na crença de que a doença é causada por um desequilíbrio no sistema energético do corpo. Afirma-se que ela restabelece a harmonia por meio do equilíbrio do yin e yang corporais. A acupuntura envolve a inserção indolor de agulhas finas nos meridianos do corpo ou canais energéticos (com os nomes dos órgãos que representam) para desobstruir o *Qi* bloqueado, liberando o fluxo energético pelo corpo. O Hatha Yoga prega a integração do corpo e da mente por meio de exercícios, meditação, respiração concentrada, atitudes saudáveis e postura significativa, enquanto o Tai Chi nos oferece o conhecimento de uma antiga arte de movimento chinesa. Afirma-se que foi criada como uma forma de arte marcial que inspira a autodefesa enfatizando o silêncio, o equilíbrio interior e a autodisciplina. Atualmente, os movimentos fluidos são praticados como uma forma holística de exercício que visa melhorar a flexibilidade, a postura corporal e o equilíbrio, bem como nos levar de volta ao nosso local inato de conhecimento e poder antigos. Uma erva chinesa conhecida por intensificar o *Qi* do baço é a dong quai, uma erva usada também para tratar problemas ginecológicos e fortalecer o coração, o fígado e os rins e como um tônico para o sangue.

Exercícios físicos regulares e constantes, como caminhada, natação, ciclismo e esportes de baixo impacto ou recreativos, como pesca no mar com pranchas de surfe, e trilhas a cavalo ou a pé são conhecidos por fortalecer o elemento terra, assim como uma meditação diária sentado e com disciplina. Alega-se que a meditação conecta mente e corpo com o aspecto espiritual do eu, bem como nosso lado criativo e as habilidades curativas inerentes que existem dentro de todos nós e, como tal, é uma maneira eficaz de impulsionar o *Qi* terra esgotado.

Ayurveda: Energia da terra e da água/Kapha

Kapha é a força de equilíbrio entre água e terra. Representa composição e lubrificação. É a mistura e o elemento de ligação que ajuda a manter a água e a terra separadas. Quando a terra e a água são misturadas e, assim, deixadas por conta própria, a terra afundará aos poucos, extraindo-se a partir da água. Kapha é a força que evita que isso aconteça. Ela une os elementos, proporcionando assim estrutura física e resistência. A água é o ingrediente principal do Kapha; um componente vital fisiologicamente necessário para garantir o poder biológico e a vitalidade do tecido natural. "Oleoso" por natureza, afirma-se que Kapha lubrifica as articulações, hidrata a pele, cura feridas, preenche "lacunas" no corpo, proporciona força biológica, vigor e resistência, aumenta a memória e dá energia extra para o coração e os pulmões, enquanto ajuda a manter a boa saúde e a imunidade.

As pessoas Kapha são, em geral, mais relaxadas do que outras pessoas, com uma atitude tranquila, despreocupada em relação à maioria das coisas. Elas são convincentes e dedicadas aos amigos e à família e generosas, compreensivas e permissivas como pais. Em geral, são constantes, seguras e leais e levam a vida de maneira serena, calma e descomplicada. Elas são dóceis, lentas e encantadoras. Falam com uma inflexão prolongada, o que indica uma mente metódica e reflexiva. Cheias de energia, equilibradas e persistentes, pessoas Kapha são, em geral, fisicamente poderosas e apresentam constituição física forte e atarracada. Possuem grande apetite, sistema digestivo lento e predisposição à obesidade. As pessoas Kapha têm tendência a sofrer de surtos graves e pesados de depressão. São pacientes e não ficam bravas com facilidade. Desempenham em geral a função de "rochas" seguras para quem está ao seu redor. Parecem ser mais independentes, com menor necessidade de motivação externa do que os outros tipos. Demora muito tempo para que as pessoas Kapha aprendam novas habilidades, mas, uma vez dominadas, nunca as esquecem. Possuem uma memória de longo prazo, o que pode ser irritante quando as pessoas devem dinheiro a elas ou quando chega a hora de pedirem favores. Pessoas Kapha podem ser possessivas em relação a pessoas, lugares e coisas, especialmente dinheiro. Elas têm potencial para ser ricas. Uma vez tendo encontrado uma maneira de ganhar dinheiro, hesitam em abrir mão dela. As pessoas Kapha costumam apresentar saúde excelente e raramente adoecem, porém não gostam de clima frio e úmido porque, quando adoecem, sofrem de resfriados e congestão, sinusites, problemas respiratórios, incluindo asma e respiração ofegante, rinite alérgica, alergias e arteriosclerose (endurecimento das artérias).

O conceito para a energia Kapha é reconhecer a confiabilidade, estabilidade, compaixão e habilidade de estimularem a si e aos outros. Varie sua programação alterando com frequência sua rotina. Lembre-se que variedade é o tempero da vida. Nunca as deixe comer excessivamente e as incentive a participar de atividades físicas regulares (pelo menos para ajudar no controle de peso) e se associar a pessoas, lugares e coisas que estimulam sua mente. *Hobbies* são ótimos, em especial quando oferecem uma variedade de experiências que intensifiquem o momento de lazer. Pessoas Kapha precisam preservar o calor do corpo ao mesmo tempo em que permanecem conscientes de seu nível de desidratação e sua ingestão de doces. Erva-campeira e mel silvestre são conhecidos por acalmarem a energia Kapha, enquanto os óleos de aromaterapia que suavizam o excesso de energia Kapha incluem os aromas quentes e apimentados de zimbro, eucalipto, cânfora, cravo-da-índia e manjerona.

Quanto à dieta, concentre-a em alimentos amargos, picantes e adstringentes, leves e quentes, secos e estimulantes, enquanto evita aqueles cozidos em muita água, gordurosos ou amanteigados e açucarados. Coma muita maçã, damasco, cranberries, manga, pêssego, pera e romã, vegetais em geral, saladas, alimentos leves e secos, ervas e temperos, como pimenta-do-reino, cardamomo, canela, cravo-da-índia, coentro, cominho, alho, gengibre, erva-doce e noz-moscada; mel natural, pequenas porções de frango, coelho, frutos do mar, carne de veado e ovos, leite de cabra, manteiga ghee, chá-preto e café. Reduza ou evite doces, alimentos ácidos ou salgados, congelados ou fritos, gordurosos, laticínios, cereais, batatas, tomates, castanha d'água, frutas e sucos doces, ácidos ou suculentos demais, carne vermelha, legumes, nozes e sementes, óleos e gorduras, açúcar, doces e sal.

Homeopatia

Os remédios homeopáticos listados a seguir podem ser benéficos para auxiliar no equilíbrio da constituição da Criança Inverno:

- Arsenicum album
- Baryta carbonica
- Calcarea carbonica
- Calcarea phosphorica
- Carcinosinum
- Ferrum metallicum
- Natrum muriaticum
- Syphinilum
- Thuya

Para uma explicação mais detalhada sobre esses remédios homeopáticos sugeridos, por favor consulte a seção ao final deste livro dedicada à homeopatia e sua história, bem como a tabela com observações sobre cada remédio.

Outro conselho

Para inspirar a crença em seu potencial e os instintos criativos de sua Criança Inverno, organize uma visita a uma escola de artes dramáticas e explore o mundo do teatro, da dança e da música. Visite um teatro, uma ópera, um museu de artes ou, como alternativa, pesquise as belas artes: pintura, desenho, escultura, texturas e moda. Visite uma galeria, uma casa de alta costura bem conceituada ou a biblioteca, a Internet ou as muitas revistas que estão atualmente disponíveis no mercado como motivação. Contanto que tenham motivo para acreditarem em si, as Crianças Inverno ficam bem motivadas e compelidas a fazer algo de suas vidas. *Hobbies* que levam a carreiras são os melhores, pois é mais provável que continuem a tarefa concentradas em seu objetivo. Atividades objetivas, práticas e manuais são ideais, pois estimulam a mente e oferecem um senso imediato de realização.

Crianças Inverno representam o grosso da sociedade; as pessoas comuns; o "sal da terra"; os homens, as mulheres e as crianças do cotidiano que se destacam em trabalhos práticos e manuais, trabalhando com as mãos, na natureza ou na terra. São aqueles mais prováveis a se tornarem aprendizes de mecânicos, eletricistas, encanadores, carpinteiros, pedreiros e jardineiros (embora, obviamente, os outros tipos também se destaquem). Podem ser excelentes fazendeiros, jardineiros, orquidófilos, horticultores, floricultores e "cirurgiões de árvores", por causa do componente terreno que esses empregos proporcionam, bem como arquitetos, designers gráficos e qualquer trabalho que envolva computadores e programação de computador – campos que os fazem se sentir necessários, ao mesmo tempo em que recorrem à sua mentalidade mais prática e ao seu desejo por realizar, proteger e prover aqueles que amam. Com esse instinto em mente, as Crianças Inverno também podem ser clínicos gerais ou médicos sensatos, confiáveis, práticos e trabalhadores que dedicam seu tempo ao pronto-socorro de grandes hospitais. Eles se destacam porque permanecem calmos e tranquilos, cuidadosos e eficientes em uma crise.

Sem medo de trabalho honesto, as Crianças Inverno adoram a ideia de viver em uma fazenda ou no campo. O pensamento de retornar a um estilo de vida autossuficiente, por exemplo, é ao mesmo tempo intrigante e estimulante. Isso remete ao seu desejo de prover as pessoas e de se sentirem estimados pelo que fazem. Isso também lhes dá a oportunidade de criar animais (algo que elas adoram fazer), mas de uma maneira que seja ao mesmo tempo prática e produtiva. O pensamento de criar animais agrada à Criança Inverno, mas, em razão de sua abordagem sensível em relação à vida, os animais precisam ter um propósito e sustentá-los de alguma forma. Em geral, as Crianças Inverno não têm interesse em criar animais por criá-los. No entanto, criar trutas, frangos, patos, gansos, coelhos, cabras, gado bovino, porcos e ovelhas torna-se uma opção viável quando eles cogitam a possibilidade de ganhar algum dinheiro com a venda da produção que eles criam. O conceito de fornecer ovos, leite, creme de leite, manteiga, iogurte, carne, grãos, frutas e vegetais para o próprio consumo (sem mencionar a lã, as penas e outros produtos que um estilo de vida autossuficiente produz) empolga muito a Criança Inverno, com a permacultura instigando uma investigação mais profunda por causa de sua política "sem escavação" e sua doutrina de cuidados com o planeta. Elas também gostam de criar furões, em especial quando os animais são criados para o trabalho e usados para espantar coelhos selvagens de suas coelheiras. As Crianças Inverno também adoram criar animais de raça e exibi-los em exposições, colecionando prêmios e melhorando as linhagens dos animas criados; animais como cães, gatos, coelhos, aves domésticas, ovelhas e gado bovino estão entre os preferidos. Voluntariar-se em centros de resgate de animais, lares para cães e gatos perdidos e currais locais não apenas dá à Criança Inverno acesso aos animais que adoram de uma maneira útil, mas também agradam seu ego dando a elas uma função respeitada de responsabilidade, dessa forma, aumentando sua autoestima e senso de valor.

As Crianças Inverno adoram fazer artesanatos tradicionais e úteis, técnicas que há muito tempo foram esquecidas por muitas crianças de hoje. Trabalhos como confecção de cestas e tapeçaria, por exemplo, trabalhos com tranças e nós (como *macramé*, entre outros), tricô, crochê, fiação, costura e colchas de retalhos não foram apenas considerados práticos e essenciais para a vida cotidiana, como também davam habilidades que formavam os fundamentos valiosos para um grande número de oportunidades profissionais. As Crianças Inverno reagem bem ao serem incluídas na preparação da refeição da noite, do bolo ou da fornada de biscoitos. Particularmente, elas gostam de pesar os ingredientes, repetir a receita e lamber a colher usada no preparo. Ler ou assistir a um jogo de futebol ou críquete na televisão, jogar cartas ou jogos de tabuleiro (sozinhas ou com outros jogadores), construir torres com blocos de montar, criar o robô perfeito com seu kit de construção, montar "fazendas" ou "zoológicos" com seus animais de plástico, vestir bonecas ou viajar em seus carros, aeromodelos, navios, carros de corrida e trens, vestir-se ou tomar chá com seus conjuntos de chá enquanto brincam na casa da árvore ou casinha de bonecas são os passatempos favoritos da Criança Inverno comuns. Para elas, as coisas simples da vida são, em geral, as melhores. À medida que crescerem, incentive-as a entrar para uma banda, em especial as mais tradicionais fanfarras, bandas marciais ou de gaitas de fole. As qualidades consagradas dessas companhias agradarão muito a nostálgica Criança Inverno. Atividades incentivadoras que levam a Criança Inverno para o ar livre (longe de computadores, videogames e televisão) são essenciais e muito provavelmente as agradarão se forem mais recreativas e em meio à natureza e que não exijam muito esforço físico: mergulho na lagoa, caça a insetos, observação de pássaros, jardinagem e cultura de minhocas atrairão uma reação positiva.

A seguir, apresentamos uma lista de cristais e mineiras repletos de energia que ajudarão a Criança Inverno em seus esforços mais práticos, sólidos e pragmáticos. Faça com que carreguem seus cristais em um patuá ao redor do pescoço, no bolso ou, como alternativa, na meia ou no sutiã. A pirita, por exemplo, é uma pedra que protege contra a negatividade. É uma proteção poderosa e um escudo. A pirita proporciona a boa saúde, concentra o intelecto e aumenta o bem-estar espiritual. A malaquita é uma pedra de transformação que ajuda na evolução espiritual, proporcionando, ao mesmo tempo, equilíbrio e igualdade em relação à natureza. A malaquita representa a fidelidade, a lealdade e a amizade. É boa para os negócios, pois promove praticidade e responsabilidade. Uma pedra de abundância, a malaquita é, literalmente, a cor do dinheiro. Ela costuma ser cara, portanto adere ao princípio de "gastar dinheiro para ganhar dinheiro". A cornalina, uma pedra inspiradora, estimula a aptidão analítica e a precisão. Ela fomenta o discernimento, a destreza e os dons inatos de poder de uma pessoa. A cornalina protege contra a inveja, o medo, a raiva e ajuda a eliminar a aflição. Ela dispersa e preguiça, a indiferença e a submissão, bem como combate a neuralgia. O citrino dissipa e transmuta a negatividade. Também conhecida como "pedra do comerciante", afirma-se que o citrino proporciona grandes lucros para o comerciante quando colocado na caixa registradora. É uma pedra de abundância, usada tanto para a criação quanto para a manutenção de riqueza. Ela também estimula a clareza mental, a concentração e a resistência. O jaspe (especialmente o marrom, o ocre e as variedades de tons avermelhados) é reverenciado como o "estimulante supremo". O jaspe nos lembra de que não devemos viver de modo egoísta neste planeta, mas que devemos pensar nos outros e fazer o que for possível para tornar suas vidas melhores. Ele nos proporciona a percepção da responsabilidade e proteção. É uma pedra de auxílio que dá força e perseverança, em especial quando a energia está baixa, ao passo que a calcita amarela, uma pedra mestre para toda a humanidade, aumenta a consciência e a valorização das forças criativas da natureza. É uma pedra excelente quando se estuda artes e ciências. A halita é ao mesmo tempo protetora e um escudo. Quando borrifada em volta do perímetro da casa de uma pessoa, por exemplo, ela cria uma fronteira energética segura na qual a energia negativa não pode penetrar. O carbono é um símbolo primário que representa o elemento terra, enquanto os diamantes ajudam a combater a covardia, revigoram e estimulam a unidade e o amor incondicional. O carbono também ajuda a dispersar a raiva, a invocar o amor e a harmonia. É uma pedra de inocência, pois inspira pureza, constância e amor. O peridoto emite uma energia quente e agradável. Ele inspira a abertura e a aceitação, o amor e o crescimento pessoal. O ferro proporciona equilíbrio mental e emocional ao mesmo tempo em que permite que a força deixe de lado as questões tradicionais e implemente novas. Ele nos ajuda e aprender com a experiência enquanto intensifica as qualidades de diplomacia. E, finalmente, o chumbo é um mineral que leva harmonia a um grupo aumentando a consciência dos objetivos e das intenções dele. Ele ajuda a extrair o melhor de si mesmo e dos outros.

A exemplo das Crianças Guerreiras, as Crianças Inverno se dariam bem ao pesquisar as filosofias do "Animismo", um caminho espiritual firme e prático que defende a crença de que todos os objetos e coisas vivas são permeadas de sabedoria, discernimento e escolha que dominam sua realidade. O Animismo é um caminho não distinto do Xamanismo, que defende a crença de que tudo é vivo, consciente e composto por uma alma, e deve ser tratado com o respeito merecido. Ele também alega que o mundo é uma comunidade de "pessoas" vivas, apenas algumas das quais são humanas. Ele retrata todas as coisas como semelhantes: os humanos, as rochas, as plantas, os animais, os pássaros, os espíritos ancestrais e assim por diante. O Animismo oferece uma "crença em espíritos", sejam eles seres místicos, paranormais, invisíveis ou ilusórios. O Animismo, como um caminho espiritual, celebra os seres para seu próprio bem, tenham ou sejam eles almas, sejam "pessoas" ou não.

Um aspecto sagrado da filosofia animista é a Caminhada Terapêutica, um meandro de intenção não visto simplesmente como uma volta na natureza, mas, sim, como uma jornada realizada com o propósito de estar em comunhão com Espírito, Criação e Mãe-Terra. Ela nos incentiva a encontrar e reverenciar o silêncio dentro de nós, de modo que possamos nos comunicar com *tudo* que é da Criação – os cristais, as pedras, as penas, as árvores, as flores, os animais, as conchas, os pássaros, os gravetos, as folhas, os insetos, o clima, os rios, os oceanos, as florestas, os desertos, os parques, os jardins e as nuvens. Espera-se que o transeunte julgue ser possível considerar as experiências e as coisas significativas que veem, ouvem, cheiram e tocam como presentes e mensagens do Espírito, integrando intencionalmente a sabedoria em sua vida. Incentive sua Criança Inverno a participar de caminhadas terapêuticas regulares, em especial quando se sentir sozinha, confusa, incompreendida ou frustrada. Você pode desejar se unir a elas na primeira vez em que se aventurarem. Enquanto caminham, façam-nas apanhar objetos que despertem sua atenção ou pareçam atraí-las. Os itens encontrados não precisam ser objetos naturais. Elas podem pensar que, após caminhar um pouco, precisam encontrar apenas cinco ou seis coisas. Nem todos os itens vão querer ir para casa com elas, então é importante que peçam permissão e esperem uma resposta. Um "sim" pode ser sentido como um frio na barriga, enquanto um "não" pode surgir como uma dor, um peso ou um determinado sentimento "negativo". À medida que caminhar, busque coisas que tenham formato, comprimento, aparência, cor ou textura incomuns. Procure coisas que sejam um pouco diferentes do comum: gravetos com musgo ou líquen crescendo neles, um pequeno cepo com fungo, uma pedra com um furo, uma concha de mexilhão com as duas metades intactas, uma pena de águia ou qualquer pena que signifique algo a você ou o esqueleto de uma folha (uma folha sem a polpa, deixando apenas uma membrana delicada). Esses são itens sagrados, pois possuem significado especial, mensagens secretas e potencial curativo. Sinais de animais ou evidências que estes passaram por uma área são símbolos que podem ter significado espiritual, emocional ou físico para você. Marcas de lagartos nas árvores, pegadas de pássaro-lira na extremidade de galhos nos caminhos; fezes de coruja (evidentes por causa dos pequenos ossos e pedaços de pele encontrados dentro dela) e de o vombate no topo rochas e cepos, além do cheiro distinto da urina da raposa são exemplos perfeitos que devem ser reconhecidos. Levando um pequeno gravador consigo você também pode registrar quaisquer sons que sentir serem importantes. Se não conseguir levar o gravador, descreva os sons em um diário. Os sons ouvidos podem incluir o cacarejo de uma Kookaburra, o assovio de um pássaro-lira ou o chamado sarcástico de um corvo. Você também pode registrar os sentimentos ou sensações imediatos que você tem quando se depara com eles. Quando a caminhada chegar ao fim e quando for receber as mensagens dos objetos encontrados, peça para seus filhos deitarem e respirarem fundo três vezes – uma para o corpo, uma para a mente e uma para o espírito. Recorde seus filhos de direcionar sua respiração e silenciar a mente. Espere até eles limparem sua mente até o ponto em que achar que eles alcançaram o ponto de harmonia interior, onde nada é importante o suficiente para perturbá-los na tarefa em andamento. Pegue cada um dos itens na sequência e os coloque sobre o estômago de seus filhos. Essa área é o centro de seu sistema energético e é de onde eles se comunicam com tudo na existência. Pergunte mentalmente aos itens por que eles se apresentaram a seu filho. Eles podem não falar com você por meio de palavras, mas uma conexão telepática pode ocorrer. Você pode receber cores, formas, uma visão, ou uma imagem semelhante a um sonho pode até se formar em sua mente ou seu filho pode receber uma resposta de uma maneira sagrada para ele. Consulte a lista a seguir para ajudá-lo a interpretar os símbolos com mais detalhes e a imprima para que sua Criança Inverno também possa ter clareza pessoal.

- **Pedra:** Registros pessoais e conhecimento antigo logo serão revelados
- **Pena:** Um sinal de confirmação e reconhecimento de uma fonte superior
- **Concha:** A Mãe-Terra está cuidando de sua criança interior e impulsionando-a em direção a coisas maiores
- **Folha:** Espere mudanças
- **Pelo:** Uma sensação de afeto e proteção é oferecida
- **Casca de árvore:** Sua aura precisa de cuidado e suas defesas estão fracas
- **Nuvem:** Confie naqueles em Espírito, considerando o que seus ancestrais sugeririam que você fizesse
- **Perfume:** Conheça seu território e estabeleça limites definidos
- **Flor:** Estão lhe oferecendo o néctar da vida, a inspiração para manifestar o que você deseja.
- **Grama:** Seu campo de opções está viçoso e fértil
- **Poça:** Todos nós somos mestres
- **Semente:** Novos começos para a semeadura são seus
- **Eucalipto:** Sentimentos de abandono
- **Caracol:** Dance a espiral sagrada que leva a um conhecimento mais profundo do eu verdadeiro e inato
- **Espinho:** Um alerta de possível obstáculo, fofoca ou amigo falso
- **Graveto:** Apoio está sendo oferecido enquanto você percorre seu caminho
- **Pássaro:** Um símbolo reconhecido da alma, pássaros nos levam para fora do mundano despertando nosso potencial
- **Mamífero:** Reconheça seus problemas, abandone-os completamente ou comprometa-se a lidar com eles mais tarde

- **Inseto:** Encontre o silêncio, a verdade e esteja em paz agora
- **Peixe:** Sua intuição é desenvolvida, suas habilidades criativas são perfeitas e sua imaginação está preparada
- **Réptil:** Ouça seus sonhos: dia e noite
- **Fungo:** É muito provável a suspeita de que você está sendo mantido na escuridão
- **Osso:** A morte representa finais; conclusão
- **Musgo:** A dormência somente é positiva se você estiver em repouso. O negativo é a redundância e a fuga
- **Lâmpada:** Depois da noite há a alvorada. Tudo será revelado no momento certo
- **Chuva:** Suas lágrimas são produtivas e purificadoras da alma
- **Cepo:** Pare de se fazer de vítima
- **Fezes de animal:** Livre-se da culpa
- **Arranhões:** Não há nada mais importante do que deixar sua marca
- **Casulo:** Você está passando por um período de transição sagrada
- **Areia:** Acredite que tudo acontece em seu tempo
- **Lama:** Você está sendo lembrado de sua força vital sagrada e inata
- **Água:** Medite
- **Sol:** Agora é hora de se comprometer
- **Lua:** Agora é hora de reavaliar
- **Céu:** Você pode alcançar qualquer altura
- **Trovão:** Não desperdice sua energia soprando e bufando
- **Raio:** Escolha suas palavras com cuidado
- **Rio:** Abandone suas preocupações
- **Pinheiro:** Pare de desperdiçar sua energia cercando-se de "vampiros"
- **Bolota:** Confie em seu próprio conhecimento
- **Pinha:** Você oferece sabedoria e discernimento
- **Solo:** A vida é tão infecunda ou tão fértil quanto você acredita ser
- **Fronde de samambaia:** Deixe a vida se desdobrar com o tempo
- **Mudança de pele:** Abra caminho para novos começos por meio da liberação de energia

- **Casca de ovo:** Embora frágil, você agora está pronto para dar vida a uma nova ideia
- **Ovo:** Você está "grávida" com a possibilidade
- **Ninho:** Não se arrependa de nada
- **Teia de aranha:** Você realizará um sonho
- **Gelo:** Você gasta energia com ressentimento e dúvidas
- **Fogo:** Não deixe as coisas fora de alcance
- **Vento:** Barreiras, obstáculos e medos diminuem
- **Fumaça:** As ânsias de seu coração foram recebidas como mensagens pelo Espírito
- **Caverna:** Um momento de nascimento e renascimento
- **Toca:** Você não está fugindo nem descartando a responsabilidade
- **Lixo:** Poluir a Mãe-Terra é poluir sua própria vida
- **Som:** Neste momento, você depende do comportamento aprendido, da crença doutrinada e de padrões cíclicos
- **Três raízes:** O que você está escondendo?
- **Três troncos de árvore:** Estabeleça objetivos realistas
- **Três galhos:** Nunca há resposta correta
- **Colmeia:** Sua dedicação valerá a pena, mas você tem de começar sozinho
- **Toco:** Uma oportunidade interrompida
- **Botão de flor:** Reapresente-se ao mundo
- **Muda:** Você instigou um novo ciclo, fase ou aspecto da vida
- **Três buracos:** Você oferece abrigo, ajuda, discernimento e cordialidade livremente
- **Névoa:** As coisas nem sempre são o que parecem
- **Neve:** Verdades emocionais mantidas em estado de paralisia
- **Carvão:** Reacenda o fogo sagrado
- **Cinza:** Fim de um ciclo
- **Rastros:** Encontrando um caminho ou propósito de vida espiritual

Criança Natureza

Capítulo 3

Totem: Macaco-esquilo
Características principais:
Ativista/Oradora/Romântica

Os macacos-esquilo são criaturas muito tranquilas e arborícolas. O futuro do macaco-esquilo está ameaçado por causa da destruição do hábitat pelo desmatamento e pela invasão agrícola. Os macacos-esquilo se alimentam de insetos, pequenos pássaros, sementes e frutas. Eles têm pelagem espessa e de coloração alaranjada, mas quase não têm pelos ao redor do focinho, que é preto. O pelo na sua cabeça é escuro, assim como a ponta do rabo. Eles são, de fato, macacos bonitos. Os machos são maiores do que as fêmeas. Macacos-esquilo habitam as florestas tropicais da América do Sul, mas também são encontrados em áreas cultivadas, principalmente próximos à água. Eles andam em grupos de espécies misturadas, em geral associando-se aos macacos-capuchinho. Os macacos-esquilo iniciam a comunicação quando seguem os capuchinhos, que os ajudam a encontrar alimentos com mais eficiência.

Pessoas macaco-esquilo são calmas e pacíficas. Elas são tranquilas, tolerantes e objetivas em sua abordagem em relação à vida. São amigas confiáveis e têm modos gentis. Como regra, pessoas macaco-esquilo são engraçadas, piedosas e carinhosas. Reticentes por natureza, no entanto, muitas são submissas, atenciosas e extremamente adaptáveis. Têm olhos grandes e inocentes que cativam e seduzem. Elas são emotivas e apaixonadas, apresentando-se em geral como comunicativas, animadas e divertidas, ou reservadas, silenciosas e cuidadosas. Elas escolhem ser uma coisa ou outra, raramente alternando entre as duas. Muitas vezes diagnosticadas erroneamente como autistas quando pequenas, os tipos mais reticentes encararão estranhos. Elas não querem ser rudes, mas preferem se comunicar por telepatia. Descontraídas e acolhedoras e, por serem aparentemente serenas e estáveis, a maioria é estável o suficiente para liderar de maneira eficaz quando exigido. Pessoas macaco-esquilo negociam bem, são confiáveis em sua essência e pacíficas de coração. Elas são parceiras seguras e sociáveis, agradáveis, bem como colegas de trabalho cordiais e cooperativos e vizinhos inofensivos.

Assim como todos, as pessoas macaco-esquilo têm um lado negro. Elas podem aparentar apatia num primeiro encontro, por exemplo, por causa de seu hábito de se separarem de questões emocionais para disfarçar medo, apreensão e falta de amor próprio. Elas podem se apresentar como introvertidas e indiferentes. Como muitas vezes elas emanam um ar de indiferença, podem ser descritas (até por aqueles que são íntimos) como desinteressadas, desatentas ou teimosas e reservadas. Quando elas permitem que seu lado sombrio comande, as pessoas macaco-esquilo podem ser más ouvintes que suplicam atenção. Quando estão em seu lado sombrio, as pessoas macaco-esquilo são apenas espectadores que desdenham mudança, demonstrando muitas vezes um ar cínico, crítico e desanimador. Embora anseiem por conhecer a confiança e aceitação incondicionais, as pessoas macaco-esquilo geralmente apresentam dificuldade em manter relacionamentos, mas têm muitos amigos e ainda mais aliados.

Conselho individual para a Criança Macaco-esquilo/Natureza

Correspondências:
Elemento esotérico: Água
Instrumentos elementais: Instrumentos de sopro com palheta, harpas e instrumentos de corda e arco (violinos, etc.)
Espíritos elementais: Ondinas, ninfas, dragões d'água, serpentes marinhas, sereias
Direção: Oeste

Cores direcionais: Azul-escuro, roxo, preto

Estação: Outono

Hora de poder: Início da noite, crepúsculo

Fase da vida simbólica na Roda da Vida: A mãe/o pai/guardião/cuidador

Locais de poder: Correntezas, rios, lagos, oceanos, praias, cachoeiras, fontes e nascentes

Signos zodiacais correspondentes ao elemento esotérico: Câncer, Escorpião e Peixes

Órgãos: Rins, bexiga

Chacras: Cardíaco (quarto)

Cores do chacra: Verde, cor-de-rosa

Cristais: Iolita (safira d'água), esmeralda, turquesa, água-marinha, obsidiana, ônix, azeviche, sodalita, jaspe, cornalina, quartzo rosa, turmalina, pérolas, topázio azul e lápis-lazúli, aventurina, jade

Totens: Macacos-esquilo, serpentes, golfinhos, coalas, peixes, focas, aves marinhas, sapos, tartarugas, lontras, ornitorrinco, cisnes, caranguejos, ursos e cavalos negros

Ervas: Mirra, salgueiro, baobá e eucalipto, camomila, algas marinhas e nenúfares

Lembro-me de quando meu filho (uma Criança Natureza) chegou chorando em casa certa tarde depois da aula, incapaz de falar sem engasgar com seu sofrimento. Seus olhos estavam vermelhos e inchados e seu cabelo estava colado à cabeça por causa do suor. Quando o acalmamos o suficiente, minha esposa perguntou a ele o que havia de errado. Entre uma nova onda de lágrimas, Kaleb tentou explicar como tentou impedir que seu amigo quebrasse os galhos de uma das árvores do jardim da escola. "Eu tentei impedi-lo" – ele disse. "Tentei dizer a ele que estava machucando o espírito da pessoa que vive na árvore, mas ele não ouviu. Ele não se importou."

Como pode ver, o desafio para a Criança Natureza em sua jornada pela vida é transformar fraqueza, medo e separação em ligação, expectativa e vitalidade de uma maneira significativa; tornar-se aquele que cuida; aquele que compreende e cultiva o arquétipo de "mãe"; aquele que proporciona vida nova e honra a sacralidade de todas as formas de vida e aquele que encontra sentido no nascimento, na criação e no cuidado de outras formas de vida. O caminho delas é o que incentiva todas as pessoas a se movimentarem com graciosidade e em harmonia com a maré e o fluxo da vida – não importa para onde vão, enfrentam as dificuldades e as oportunidades da vida com respeito igual e fluem com elas e ao seu redor, exatamente como a água. Por serem tão "unidas" à natureza, as Crianças Natureza logo encontram a paz, a segurança e a estrutura que almejam e, ao seguir seu caminho, outros também podem perceber um grau semelhante de ligação.

Exatamente como um bando de macacos-esquilo seguirão instintivamente um grupo familiar de macacos-capuchinhos na mata, as Crianças Natureza sabem inerentemente que estão aqui para seguir, observar e apaziguar as Crianças Guerreiras. As Crianças Natureza às vezes nascem em famílias com uma ou mais Crianças Guerreiras e quase imediatamente assumirão o papel de mediadores, conselheiros e porta-vozes. São aquelas mais bem qualificadas para dizer "relaxe" e "acalme-se" com pouco medo de réplica, reenviando com pressa a Criança Guerreira inflamada para um lugar de claridade e cooperação. Por sua vez, as Crianças Guerreiras dão coragem, força e autoestima às Crianças Natureza, criando um fórum para elas se expressarem e serem ouvidas.

Quando adultas e adolescentes, as Crianças Natureza geralmente se veem em relacionamentos com Crianças Guerreiras. Além de encontrarem "bad boys" ou "meninas levadas" empolgadas e ousadas, elas acreditam honestamente que podem amansá-las e ajudá-las a corrigir seus modos. As Crianças Natureza muitas vezes são netas de Crianças Pacificadoras e filhas de Crianças Inverno, e muitas terão Crianças Guerreiras como tias e tios, primos e, em alguns casos, irmãos (embora sempre haja exceções).

Apesar do fato de as Crianças Natureza serem tipicamente descritas como charmosas, ativistas orientadas por ideias, oradoras e românticas, o tipo que parece se comunicar por telepatia com amigos e familiares e aquelas que amam tanto a natureza que conversarão abertamente com espíritos da natureza e animais, elas também possuem um lado sombrio que deve ser tratado caso queiram mudar plenamente para sua fase positiva. Embora Crianças Natureza trabalhem de maneira deliberada e consistente, são controladas, ponderadas e satisfeitas com a vida, elas também parecem indiferentes, impassíveis, covardes, desanimadas e estagnadas e, como resultado, muitas são propensas a ser ou são diagnosticadas com autismo. O sucesso grande e, em alguns casos, instantâneo, foi testemunhado por cientistas médicos e pessoas laicas quando observam crianças autistas que têm a chance de nadar com golfinhos. Ninguém sabe ao certo o motivo, mas apenas estar próximo dos mamíferos marinhos parece proporcionar às crianças momentos breves de claridade quando o "domo" que as isola emocionalmente é temporariamente levantado, permitindo a elas uma breve chance de se expressarem com palavras, gargalhadas e lágrimas. Talvez seja porque eles compreendem uns aos outros. Os animais são parecidos com pessoas autistas por pensarem visualmente em vez de linguisticamente, e percebem o mundo mais como uma série de elementos não relacionados do que um todo lógico. Animais (e pessoas autistas) ficam facilmente preocupados com coisas triviais que humanos não autistas raramente notam. Por exemplo, o gado sendo conduzido por uma rampa ou um cavalo sendo montado em terreno não familiar podem se assustar com um som ou sensação não familiar, uma cor inesperada ou um movimento periférico súbito. Outros animais apresentam comportamento que pode apenas ser descrito como atenção fixa – uma característica comum em pessoas autistas, como um furão em uma gaiola forçando o trinco até abri-lo e libertar-se – algo que observei meus próprios furões, hamsters e raposas fazerem mais de uma vez. Contudo, mesmo aquelas não identificadas como autistas, todas as Crianças Natureza se "abrem" com empolgação quando veem golfinhos e baleiras em seu hábitat natural.

Para evitar seus rótulos mais negativos, as Crianças Natureza devem buscar e aderir a causas que as inspirem e energizem; causas que as ensinem a aceitar ajuda, reconhecer elogios e receber incentivo de outros; causas que dependam de seu aprendizado quanto a se comunicar e interagir com outras pessoas e, felizmente, passar tempo de qualidade na natureza, cercadas de animais. A Criança Natureza só compreenderá e aceitará seu propósito quando se empolgar com a beleza que a cerca diariamente.

Humor correspondente: fleumático

Por serem fleumáticas, as Crianças Natureza podem ser preguiçosas, ansiosas e apreensivas. Elas são famosas pela incapacidade de tomar decisões, por evitar responsabilidades e por sua determinação silenciosa. Em geral, elas são egocêntricas, introvertidas e caladas, excessivamente acomodadas e, às vezes, hipócritas. Daí a necessidade, de acordo com a filosofia que defende os Quatro Humores, de o fleumático ter a oportunidade de ser "aquecido e seco" para atingir seu potencial.

Quando em sua fase positiva, qualquer um que conheça um fleumático concordará que eles são modestos, tolerantes, calmos, estáveis, gentis e brincalhões. Eles têm vidas seguras, são compassivos e bondosos. São reservados e discretos, extremamente adaptáveis e dispostos a aceitar e lidar com o que a vida entrega.

Fleumáticos progridem com incentivo frequente e o desenvolvimento de *hobbies* interessantes e buscas pessoais. Eles se dão melhor quando recebem a confiança para deixar sua imaginação correr solta e quando lhe dão a oportunidade significativa para passar algum tempo com animais. Para o fleumático, a Mãe Natureza em toda a sua glória é estimulante e revigorante.

Elemento esotérico correspondente: Água

De acordo com os Cinco Elementos Esotéricos, as Crianças Natureza correspondem, quanto às vibrações, às energias do outono, da água e das ondinas, os espíritos elementais da água.

A água é o elemento que rege o outono por vibração, a estação de maior mudança, quando a chuva rega a terra. O outono é o período de contemplação e introspecção e de alcançar o ponto da vida em que, como mãe ou pai, parceiro ou cônjuge, refletimos sobre o significado da vida perguntando a nós mesmos: "O que é isto...?" e quando tudo o que foi plantado agora está maduro para ser colhido. O outono, por sua própria natureza, é fluente, purificador, curativo, calmante, estimulante e carinhoso. A deusa está em sua fase de maternidade e a terra prepara os frutos de nosso trabalho para a colheita. É o momento de reconhecer que o final do ciclo de crescimento se aproxima rapidamente e que tudo o que nasce deverá morrer para renascer de novo na primavera. É o período de crescimento pessoal, realização e esclarecimento em um momento em que as trevas se aproximam.

Durante o outono, nós nos vemos simbolicamente de frente para o Oeste, onde o Sol se põe. Em um nível energético, é o crepúsculo ou anoitecer. Quando estamos voltados para o Oeste, encontramo-nos na fase da vida dedicada à paternidade, quando atingimos a maturidade e percebemos que a sabedoria que buscamos é encontrada dentro de nós. O outono é feminino, receptivo, tranquilizador e introspectivo. Durante esse período, somos incentivados a explorar nossas emoções, nossos sentimentos e nossos conceitos de amor. Evidente nas qualidades daqueles nascidos sob os signos zodiacais de Câncer, Escorpião e Peixes, o outono incorpora o elemento água e, como tal, testa nossa coragem e ousadia, intuição e o subconsciente levantando questões acerca da fertilidade, do útero, da cura, da purificação, do prazer, da amizade, da parceria e de nossa felicidade imediata.

Como o outono é o período em que os animais se preparam para hibernar, nossos padrões de sono e o ritmo em que sonhamos se tornam um fator. O outono é um período excelente para investigar os planos sobrenaturais e iniciar a comunicação com os reinos dos espíritos, pois nesse momento, com sua associação com o Oeste e a Lua, os véus entre os mundos logo se tornam mais finos. O outono também é um ótimo momento para investigar o eu interior, bem como para o autoconhecimento, a autocura e o senso de segurança, compaixão e amor.

A água, há muito tempo, é considerada um símbolo das emoções, sendo purificadora e feminina em sua energia. Por toda a história do esoterismo, ela é ligada ao plano astral e com as forças intangíveis do universo. Como o elemento que rege o Oeste no Roda da Vida, a água nos incentiva a silenciar a conversa interior, a nos sentarmos em uma contemplação silenciosa e a encontrarmos as respostas que buscamos na solidão de nosso subconsciente. O silêncio é o segredo para uma compreensão mais elevada, a chave que destrava a linha de comunicação entre nosso Eu superior e o Espírito.

As pessoas água são suaves, gentis e adaptáveis, empáticas e intuitivas. Elas tendem a ser clarividentes, graciosas e doces por natureza, e pelo fato de a água ser o elemento que regula a emoção humana e os sentimentos, portanto, sua habilidade natural de perceber o que os outros estão sentindo é intensificada. Elas conversam com a natureza e os animais no íntimo, além de terem "mãos curadoras" inerentemente poderosas. São artísticas e criativas. Os tipos água são propensos a ser rechonchudos (ou possuir corpos notavelmente arredondados), a apresentar retenção de líquidos, acúmulo de muco, problemas relacionados ao catarro, formas "úmidas" de asma, infecções recorrentes na garganta, nas amígdalas e nos ouvidos, diarreia, letargia, porém, apesar de tudo, tendem a se movimentar com graça e fluidez.

As pessoas água são introspectivas, contemplativas e pensativas. Muitas vezes são acusadas de sonhar acordadas, de caír em um estado meditativo para encontrar respostas às perguntas que infestam sua mente consciente. Elas são românticas e visionárias e as mais propensas a dizer "eu tive um sonho estranhíssimo na última noite...".

Música graciosa e elegante que inspira um estilo semelhante de dança, principalmente que incorpore os sons de golfinhos, baleias, harpas, violinos e outros instrumentos de arco conectarão a Criança Natureza com a essência de seu elemento, enquanto reverencia ao mesmo tempo os espíritos da água, as ondinas e as sereias que os observam em proteção.

Uma visualização guiada que explora o elemento água

Vá para um local confortável em que você sabe que não será interrompido. Se possível, encontre um lugar na natureza. Sente-se com as costas apoiadas no tronco de uma árvore, numa rocha reta ou num cepo com musgo. Sente-se com a intenção de fortalecer seu elo com o Espírito e de recordar sua relação inerente com a Mãe-Terra. Você pode se enrolar em um cobertor, se quiser, pois é normal a temperatura corporal cair assim que você entrar cada vez mais em silêncio profundo. Acalme sua mente consciente e se esforce para calar seu diálogo interior. Espere o momento em que você intuitivamente sentir-se disposto a abrir sua consciência aos Outros Reinos. Seu subconsciente deve estar receptivo e alerta, conversando com seu consciente. Deixe as visões e imagens simbólicas flutuarem em sua mente. Mantenha o foco dentro de si. Deixe todos os pensamentos apenas passarem. Quando você se vir envolvido em um pensamento consciente exterior, respire fundo e leve-se de volta ao seu centro.

Agora você está pronto para começar

Visualize-se em uma grande planície coberta de grama, repleta das mais belas e coloridas flores selvagens. De onde você está tem duas visões muito diferentes. À sua direita há um caminho que leva até a um pico de montanha íngreme e à sua esquerda há um caminho que leva a um vale profundo. O local onde você está é, na verdade, a intersecção entre tempo e realidade, um ponto misturado de realidade e "os Outros Mundos", do físico e do místico. É onde o milagre pode ser encontrado.

Visualize-se tomando o caminho da esquerda, que leva para o vale profundo. O caminho o leva para o Oeste, o local onde o Sol se põe. Nesse momento de sua vida você atingiu um nível de maturidade que o permite valorizar as coisas em um nível muito mais profundo. Você está refletindo sobre a questão: "Isto é tudo? Esta é minha vida?". A névoa começa a preencher o vale. É o crepúsculo e o Sol está se pondo. O vale está espesso por causa das samambaias, dos salgueiros cobertos de musgo, das rosas e das gardênias. Tapetes de flores azuis e alfaces silvestres permeiam a borda de um grande lago, pontilhado com nenúfares e flores de lótus. Um córrego, alimentado pelo lago, o leva para mais longe no vale da floresta e à medida que você caminha, percebe que o solo se torna arenoso e a flora rareia, até que você se vê em uma praia com ondas cobertas de branco que arrebentam na costa. Golfinhos e focas brincam na arrebentação junto a toninhas e lontras. Gaivotas circulam sobre sua cabeça até que a chuva começa a cair. É outono. É o tempo de colheita e o ar está inquieto.

Zéfiro, o Vento Oeste, gira ao redor de sua cabeça, soprando a areia e envolvendo-o nos braços. Sereias e ninfas d'água brincam com pérolas, corais e conchas na foz do córrego alimentado pelo lago e, enquanto você se senta, cruza as pernas e repousa as mãos suavemente nos joelhos. Você fecha os olhos com o pensamento da meditação. Deixa imagens de autocura e amor flutuarem em sua mente e pede um sinal que mostre como alcançá-las. Você se torna consciente do fato de que as respostas procuradas se apresentarão nos seus sonhos. Enquanto medita, espíritos de animais começam a se apresentar para você. Um jaguar aparece e começa a explicar a arte da mudança de forma: a habilidade de mudar em todos os níveis para se adaptar a qualquer circunstância ou ambiente. Para confirmar suas palavras, ele muda de forma e se torna um urso enorme. O urso diz que é o momento de despertar da hibernação, assumir a responsabilidade por suas ações e ouvir o fundo do seu coração relacionado a alguma questão que o incomoda há algum tempo. O urso cria asas e se torna um albatroz, que levanta voo no vento e paira sobre as ondas. Ao fazer isso, o albatroz simbolicamente diz para você equilibrar suas emoções e superar as coisas e ver para onde os ventos de mudança o levarão. Você abre os olhos e percebe que na água um redemoinho começa a se formar. Você observa admirado enquanto o redemoinho aumenta, parecendo-se cada vez mais com um cone de ponta-cabeça de água em turbilhão. O líquido em espiral se aproxima da costa e, ao alcançar a areia, se divide em três colunas diferentes. Gradativamente, as três formas aquáticas contorcidas assumem forma humana, cada uma apresentando características distintas: olhos azuis/verdes, um nariz, uma boca e orelhas.

As três formas são ondinas – espíritos elementais da água, enviadas pelo anjo Gabriel e pelo rei dos elementais da água, Necksa. Uma das ondinas carrega um caldeirão preto; outra, um cálice de vidro translúcido azul; e a terceira, um espelho com moldura de lápis-lazúli. Seu mundo é água, elas estão unidas com a água, elas *são* a água. As ondinas se colocam à sua frente, seus "pés" lambem o solo coberto por areia como uma onda que chega e afaga a costa; sua forma sólida é possível apenas graças ao esforço conjunto e à intenção pura das criaturas. A água é feminina por natureza, receptiva, estimulante e purificadora. O mundo das ondinas é de sonhos, emoções, sentimentos, cura e amor. De coragem, audácia, sofrimento e empatia, e elas o convidam a acompanhá-las para explorar seu mundo, para se tornar uno com a água, que é sua consciência. Elas pegam sua mão e o levam para a água.

À medida que se dirige para a arrebentação, a água envolve seus calcanhares e quanto mais você se afasta, mais fundo fica, até que seu queixo mal ultrapassa a superfície. À sua frente estão as "cabeças" das três ondinas – totalmente formadas por água salgada. Elas começam a rodeá-lo cada vez mais rápido, criando novamente um redemoinho. A força da água, à medida que o circunda, gera uma parede que sobe e se fecha sobre sua cabeça, formando um domo de água cheio de oxigênio, como uma bolha, o que permite sua respiração. Você percebe que agora está sob a água e a bolha que circunda sua cabeça está transparente como vidro, permitindo que você veja nitidamente o mundo subterrâneo das ondinas sem medo de se afogar. Cardumes de peixes passam nadando – alguns param para olhar para você de modo inquiridor. Você consegue notar as ondinas à sua frente, não no sentido físico, pois é quase impossível detectá-las a olho nu, mas é capaz de senti-las por meio de vibrações. Há algo diferente com a água que forma as criaturas; ela é um pouco mais densa, com cor mais profunda e "turva". Elas modificaram a estrutura da água para permitir que fossem vistas, assim como alteraram a realidade para ajustá-la a você e às suas percepções terrenas. Como os golfinhos, as ondinas se movimentam rapidamente, girando e rodando de maneira divertida, comunicando-se com você por meio de sons; simples correntes de guinchos em infrassom, uma linguagem antiga e de baixa frequência, mas que, de alguma forma, faz sentido para você.

As ondinas o levam em um passeio fantástico por seu mundo oceânico, passando por naufrágios e tesouros submersos, lindos recifes de coral, florestas espessas e jardins de algas marinhas coloridas e brilhantes.

Você se aproxima da beira de um desfiladeiro profundo e, sem hesitar, as ondinas o levam para as profundezas. No fundo do desfiladeiro você vê o que parece ser a abertura de uma caverna, mas quando entra percebe que é um túnel, um caminho que leva a uma câmara subterrânea – um templo; um lugar de cuidados e purificação espiritual. O templo é, em essência, o útero da Mãe-Terra, um lugar sagrado de reflexão, regeneração e introspecção. No final do grande templo, sentado em imensos tronos esculpidos em águas-marinhas estão Afrodite e Poseidon, deuses do oceano. As ondinas gesticulam para você parar e esperar pelo chamado das divindades da água. Nesse momento, você percebe que o chão do templo é coberto com seixos perfeitamente redondos, pontos de ametista e cristais de fluorita arco-íris de duas pontas.

Afrodite e Poseidon olham para você e sorriem, seus olhares são tranquilizadores e carinhosos, mas selvagens e indômitos ao mesmo tempo. Afrodite gesticula para que você se aproxime; seu movimento é fluido, purificador e curativo por natureza. Ela compartilha com você uma informação sobre sonhos e sua habilidade de encontrar seus dons curativos neles, seus dons curativos que você está prestes a compartilhar com as pessoas e seu mundo consciente. Ela fala de fertilidade, amizade e dos prazeres emocionais da vida – risadas, lágrimas de alegria, amor incondicional, confiança e lealdade. Ela o incentiva a buscar renovação espiritual por meio da participação de círculos de cura, do trabalho com seu olfato e pela busca do equilíbrio dos aspectos ativos do yin e yang de sua psique.

Agora Poseidon fala com você, mas desta vez sobre ir ao seu interior, buscar suas próprias visão e verdade internas, absorver conhecimento xamânico por meio da jornada com o tambor e da participação na Busca da Visão. Ele promove proteção emocional, segurança e os aspectos positivos da hibernação, de contemplação profunda e cala o diálogo interior com o propósito de encontrar esclarecimento.

As ondinas o informam que sua audiência com Afrodite e Poseidon chegou ao fim e é hora de voltar para a praia. Elas o levam para fora do templo e de volta para o túnel. Quando você novamente sobe em direção à superfície, uma baleia-jubarte solitária passa como um transatlântico submerso. A baleia olha para você como se procurasse sua alma e, por meio dos olhos de sua mente, compartilha com você um senso de pertencimento, uma promessa de descoberta pessoal e um sentimento de força interior. No momento certo, a baleia diz que seu propósito lhe será revelado, para um dia ser compartilhado com as pessoas como uma Medicina e um símbolo de seu poder pessoal. A baleia diz a você que é o espírito guia das pessoas e guardião do conhecimento secreto da Mãe-Terra e que somente ela detém a chave para o passado, o presente e o futuro da humanidade.

As ondinas o trazem de volta para a praia e, à medida que você sobe à superfície, a bolha de proteção ao redor da sua cabeça rapidamente se afina, desintegra-se e retorna à forma líquida. Pela primeira vez, você sente a água tocar a pele de seu rosto, segundos antes de sua cabeça tocar o ar fresco da noite. A Lua Cheia brilha e cria um caminho iluminado para a costa.

Você olha para a Lua e faz uma prece silenciosa ao Espírito por um motivo sagrado para você e dá graças, inspirando três vezes pelo nariz e expirando pela boca antes de voltar ao lugar físico no qual está sentado.

Medicina tradicional chinesa: Pessoa água/rim

De acordo com os ensinamentos da medicina tradicional chinesa, as Crianças Natureza, por serem "pessoas rim", têm mente, corpo e sistemas energéticos centralizados no elemento água.

O elemento água, conforme afirmam, é a fonte da vida; uma força vital forte encontrada energeticamente no baixo ventre. Ele encarna o ingrediente essencial que determina a saúde e o bem-estar de nossos genes hereditários, nosso DNA, nossa saúde mental e nossa habilidade de organizar nossa vida de maneira eficiente para garantir estabilidade e produtividade, bem como, eventualmente, nossas chances de encontrar um parceiro viável para com o qual reproduzir. Ele também influencia nossos padrões programados e suscetibilidades. Como resultado, ele enfatiza a importância do descanso de qualidade e rejuvenescimento, da hibernação e contemplação. Em um nível corporal, quando esse relacionamento é compreendido e a pessoa rim trabalha em harmonia com seu elemento, um nível maior de bem-estar para os tecidos relacionados ao rim é alcançado, de acordo com os ensinamentos da medicina tradicional chinesa: por exemplo, uma bexiga mais saudável, ossos, dentes e unhas mais fortes, cartilagens e articulações mais flexíveis e um sistema esquelético mais fisicamente poderoso, de modo geral, e, consequentemente, uma melhor estrutura e suporte para o corpo, bem como medula óssea mais saudável, audição melhorada e cérebro extremamente aguçado.

Conforme a medicina tradicional chinesa, o rim, relativo à segurança, estrutura e estabilidade, é considerado a base da força vital hereditária, com o componente essencial do Qi renal ("Qi" referindo-se à força vital). Quando o Qi renal de uma pessoa está forte, ela passa a impressão de ser corajosa, resoluta, disciplinada, concentrada e tolerante. Uma força de vontade rígida é sinal de alguém com Qi renal forte, enquanto uma vida longa é geralmente atribuída a um Qi renal saudável, frequentemente anunciada por lóbulos da orelha grandes e compridos, semelhantes aos do Buda.

Uma óbvia falta de destreza mental costuma ser registrada em pessoas com Qi renal enfraquecido. Elas tendem a apresentar concentração ruim, baixo nível intelectual, memória reduzida e momentos frequentes de confusão. Elas logo cansam corpo e mente e sua habilidade de recuperação se torna insuficiente. "Secura", fraqueza e instabilidade são sintomas evidentes de deficiência do rim, da mesma forma que a propensão ao medo, à incerteza e à apreensão. Elas tendem a sofrer de dores generalizadas ou inconstantes, vertigens e tremores. Insônia crônica e prisão de ventre grave também são comuns. Suas articulações parecem secas, produzindo repetidos estalos. Por consequência, elas podem enfrentar artrite, osteoporose e doenças similares ou relacionadas. Pessoas rim se sentem melhor pela manhã – não necessariamente assim que acordam, quando seu corpo está inflexível e dolorido, mas depois de um banho morno e um pouco de atividade física. Elas se sentem muito exaustas mental e fisicamente muito fácil, em geral por causa da redução desproporcional dos fluidos corporais essenciais, bem como sofrem demais quando expostas a um resfriado grave, seja direta do ambiente (elas parecem apresentar falta de reservas naturais de calor corporal essencial) ou indiretamente, em razão de uma dieta insuficiente. Há casos em que as pessoas rim são frágeis desde o começo: extremamente sensíveis e, às vezes, delicadas ou fracas desde o nascimento. Nos casos mais graves, algumas pessoas rim são tão fracas e abatidas que quase parecem estar com um "pé na cova". Elas também são geralmente prejudicadas por um histórico de sofrimento mental ou físico, bem como doenças graves. Portanto, as pessoas rim tendem a se preocupar de maneira excessiva e a sofrer de ansiedade, em geral como resultado de um temor relacionado à defesa, segurança ou estabilidade.

Durante a manhã, o "yang" corporal, ou energia masculina, sobe e mantêm sua força até o meio-dia, enquanto a noite marca a predominância do "yin" corporal, o *Qi* feminino ou visível essencial. Um aumento na energia por volta das 21 ou 22 horas indica que o yin corporal se elevou. A energia yin atinge seu potencial à meia-noite. Observe sua língua no espelho. Quanto mais rachaduras tiver na superfície, mais deficiente será seu yin ou *Qi* visível. Até pequenas rachaduras horizontais indicam o início de uma deficiência de yin. Pessoas mais velhas sempre apresentam língua rachada. O *Qi* renal tende a cair com a idade, anunciado por círculos escuros ou olheiras sob os olhos, audição reduzida ou zumbido nos ouvidos (som constante de campainha ou sinos). Quando uma pessoa *Qi* renal enfraquece, ocorrem problemas com o metabolismo da água, micção, fertilidade e sexualidade, com ansiedade, temor e características de introversão tornando-se cada vez mais evidentes. Em casos mais graves, elas podem até começar a apresentar fobias irracionais. Acredita-se que, uma vez que o *Qi* renal essencial tenha sido totalmente gasto, a força vital o deixa e você morre; dessa forma, a medicina tradicional chinesa defende métodos que prolongam a vida por meio da reconstituição do *Qi* renal essencial.

De acordo com as observações registradas pela medicina tradicional chinesa, o *Qi* renal é consumido com maior frequência por uma dieta pobre ou insuficiente, estresse, excesso de trabalho, atividade mental/pensamento intenso, estímulo sensorial excessivo, uso prolongado de drogas e toxinas no sistema, um acúmulo de metais pesados, idade avançada ou uma perda repentina ou extrema de fluidos corporais. Em homens, isso geralmente resulta da ejaculação frequente/excesso de atividade sexual (ou, ao contrário, de pouco sexo, o que provoca a estagnação do esperma). Nas mulheres, as causas comuns são perda de sangue menstrual desproporcional, períodos menstruais intensos e por ter dado à luz muitos filhos. O consumo excessivo de álcool, drogas, alimentos estimulantes ou muita proteína ou açúcar na dieta podem cooperar com a redução exacerbada do *Qi* renal.

Os sintomas da deficiência do rim incluem a sensação de estar extremamente fraco e cansado, confusão demasiada, memória fraca e concentração ruim, dores circulando por todo o corpo, tonturas e vertigens, desmaios (também conhecidos como "os vapores"), corpo esguio, curvado e quase debilitado, músculos fracos e flácidos, deformidades congênitas, sistema nervoso sobrecarregado, condições relacionadas ao cérebro, desidratação, articulações que estalam, artrite, osteoporose e outros problemas relacionados aos ossos, ao esqueleto, às cartilagens e articulações, neurastenia ou fraqueza nervosa, fibromialgia, lesão por esforço repetitivo (LER), síndrome da fadiga crônica (SFC), sensação constante de calafrio, frio nas extremidades corporais, nos joelhos ou na parte inferior das costas (em especial próximo aos rins), insônia crônica, desidratação no corpo, prisão de ventre crônica, mente fraca e/ou corpo enfraquecido e uma tendência geral de reclamar o tempo todo.

De acordo com a medicina tradicional chinesa, a energia do rim pode ser tratada ou estimulada pela ingestão de alimentos "pretos". Preto é a cor relacionada ao elemento água e, como tal, afirma-se que restaura a vitalidade do *Qi* renal. Para auxiliar no processo, portanto, consuma vegetais de raiz de coloração "preta", como beterraba, e tente cozinhá-la com feijões. Coma alimentos mornos e nutritivos, como mingau de arroz, vegetais de raiz, batatas, sopas e caldos com carnes vermelhas, carne de rim, ostras, fígado de frango e porco.

Consuma apenas quantidades moderadas de laticínios (focando em leite e iogurte desnatados) e pequenas quantidades de sal. Um estilo de vida moderado é o segredo para os homens, sem drogas, com o mínimo de estresse e a contenção sexual consciente como conceito. Para as mulheres, ervas chinesas (como o ginseng) e acupuntura podem ser consideradas meios de equilibrar os períodos menstruais e regular a perda de sangue menstrual, enquanto a Qigong é uma atividade que todas as pessoas rim devem explorar. Qirgong refere-se à combinação de "*Qi*" (ar, respiração, energia e força vitais) e "gong", o domínio do autocontrole e da habilidade. Incorpora meditação, relaxamento, movimentos físicos, integração mente/corpo e diversos exercícios respiratórios. A meditação Dan Tian também é recomendada e pode ser incorporada à prática de Qigong. Ela depende da respiração e da concentração para ativar a circulação de *Qi* e sangue pelo centro da testa, do peito e no baixo abdômen – os três principais centros de poder dentro do corpo, de acordo com a tradição. A acupuntura está profundamente fundamentada na crença de que a doença é causada por um desequilíbrio no sistema energético do corpo. Afirma-se que restabelece a harmonia por meio do equilíbrio do yin e yang corporais. Envolve a inserção indolor de agulhas finas nos meridianos do corpo ou canais energéticos (com os nomes dos órgãos que representam) para limpar o *Qi* bloqueado, liberando o fluxo energético pelo corpo.

Ayurveda: Energia da terra e da água (primária)/Kapha — Energia do ar (secundária)/Vata

Para atingir seu potencial, as Crianças Natureza precisam alcançar um equilíbrio entre sua energia terra/água ou *Kapha* e sua energia de ar, ou *Vata*, tornando-se plenamente conscientes das estações que as sustentam e as que não o fazem. Durante o verão e o outono, por exemplo, as Crianças Natureza devem encontrar meios de tranquilizar sua energia Vata, enquanto no inverno e na primavera devem fazer o que for necessário para controlar sua energia Kapha. Uma maneira muito simples de manter esse equilíbrio é consumir alimentos azedos e salgados durante o verão e o outono, e alimentos picantes no inverno e na primavera.

Kapha é a força de equilíbrio entre água e terra. Ela representa composição e lubrificação. É o elemento de mistura e ligação que impede que água e terra se separem. Quando terra e água são misturadas e deixadas ao léu, a terra afundará gradativamente, extraindo-se a partir da água. Kapha é a força que evita que isso aconteça. Ela une os elementos, dessa forma, proporcionando estrutura física e resistência. A água é o ingrediente principal do Kapha; um componente vital fisiologicamente necessário para garantir o poder biológico e a vitalidade do tecido natural. Por outro lado, Vata (um termo que significa "vento, movimentar, fluir, direcionar os processos ou comandar") é seco, refrescante e arejado, se eleva e se modifica na natureza. Acredita-se que seja uma força composta de éter e elementos do ar. O nível do éter (ou "espaço") afeta o grau em que o ar pode ganhar força viva. Se desenfreado, o elemento ar pode reunir força excessiva e sair do controle, tornando-se um tumulto destrutivo.

O conceito para a energia Kapha é reconhecer a confiabilidade, constância, compaixão e habilidade de estimular a si e aos outros. Varie sua programação alterando com frequência sua rotina, especialmente durante o inverno e a primavera. Lembre-se que variedade é o tempero da vida. Nunca as deixe comer em excesso e as incentive a participar de atividades físicas regulares (pelo menos para ajudar no controle de peso) e a se associar com pessoas, lugares e coisas que estimulam sua mente. *Hobbies* são ótimos, em especial quando oferecem uma variedade de experiências que engrandecem o momento de lazer. Pessoas

Kapha costumam ter cabelo e pele macios, olhos grandes e "suaves" e voz baixa e gentil. Elas precisam preservar o calor corporal ao mesmo tempo em que permanecem conscientes de seu nível de desidratação e ingestão de doces. Erva-campeira e mel silvestre são conhecidos por acalmarem a energia Kapha, enquanto óleos de aromaterapia que suavizam o excesso de energia Kapha, segundo se acredita, incluem aromas doces e apimentados de zimbro, eucalipto, cravo-da-índia e manjerona.

Quanto à dieta, concentre-se em alimentos amargos, picantes e adstringentes, mornos, secos e estimulantes e evite aqueles cozidos em muita água, gordurosos ou amanteigados e açucarados. Coma muita maçã, damasco, cranberries, manga, pêssego, pera e romã, vegetais em geral, saladas, alimentos leves e secos, ervas e temperos como pimenta-do-reino, cardamomo, canela, cravo-da-índia, coentro, cominho, alho, gengibre, erva-doce e noz-moscada; mel natural, pequenas porções de frango, coelho, frutos do mar, carne de veado e ovos, leite de cabra, manteiga *ghee*, chá-preto e café. Reduza ou evite doces, alimentos ácidos ou salgados, congelados ou fritos, gordurosos, laticínios, cereais, batatas, tomates, castanhas d'água, frutas excessivamente doces, ácidas ou suculentas, carne vermelha, legumes, nozes e sementes, óleos e gorduras, açúcar, doces e sal.

Um regime rígido é muito importante quando se trata de tranquilizar a energia Vata, da mesma forma que um ambiente silencioso e harmonioso, muitas bebidas mornas, bastante descanso, calor corporal e um suprimento regular de alimentos. Vata é uma força teoricamente composta dos elementos éter e ar. Evite o risco de ser excessivamente estimulado por música alta e vigorosa, televisão e pessoas, luz do sol e claridade em excesso, cores vibrantes; elimine álcool, chá, café, cigarros e drogas de sua rotina diária.

O verão e o outono são os melhores períodos do ano para a pessoa Vata expressar e desenvolver sua criatividade artística inerente e expressar sua imaginação de uma maneira sensata. Uma ênfase na regularidade da rotina diária é essencial, como horários disciplinados para as refeições, banhos e hora de dormir. Até estabelecer um horário regular para acordar pela manhã é importante, portanto a compra de um despertador definitivamente está na pauta. A rotina permite que a pessoa Vata se torne mais consciente de seus pontos fortes e fracos, esteja alerta para quando ficar agitada ou estimulada, empolgada ou cansada demais. Isso lhe dá a chance de se autorregular, saber quando diminuir o ritmo e encontrar um lugar de tranquilidade interior. As ervas conhecidas por acalmar o Vata incluem gotu kola e ginseng, enquanto se acredita que aromas quentes e doces, como manjericão, laranja, gerânio rosa e cravo-da-índia da aromaterapia suavemente reduzem a energia Vata em excesso.

Como em todos os aspectos, o segredo está em se alimentar com moderação. Evite a ingestão excessiva de alimentos ingerindo porções pequenas, porém regulares. Inclua muitos alimentos mornos, fortes, oleosos e úmidos na dieta: porções regulares de carne (em quantidade moderada) preparadas com ervas e temperos como cardamomo, canela, cravo-da-índia, coentro, cominho, gengibre, erva-doce e noz-moscada. Prefira alimentos doces, azedos, salgados, quentes, de textura moderadamente pesada, manteiga e gordura, bem como alimentos leves como leite morno, creme de leite, manteiga, sopas e ensopados mornos, cereais quentes e pães frescos.

Coma muito arroz, aveia, mingau de arroz e legumes cozidos em geral: aspargo, beterraba, cenoura, salsão, alho, vagem, quiabo, cebola, pastinaca, rabanete, nabo, batata-doce e castanha d'água. A maioria das frutas é ideal, se estiverem maduras e na época: tomates cozidos, mangas frescas e damascos maduros são particularmente bons. A carne é benéfica, em pequenas porções regulares. Aves, peixe fresco, carne de veado e, ocasionalmente, carneiro ou carne bovina são ótimas escolhas, assim como ovos, leite e laticínios, legumes em porções pequenas, em especial feijão-mungo, lentilhas marrons e vermelhas, grão-de-bico, ervilha seca e lentilhas cozidas ou em broto, nozes e sementes. As sementes de abóbora e amêndoas sem pele são perfeitas. Óleos, principalmente o de gergelim; mel e doces, gengibre e alho, pequenas quantidades de condimentos, em especial assa-fétida, e pequenas quantidades de vinho diluído podem ser consumidos, mas tenha em mente a personalidade naturalmente suscetível a vícios da pessoa Vata.

Reduza ou evite todos os alimentos crus, secos, vegetais folhosos, alimentos frios e congelados. Trigo, pão, espinafre, batatas, tomate cru, berinjela e pimentas (na verdade, todos os membros da família da "erva-moura", as Solanaceae) e frutas adstringentes, como cranberries e romã, devem ser evitadas, especialmente quando se sofre de inflamação nas articulações. Frutas desidratadas, como maçã e uva, frutas secas, óleo de cártamo e açúcar também devem ser evitados.

Homeopatia

Os remédios homeopáticos listados a seguir podem ser benéficos para auxiliar no equilíbrio da constituição da Criança Natureza:

- Carcinosinum
- Natrum carbonicum
- Pulsatilla nigricans
- Sepia succus
- Tuberculinum

Para uma explicação mais detalhada sobre esses remédios homeopáticos sugeridos, por favor consulte a seção ao final deste livro dedicada à homeopatia e sua história, bem como a tabela com observações sobre cada remédio.

Outro conselho

Remédios herbáceos conhecidos por geralmente contribuírem para o bem-estar geral da Criança Natureza incluem aqueles derivados de gotu kola, ginseng e camomila. É óbvio que, assim como se deve fazer em relação a todos os remédios herbáceos, é recomendável buscar aconselhamento de seu médico holístico integrativo ou naturopata antes de se automedicar com remédios de qualquer tipo.

Considere o uso da aromaterapia, principalmente os aromas quentes de manjericão, laranja, gerânio rosa e cravo-da-índia, zimbro, eucalipto e manjerona, quando tratar das necessidades da Criança Natureza. Ao aspergir um pouco do seu perfume no quarto de seus filhos com um queimador elétrico ou adicionar três ou quatro gotas diretamente na água do banho, sua Criança Natureza apreciará as qualidades curativas e tranquilizadoras dos óleos. Todas as Crianças Natureza *adoram* cristais e reagem quase imediatamente às suas energias curativas sutis. A iolita, ou safira d'água, por exemplo, ajuda a inspirar sonhos e revelações, bem como auxilia no aperfeiçoamento da interpretação de mensagens ocultas. Além disso, instaura a compreensão de que o reconhecimento da responsabilidade pelas ações e reações de alguém pode conduzir apenas ao esplendor e sucesso em todos os esforços, enquanto a esmeralda ajuda a remover o pessimismo da vida. Essa bela pedra nos ajuda a tomar decisões positivas para nos mantermos concentrados e práticos. Ela remove bloqueios e coisas que impedem o progresso. As esmeraldas desenvolvem a memória e são celebradas como a pedra do amor próspero, pois fornecem harmonia familiar, compaixão e fidelidade. A turquesa irradia a consciência do amor e da sabedoria da Mãe-Terra, ao mesmo tempo em que ajuda a alinhar todos os chacras. Ela acentua a compreensão espiritual, é extremamente protetora, estabilizadora, curativa e purificadora, enquanto a água-marinha, a "pedra da coragem", intensifica a capacidade de realizar réplicas acadêmicas rapidamente. Ela implanta a excelência como uma qualidade natural, enquanto ajuda a Criança Natureza a fortalecer seu raciocínio e reações intelectuais, habilidade e preparação para o aprendizado. A água-marinha é, ao mesmo tempo, fluida e estruturada, proporcionando segurança emocional e estabilidade para a Criança Natureza influenciada pela água. Ela emana gentileza e empatia com moderação, ao mesmo tempo em que ajuda aqueles que tendem a julgar os que são mais piedosos e pacientes. É muito tranquilizadora e ajuda aqueles que estão estressados para encontrar o equilíbrio.

A obsidiana, um vidro vulcânico cintilante, reflete claramente as imperfeições das Crianças Natureza, enquanto orienta a compreensão profunda do que é necessário ser feito para purgá-las. Ela as ajuda a encontrar respostas para questões difíceis e buscar o curso de ação necessário para iniciá-las. A obsidiana é bem fundamental, protetora e estabilizadora. Afirma-se que a lágrima de apache, uma forma de obsidiana, foi criada por mulheres nativas norte-americanas cujas lágrimas derramaram-se em luto por guerreiros que caíram de um precipício ao atacarem soldados. Consequentemente, ela conforta em momentos de sofrimento, é purificadora, curativa e confortante, enquanto a ônix ajuda a aliviar a dor, intensificar o autocontrole e estimular a tomada de decisões sábias. Ela traz felicidade e boa sorte, além de ser extremamente purificadora. O azeviche, outra pedra idealmente adequada para ajudar a Criança Natureza, é, na verdade, uma madeira fossilizada. Afirma-se que ela dispersa as crenças de medo e protege contra doenças e violência. Ela é calmante e útil no combate à depressão, enquanto a sodalita proporciona amizade, camaradagem e a união de um grupo. Ela ajuda a chegar em conclusões lógicas por meio de processos mentais racionais, elimina a confusão e estabelece a destreza intelectual. A sodalita acentua a aceitação e a honestidade em nossas emoções, bem como nos encoraja a expressar sentimentos verdadeiros – algo no qual todas as Crianças Natureza precisam de auxílio. O jaspe é reverenciado como o "estimulante supremo". Ele nos lembra de que não estamos sozinhos neste planeta para viver de modo egoísta, mas que devemos considerar os outros e fazer o que for possível para tornar suas vidas melhores. O jaspe nos proporciona a percepção de responsabilidade e proteção. É uma pedra de auxílio que oferece força e perseverança, em especial quando a energia está baixa. A cornalina, uma pedra inspiradora, incita a capacidade analítica e a precisão. Ela fomenta o discernimento, a sagacidade e nossos dons de poder inerentes. Protege contra a inveja, o medo, a raiva e ajuda a eliminar a aflição. Dispersa a preguiça, a indiferença e a submissão, bem como combate a neuralgia.

O quartzo rosa é mais conhecido como "pedra do amor incondicional". É excelente para curar feridas emocionais e é calmante, delicada e tranquilizadora. A turmalina é motivacional, benigna e promove a autoconfiança, enquanto as pérolas de água doce atraem a confiança, a ajuda e a virtude na vida da Criança Natureza, ao mesmo tempo em que intensificam a integridade pessoal e a atenção concentrada. O topázio azul, uma pedra de amor verdadeiro e sucesso em todos os empreendimentos, proporciona uma comunicação clara, enquanto o lápis-lazúli traz clareza, conhecimento, consciência e uma capacidade intelectual intensificada. Embora já seja extremamente intuitiva, o lápis-lazúli desenvolve a habilidade mediúnica da Criança Natureza, a coragem e a confiança em tais aspectos. Além disso, combate a depressão implantando uma sensação de tranquilidade e alegria de viver. A aventurina, por sua vez, ajuda a equilibrar as energias masculina e feminina inerentes, enquanto ao mesmo tempo intensificam uma atitude desenvolta, estimulante e inovadora perante a vida.

As Crianças Natureza são extremamente intuitivas. Incentive-as a se unir e participar de um grupo de "desenvolvimento espiritual", visitar uma feira mística ou assistir a *workshops* e seminários oferecidos. Compre para elas um jogo de tarô de fadas ou oráculo animal e as ensine como utilizá-lo adequadamente. Mostre à sua Criança Natureza como criar um filtro dos sonhos para elas aproveitarem e compreenderem melhor seus sonhos "bons", ao mesmo tempo em que eliminam os sonhos "ruins" e os terrores noturnos. Incentive-as também a invocar o reino das fadas, o arcanjo Gabriel e o rei dos elementais da água, Necksa, pedindo orientação e proteção.

As Crianças Natureza amam e respeitam os animais, portanto permitir que seus filhos tenham seu próprio animal de estimação lhes dará propósito, amor imediato e alguém para quem podem contar seus segredos. Isso os incentivará a ter responsabilidade sobre algo que não eles mesmos, enquanto os ajuda a perceber que se não assumirem a responsabilidade, ninguém mais cuidará do animal. Permita que seu filho escolha o animal, pois o vínculo é estabelecido em geral no pet shop, além de sempre ser uma questão pessoal. Cachorros fofinhos de pequeno porte, gatos da raça Rag-doll, lebres, porquinhos-da-índia, tartarugas, peixes, sapos e patos são animais de estimação (e companhias) excelentes para as Crianças Natureza. Se você não tiver condições de possuir um animal, visite regularmente uma fazenda ou o zoológico. Há muitos contatos de fazendas disponíveis, ou contrate uma fazenda itinerante para a próxima festa de aniversário do seu filho. Crianças Natureza reagem incrivelmente bem aos quentes, macios e doces cordeiros, filhotes de veados e cabras, bezerros, coelhos, pintinhos fofinhos, patinhos e porquinhos. A visão desses animais literalmente leva meus dois filhos às lágrimas, com seus gritinhos e risos suaves derretendo os corações daqueles que testemunham.

Tire proveito desse amor pelos animais de uma maneira terapêutica, fazendo também com que seus filhos desenhem o animal favorito ou aquele de que têm mais medo. Explique que o "remédio" ou sonho do animal favorito representa seus pontos fortes e aspirações, enquanto, em relação ao animal temido, esse medo representa suas vulnerabilidades, medos e fraquezas. Os animais que temermos são tão importantes e valiosos para nosso crescimento quanto os animas que amamos. Eles representam esses aspectos de nossa psique que escolhemos ignorar – nossos medos, segredos e pensamentos obscuros. Eles caracterizam nossos limites pessoais, nossas limitações impostas por nós mesmos e aquelas nossas partes que rejeitam a espontaneidade, correr riscos e o desenvolvimento da autoestima. Eles também simbolizam nosso lado sombrio – o aspecto obscuro de nossa alma que tendemos a ignorar ou oprimir por causa das conotações representadas e das responsabilidades que eles nos impõem. Eles nos fazem olhar para nós mesmos, enfrentarmos nossas fraquezas e nossas fragilidades, bem como reverenciá-las como lições e trampolins para o poder. As Crianças Natureza costumam apresentar como totens ou aspectos de poder macacos-esquilo, serpentes, golfinhos, coalas, peixes, focas, aves marinhas, sapos, tartarugas, lontras, ornitorrincos, cisnes, caranguejos, ursos e cavalos negros.

As Crianças Natureza amam brincar de faz de conta. Elas adoram dançar, cantar e encenar pequenas peças para a família. À medida que crescem, nutrem esse amor natural sugerindo mais pesquisas sobre as artes dramáticas: teatro, dança (em especial, dança ou balé clássicos) e música. Incentive-as a aprender a tocar um instrumento de sopro com palheta, harpa ou algum outro instrumento de arco, como violoncelo, violino ou viola. Visite um teatro, uma ópera ou um museu de artes dramáticas. Como alternativa, pesquise as belas artes: pintura, desenho, escultura, texturas e moda. Visite uma galeria, uma casa de alta costura bem conceituada ou explore a biblioteca, a Internet ou revistas como motivação. Faça um passeio pela neve com sua Criança Natureza em um rio ou córrego, vá velejar ou viaje para a praia. Suba em uma cachoeira ou fique sob a queda d'água, jogue moedas em um poço ou beba água fresca de uma nascente natural. Todas essas atividades promoverão o amor inato de seus filhos pela natureza e suas habilidades criativas naturais, da mesma forma que Qigong (explicada anteriormente), Hatha Yoga e Tai Chi – atividades que concentram a mente com suavidade ao mesmo tempo em que ajudam a aumentar o autocontrole. Hatha Yoga diz respeito à integração do corpo e da mente por meio de exercícios, meditação, respiração concentrada, atitudes saudáveis e postura significativa, enquanto o Tai Chi é uma antiga arte de movimento chinesa. Foi, num primeiro momento, criada como uma forma de arte marcial que inspira a autodefesa, enfatizando a tranquilidade, o equilíbrio interior e a autodisciplina. Atualmente, os movimentos fluidos são praticados como uma forma holística de exercício destinada a desenvolver a flexibilidade, a postura corporal e o equilíbrio, bem como a nos levar de volta ao nosso local natural de conhecimento e poder antigos.

As Crianças Natureza precisam estar envolvidas em atividades que as inspirem e energizem e ajudem-nas a aprender a aceitar ajuda, elogios e incentivo dos outros; atividades que as inspirem a se comunicar e interagir com outras pessoas. Elas se dão melhor quando podem passar algum tempo de qualidade na natureza cercadas de animais. Atividades ao ar livre, como observar baleias, nadar com golfinhos, pesca desportiva com mosca artificial, surfe, trilhas a pé ou a cavalo, canoagem e caiaque, por exemplo, são tão adequadas às Crianças Natureza que parecem terem sido criadas para elas, assim como rafting, passeios de barco, iatismo, natação, mergulho, e buscar objetos em poças de maré e na praia.

As Crianças Natureza têm predisposição a se tornar médicos, enfermeiros e paramédicos, ou seja, pessoas que tratam pacientes. Elas são emocionalmente fortes quando necessário e são as mais bem equipadas com compaixão, carinho e cuidados quando exigidas com urgência. As Crianças Natureza também tendem a se tornar artistas, pintores, dançarinos e atores, áreas que envolvem a expressão fluida e criativa. Elas também podem vir a ser conselheiros versados, por causa de suas disposições carinhosas e intuitivas, bem como excelentes veterinários, pessoas que trabalham com animais ou com a vida selvagem e guardas florestais. Como caminhos espirituais, tanto a Wicca como a Bruxaria são suaves, práticas, tangíveis, estimulantes, baseadas na natureza e envolvem tudo, bem como têm uma filosofia alinhada com as crenças e os valores das Crianças Natureza adolescentes ou adultas.

Como Janet e Stewart Farrar explanam em seu livro *Eight Sabbats for Witches*, *"A Wicca é uma religião e uma arte. Como religião – da mesma forma que qualquer outra – seu propósito é colocar o indivíduo e o grupo em harmonia com o princípio criativo divino do cosmos e com sua manifestação em todos os níveis. Como arte, seu objetivo é atingir fins práticos através de meios sobrenaturais para propósitos bons, úteis e curativos. Nos dois aspectos, as características distintivas da Wicca são suas atitudes baseadas na natureza, sua autonomia de pequeno grupo sem um abismo entre sacerdócio e 'congregação' e sua filosofia de polaridade criativa em todos os níveis, desde deusa e deus até sacerdotisa e sacerdote".*

Para saber mais sobre Bruxaria como um caminho de sabedoria antigo, visite o site de minha querida amiga Lucy Cavendish, www.lucycavendish.com. Você vai descobrir que ela é uma Mulher Sábia, uma professora poderosa e uma defensora apaixonada da deusa e dos antigos modos.

Capítulo 4

Criança Pacificadora

Totem: Lêmure-de-cauda-anelada
Características principais: Diferente/Observadora/Pacificadora

Representantes do ramo mais antigo da ordem dos primatas, os primeiros ancestrais do lêmure evoluíram em hominídeos e macacos. Os próprios lêmures, contudo, desenvolveram-se de maneira independente até suas formas atuais. Encontrados principalmente em Madagascar, o isolamento ecológico proporcionado pela ilha e sua riqueza de hábitats naturais permitiram que o lêmure existisse relativamente com pouca interferência do mundo exterior. Categorizados em três raças (os lêmures anões ou "camundongos", os lêmures-esportivos e os lêmures verdadeiros), as 43 espécies individuais de lêmures são nativas da ilha. O mais reconhecido pelo mundo é o lêmure-de-cauda-anelada, um lêmure verdadeiro, que prefere os arbustos secos e as florestas efêmeras de Madagascar. O principal predador do lêmure é a fossa, uma grande civeta que persegue sua presa com facilidade pelos galhos das árvores da floresta.

A palavra "lêmure", na verdade, significa *fantasma*, enquanto a tradução romana *Lemure* se refere a "Espírito Ancestral". Pensava-se que, em determinado dia do ano, os Espíritos Ancestrais surgissem de seus locais de descanso para participar do Festival da Lemúria" ou "Festival do Mundo Fantasma" (o termo *Lemúria* significa, literalmente, "mundo fanstasma"). De acordo com a lenda, um belo continente conhecido como "Lemúria", ou Mu, prosperou no mesmo período que Atlântida. Os dois se sobrepuseram historicamente de maneira rápida entre os anos 30.000 e 25.000 antes do nascimento de Cristo. A Lemúria pode ter recebido esse nome por causa das queixas controversas feitas por Darwin em associação com sua teoria em torno da origem das espécies animais. Aparentemente, os zoólogos da época encontraram dificuldades para explicar a distribuição limitada do lêmure, enquanto outros animais foram encontrados dispersos por regiões muito amplas. Para explicar o fenômeno, os cientistas do século XIX propuseram um pedaço de terra que pode ter existido em algum lugar entre Madagascar e a Índia. O continente recebeu seu nome por causa do lêmure e se tornou conhecido como a "antiga terra do lêmure", ou *Lemúria*. As lendas de Lemúria estão vivas e bem difundidas nas ilhas do Oceano Pacífico, com o povo polinésio referindo-se a um continente misterioso que outrora existiu no Pacífico; a Ilha de Mu, a Ilha Mãe dos Homens e o lar de nossos ancestrais. Embora médiuns aleguem se comunicar com seres evoluídos que habitaram a Lemúria, a lenda dos habitantes da Ilha de Mu pode falar de um lugar totalmente diferente – uma ilha repleta de ancestrais humanos.

As pessoas lêmure-de-cauda-anelada são charmosas, simpáticas e confiantes. A maioria delas é atraente, bonita e jovem. Elas adoram ser o centro das atenções e facilmente atraem uma multidão. As pessoas lêmure-de-cauda-anelada são divertidas, artísticas e carinhosas; alguém que vai abraçar, beijar e apertar as suas mãos em um primeiro encontro. Sua atitude positiva e personalidade parecidas com a de uma criança são convidativas e agradáveis. Pessoas lêmure-de-cauda-anelada são inocentes; elas observam o mundo em reverência e admiração. Elas são honestas, sinceras e vivem no presente. Algumas vezes imprevisíveis, as pessoas lêmure-de-cauda-anelada podem ser francas e diretas. Elas são orientadas pela família, populares com todas as idades, incentivadoras, prestativas e veem apenas o lado bom nas outras pessoas. Elas podem se tornar líderes eficientes, são inventivas e criativas.

Eles são eficientes ao estabelecer relações, encontrar casamentos e dotes. Pessoas lêmure-de-cauda-anelada são profundamente clarividentes, intuitivas e inteligentes, todas apresentando uma crença pessoal inerente e única no mundo dos espíritos. Com o lêmure como seu totem (identificado como um embaixador do mundo dos espíritos), a maioria é profundamente sobrenatural, recebendo "visitas espirituais" comuns. Como resultado, elas podem ser médiuns poderosos, comunicadores de espíritos, canais e clarividentes.

As pessoas lêmure-de-cauda-anelada são ativas, entusiasmadas e inspiradoras; são orientadas pela comunidade, caridosas e espontâneas. Elas adoram ser elogiadas, estão prontas a perdoar e se desculpam espontaneamente. Atraem amigos com facilidade porque parecem animadas, privilegiadas e sortudas. Elas nunca "calam a boca". Quando não são do tipo reservado e observador, podem ser descritas como falantes, fofoqueiras, detalhistas e contadoras de histórias. Falam sem parar. Elas adoram trivialidades e podem parecer confusas e atordoadas pelo fato de serem esquecidas. Esquecem nomes, detalhes e datas importantes. Como resultado, podem parecer arrogantes e inquietas. Elas costumam reclamar sobre coisas mínimas e são geralmente acusadas de serem preguiçosas e, às vezes, escandalosas.

Por outro lado, quando agem na fase negativa, outras pessoas podem considerar seus modos incômodos. As pessoas lêmure-de-cauda-anelada são muito ingênuas em relação aos modos do mundo. Elas são curiosas e fazem muitas perguntas, mas muitas vezes não esperam nem ouvem as respostas dadas. Elas podem ser estúpidas e fúteis. Elas tendem a exteriorizar a culpa e a raiva com facilidade e negligenciar suas responsabilidades. Elas também são desmazeladas. Muito desorganizadas, as pessoas lêmure-de-cauda-anelada são infantis, imaturas e fúteis. Costumam ser descritas como falsas, insensíveis e forçadas. As pessoas lêmure-da-cauda-anelada sofrem de audição seletiva, dúvidas em relação a si e receios. Elas sonham acordadas; são criaturas indisciplinadas que geralmente não ouvem. Às vezes, também apresentam características egocêntricas, ao mesmo tempo em que demonstram atitudes descompromissadas e hipócritas. Elas se esforçam para levar a conversa de volta à sua conduta sempre que possível e adoram oferecer cada mínimo detalhe quando recontam uma história (sem considerar, nem por um minuto, a possibilidade de que os ouvintes não se importam ou que possam se entediar a ponto de se distraírem). Inadequadamente tolerantes por um lado e impiedosamente rigorosos por outro, as pessoas lêmure-de-cauda-anelada geralmente são pais desorganizados que passam mensagens confusas para os filhos. Elas podem parecer desmotivadas ou desinteressadas, oferecendo apoio a contragosto ou, quando não, interfere em seus planos pessoais. Elas também podem ser provocantes em suas observações. Elas podem querer chamar a atenção, ser procrastinadoras e desperdiçar tempo. Distraem-se com facilidade. Elas geralmente confundem suas prioridades, parecem carentes e são muitas vezes impopulares para a maioria. Elas anseiam por ser populares, bem-sucedidas e sábias, mas não conseguem porque interrompem, dão desculpas e são repetitivas e chatas (mas apenas quando expressam severamente seus eus sombrios).

Conselho individual para a Criança Lêmure-de-cauda-anelada/Defensora da Paz

Correspondências:
Elemento esotérico: Ar
Elemento tradicional chinês: Metal
Instrumentos elementais: Instrumentos de sopro, didjeridu, gaita de foles, flautas, sinos e sinos de vento
Espíritos elementais: Silfos, zéfiros e as fadas das árvores, flores, vento, brisas e as montanhas, ar ou dragões alados
Direção: Leste
Cores direcionais: Amarelo-dourado
Estação: Primavera
Hora de poder: Manhã, amanhecer, nascer do sol
Fase da vida simbólica na Roda da Vida: O bebê, infância, criança recém-nascida
Locais de poder: Penhascos, picos com neve, regiões de montanhas cobertas de névoa, regiões elevadas, regiões alpinas, o campo, quando está repleto de filhotes de animais, flores selvagens e sinais de vida nova
Signos zodiacais correspondentes ao elemento esotérico: Gêmeos, Libra e Aquário
Órgãos: Pulmões, intestino grosso
Chacras: Laríngeo (quinto), timo ou o "Ananda Khanda" (quarto/quinto)
Cores do chacra: Azul-claro, branco, turquesa
Cristais: Turquesa, olho de tigre, ágata laço azul, howlita, safira, topázio quartzo transparente, fluorita amarela, citrino, estanho e cobre

Totens: Cavalo palomino, lêmure-de-cauda-anelada, pássaro do sol, águia, falcão e coruja

Ervas: Amor-perfeito, prímula, verbena, violeta, milefólio, endro, flor de acácia e samambaia, narciso-amarelo e lavanda

O objetivo principal da jornada da Criança Pacificadora é mudar de um estado de desapego e desinteresse para um local de iluminação e inspiração. Sua "missão" é respirar o Sopro da Vida – não apenas para se transportar para um lugar de compreensão e êxtase, mas para sugeri-la nas vidas de todos que elas conhecerem. Sua ferramenta é a palavra expressa; seu veículo, a Respiração Sagrada. Respirar é vida. Sem a respiração, nós nos desligamos uns dos outros e de nós mesmos. Sem respirar somos privados do Espírito. A respiração cuidadosa e adequada é vital para atingirmos níveis mais elevados de consciência. A respiração é uma das formas mais antigas de cura e, quando ela é concentrada, alivia e ajuda a lidar com a dor durante o parto, por exemplo. Seu objetivo verdadeiro é unir as pessoas e incentivar a boa comunicação entre elas. É construir pontes e unir os pontos; criar uma teia de compartilhamento. É tornar-se um mensageiro: aquele que dissemina a palavra verdadeira e aprenderá a usar seu intelecto a serviço de seu verdadeiro propósito.

As Crianças Pacificadoras são comunicadoras natas e ótimas em cultivar uma rede de contatos. Diferentemente das Crianças Guerreira e Natureza, que amam animais, as Crianças Pacificadoras *amam* pessoas, celulares e e-mail. Elas só gostam de conectar as pessoas e reuni-las. Quando adultos, são ótimas casamenteiras e organizadoras de casamentos, são boas em organizar encontros às escuras e reuniões surpresas. Se algo precisa ser feito, essas Crianças são as melhores pessoas a se pedir. Elas podem não oferecer a própria ajuda, mas terão um amigo ou associado treinado ou experiente no campo exigido, não importa qual seja. Elas saberão imediatamente a quem chamar, quando chamar e o que pedir. Se você tiver a oportunidade de ser um competidor no programa *Quem quer ser um milionário?*, ligue para uma Criança Pacificadora se entrar em apuros, pois se não souberem a resposta, conhecerão alguém que sabe. Elas são capazes de olhar para qualquer situação de uma perspectiva afastada, não emocional, e imediatamente decidirão o que precisa ser feito e por quê. Elas são ótimas solucionadoras de problemas, moderadoras e conselheiras por causa de sua habilidade em permanecer desinteressadas e distantes. Enquanto concentram grande parte de sua atenção no bem-estar de outras pessoas, contudo, elas geralmente esquecem de suas próprias famílias. Por não serem muito paternais ou maternais por natureza, as Crianças Pacificadoras adultas costumam defender a abordagem do "amor duro" para criar os filhos e são, em geral, acusadas de ser frias e, às vezes, sem coração, quando se trata de atender às suas necessidades emocionais. Em alguns casos, as Crianças Pacificadoras são consideradas, de certa forma, desequilibradas, sarcásticas, mesquinhas e narcisistas.

As Crianças Pacificadoras são racionalistas orientadas por teorias. Na infância, são alegres, animadas, sociáveis e otimistas. Elas são os membros confiantes, prestativos, positivos e honestos da comunidade que odeiam conflitos, brigas e discórdias. Em vez disso, adoram conversar, rir, cantar e dançar, e acreditam que tudo é belo e perfeito. Quando estão crescendo, são os pacificadores, os intrusos e os observadores que tentam ver somente os aspectos positivos das pessoas; os gregários, os imprevisíveis, levados por um desejo benevolente genuíno de fazer a diferença. Quando adultas, elas são as românticas na "nova era"; salvadoras que frequentemente referem a si mesmas como "Trabalhadores da Luz". Esses trabalhadores afetuosamente assinam seus e-mails com "amor e luz" e aprovam francamente a existência de anjos e outros seres celestiais (e com razão). Elas são geralmente aquelas dotadas do conhecimento para organizar e presidir círculos de desenvolvimento espiritual e oferecer leituras de tarô em festivais espirituais. Elas são extremamente intuitivas e, em alguns casos, profundamente sobrenaturais, mas às vezes são vítimas do ego muito inflado. Apesar de serem impulsionadas a disseminar a palavra (o que elas fazem com estilo e graça), as boas samaritanas feridas entre elas ocasionalmente expressam sua sabedoria de maneiras hipócritas e condescendentes, atribuindo ao restante uma reputação ruim de serem excêntricas ou desafiadoras.

Nos casos mais graves, as Crianças Pacificadoras carregam o arquétipo da "criança abandonada" e tendem a adotar a mentalidade de vítima. Elas detestam ficar sozinhas, por exemplo, e pulam cegamente de um relacionamento para outro para evitar a solidão, ignorando a segurança, os desejos e as necessidades daqueles próximos a elas (em geral, seus próprios filhos). Ao fazê-lo, elas involuntariamente repetem seus padrões e continuam um ciclo pessoal de amor não correspondido ou excessivamente possessivo, enquanto perdem o respeito daqueles que as amam de verdade. São propensas a serem vítimas de confusão, negação, dissociação, despersonalização e até psicoses induzidas por drogas ou esquizofrenia hebefrênica. Quando esse for o caso, aparentemente são gentis e carinhosas, mas quando frustradas, irritam-se rapidamente e reagem, em vez de responder. Elas ficam bravas, ressentidas e prejudiciais. Tendem a culpar as circunstâncias ou outras pessoas por suas desgraças ou defeitos e preferem ser resgatadas por um cavaleiro de armadura brilhante a se esforçar para melhorar suas próprias vidas. Elas muitas vezes escondem uma natureza rancorosa e ciumenta sob um véu de "amor e luz" simulado. Elas são rápidas para acusar os outros de serem críticos e egoístas porque sabem que são muito culpadas por esses "pecados", embora não consigam reconhecer a lei de reflexão que claramente afirma que o que incomoda em relação ao outro é geralmente sua maior fraqueza ou ruína.

A despersonalização, a paranoia e a fúria reprimida são induzidas muitas vezes por um passado permeado de abuso de drogas ou álcool, ou uma memória celular ou consciente do que acontece dentro daquele círculo familiar imediato. Como as Crianças Guerreiras, muitas Crianças Pacificadoras tiveram uma vida de violência, abuso, saúde frágil, incerteza ou base instável, e por isso elas odeiam conflitos e reagem a eles da forma com que fazem. É como se elas entrassem em pânico internamente; sentissem como se tivessem que fazer algo para provar seu valor e solucionar a inquietação (mesmo que não sejam culpadas). Elas se sentem como se fossem culpadas ou, de certa forma, responsáveis, e disparam em defesa e tornam-se muito emocionais e irracionais quando não conseguem explicar ou defender seu caso. Quando adolescentes e adultas, elas geralmente associam-se romanticamente com Crianças Pacificadoras, pois são atraídas por seus atributos físicos e personalidade dinâmica. A menos que estejam plenamente equilibradas e em sintonia consigo mesmas do ponto de vista holístico, contudo, essa parceria raramente dura. Crianças Pacificadoras geralmente se associarão pela segunda vez com Crianças Inverno (mas devem ser cuidadosas para não fazê-lo no papel de "salvadoras"). Elas costumam ter Crianças Guerreiras como irmãos ou filhos e são, em geral, avós de Crianças Natureza ou Douradas (embora sempre haja exceções).

Para mudar para sua fase positiva ou manter o equilíbrio, as Crianças Pacificadoras devem ter a oportunidade de desenvolver a crença em seu próprio valor, para permanecerem verdadeiras consigo e nunca se subestimarem, se expressarem e defenderem suas opiniões, mas de uma maneira assertiva, e não agressiva e ressentida. Elas devem ser incentivadas a persistir e completar o que planejaram, buscar o que funciona para elas e se manter leais a isso, encontrar uma carreira de que gostam ou que apoie seu senso de propósito mais elevado, bem como divertir-se com as pessoas, estando o tempo todo sensíveis às necessidades, crenças pessoais e preferências dos outros. As Crianças Pacificadoras conquistam mais e fazem melhor quando conseguem seguir uma rotina diária rígida. Elas devem tentar permanecer estáveis o tempo todo (e evitar que saiam flutuando com as fadas), participarem regularmente de atividades físicas, orações e meditações e dedicarem algum tempo para refletir sobre os aspectos da vida mais profundos e significativos.

E elas fariam bem em lembrar que as coisas não são sempre o que parecem e nunca julgarem um livro pela capa, em especial quando se trata de relações amorosas e do aspecto espiritual. Embora sejam geralmente seguras para assumir que "se grasna como um pato, provavelmente é um pato", nunca se deve fazer pressuposições baseadas em aparências ou somente nas primeiras impressões – uma percepção que deve ser integrada em *todas* as áreas de sua vida.

Da mesma forma que há forças angelicais (tanto de forma cósmica quanto mundana) que anseiam por nos inspirar e nos ver prosperar e nos curararmos, por exemplo, há forças opostas (com a mesma força e poder) que ficariam felizes de nos tirar o propósito e nos ver definhar e morrer. A luz e a escuridão estão presentes em todas as coisas, com a palavra "luz" nem sempre correspondendo ao que é "bom" ou "positivo", e a palavra "escuridão" nem sempre significando "ruim" ou "negativo". Não se deve nunca aceitar ou confiar sem questionar. Se alguma vez você encontrou um "anjo" (no mundo tangível ou nos reinos não físicos da meditação, do sonho ou da visão), imediata e impiedosamente pediu à entidade uma prova de sua autenticidade e integridade. Por quê? Porque, embora seja seguro e correto presumir que um "ser de luz" verdadeira nunca trairia, abandonaria ou abusaria de seu papel como mensageiro de Deus, do Espírito ou "da luz", uma entidade verdadeira do lado negro o faria. Se você perguntasse "você é um anjo?", um anjo autêntico (um ser de energia pura encarregado da função de mensageiro, curador e transmissor da sabedoria) responderia explicitamente: "Sim". Anjos são embaixadores do Espírito e este nunca mente, comete erros nem sofre acidentes. Sim significa sim, continuando a ser a única resposta em que se pode acreditar absolutamente. Se seu anjo responder com uma charada; uma resposta oculta atrás de uma pergunta, ele não é o que parece. Se você perguntar a seu anjo "Você é um anjo?", e seu "anjo" responder com um desafio como "Por quê? Você *precisa* que eu seja um anjo?", então você pode apostar seu último dólar que o que está à sua frente é realmente uma entidade do lado negro que assumiu a aparência aceitável e esperada de um anjo. Entidades do lado negro seguem uma motivação: confundir, obstruir e dissuadir e elas farão o possível para alcançar seu objetivo, mesmo que envolva "vestir-se" ou fingir ser algo que não são. Nós deveríamos tentar sempre andar na linha tênue da integridade e impecabilidade, o tempo todo demonstrando plena consciência da "luz" e da "escuridão" em todas as coisas. Somente dançar "na luz" é potencialmente tão perigoso quanto agir principalmente com as forças do "lado negro". Supor que tudo que é do Espírito é bom e belo é tão ignorante quanto supor que todos os aspectos das trevas são naturalmente ruins. Embora permaneça uma verdade universal que o lado da luz nunca o trairá intencionalmente, o lado negro permeará a luz prontamente, afetando de maneira negativa tudo o que encontra, como um tumor maligno. Porém, enquanto esse for o caso, o lado negro oferecerá lições e experiências valiosas que, embora sejam em geral de natureza devastadora, oferece oportunidades de crescimento e amplia a visão de vida. Portanto, enquanto caminhar em um caminho impecável, é um homem sábio aquele que reconhece o bom e o ruim em todas as coisas, mas apenas atrai para si aquelas coisas que prometem beneficiá-lo de uma maneira equilibrada, ao mesmo tempo em que questiona sua autoridade constantemente.

Humor correspondente: sanguíneo

Sanguíneos são atraentes e charmosos; os narradores tagarelas de relatos verdadeiras e aventuras exageradas. Eles são divertidos de ter por perto, são entusiasmados e divertidos, com um senso de humor hilário e uma perspectiva cômica da vida. Os sanguíneos são convincentes e afetivos, expressivos e amigáveis, apaixonados e animados. São positivos em relação ao que os impulsiona e fervorosos com seus amores e paixões. Eles são questionadores e adoram estudar, encontrar respostas e fazer perguntas. Eles são os artistas, comediantes e exibidos. Os sanguíneos estão presentes em tudo o que fazem. Eles vivem no agora.

Embora eles possam ser imprevisíveis em alguns momentos, são genuínos de coração. São falantes obsessivos. Eles adoram enfeitar histórias enquanto entram em detalhes dolorosos ao relatar sua interpretação e muitas vezes esquecem detalhes importantes, como nomes, datas e assim por diante. Esse aspecto de sua personalidade pode fazê-los soar como "exagerados" e parecem ser um pouco perturbadores ou falsos. Em geral, parecem agitados e nervosos, super entusiasmados e arrogantes. Os sanguíneos costumam protestar e apostar em jogos de azar; são ingênuos, crédulos e tempestuosos. Apresentam predisposição a acreditar que a vida é mais bem controlada por forças externas e, quando agem em seu lado sombrio, a veem como se influenciada por condicionamentos negativos e circunstâncias alheias ao seu controle. Eles podem ser "esquentados", irresponsáveis e imaturos. Daí a necessidade, de acordo com a filosofia que defende os Quatro Humores, de o sanguíneo ter a chance de "secar e esfriar" para atingir seu potencial.

Eles precisam lembrar que há mais na vida do que diversões superficiais e jogos, caso queiram atingir seu potencial máximo. Eles podem fazer isso passando com regularidade algum tempo concentrando-se nos aspectos espirituais, éticos e benevolentes da vida. Uma sugestão que vale a pena ser explorada é seguir a lei do verdadeiro dízimo, que defende a doação de 10% do dia a Deus para serem abençoados. Meditação e oração também podem ajudar. Eles devem tentar viver de uma maneira boa, fazendo aos outros o que gostariam que fizessem a eles. Precisam participar de atividades sólidas e passar o tempo trabalhando com a Mãe-Terra. Os sanguíneos precisam estruturar a rotina de seus dias estabelecendo horários estritos e planejamento meticuloso, bem como completar o que começaram, divertir-se e permanecer atentos aos outros.

Elemento esotérico correspondente: Ar

Todas as manhãs, o Sol nasce no Leste – a direção de maior luminosidade, sabedoria e consciência. Quando o cacarejo da Kookaburra anuncia um novo dia, a promessa de novos começos é percebida por todos. Assim que os primeiros raios de Sol expulsam os mistérios obscuros da noite, nasce um novo dia ao mesmo tempo. O potencial está desenvolvido, o ar está fresco e a oportunidade está lá para ser aproveitada. O Leste simbolicamente incorpora as energias geradas pela primavera, a estação do novo crescimento e da fertilidade, regida pelo elemento ar. Na primavera, o campo está salpicado de filhotes de animais, o ar está quente e os campos são semeados. É um momento de equilíbrio e harmonia, quando a luz e a escuridão se mostram iguais. É um momento de celebrar a vida e o que significa estar vivo. A primavera e suas correspondências são masculinas por natureza: seca, expansiva e ativa. De acordo com os ensinamentos da Roda da Vida, durante a primavera nos encontramos simbolicamente de volta à infância, prontos para recomeçar a vida, dotados da inocência da infância. Os dons de iluminação e intuição são nossos, facilmente disponíveis. As energias da primavera também regem os signos zodiacais de Gêmeos, Libra e Aquário, todos signos de ar.

Aqueles regidos pelo elemento ar também o são pela mente, para bem ou para o mal. Eles são pessoas tipicamente intuitivas, alertas, perspicazes e sensatas que às vezes parecem sobrecarregadas, oprimidas e confusas, em especial quando estão cansadas ou estressadas. São falantes eloquentes quando instigados e, às vezes, um pouco imprevisíveis. Ser do tipo ar diz respeito a se conectar com as pessoas. Eles são simpáticos e fáceis de ouvir. São populares, estimulantes e abençoados com o gene do "todos os amam". Quando atuam em seu lado positivo, são genuinamente angelicais por natureza, levando alegria e divertimento àqueles que encontram. Quando estão nessa fase, são os cochichadores da Respiração da Vida e dos reinos celestiais, pois ressoam energéticamente com Mercúrio, o mensageiro dos deuses. O elemento ar caracteriza-se pela compreensão, mente, comunicação, verdade, observação composta e o sopro dos ventos da mudança. Aqueles do tipo ar também são propensos à anorexia, articulações dolorosas e que estalam, insônia, mente acelerada, prisão de ventre e falta de ar. Eles geralmente são fisicamente belos, com corpos alongados, magros e flexíveis e braços bem definidos, bem como costumam se movimentar em passo rápido e abrupto.

Intelectuais por natureza, os tipos ar passam tempo demais pensando de maneira analítica sobre tudo. Eles criticam mentalmente, avaliando e reavaliando o tempo todo. Os tipos ar se estressam e se cansam com as coisas mais simples, sofrendo muitas vezes de tensão nervosa, dores de cabeça e ansiedade como consequência, enquanto às vezes tendem à dependência de cigarros e álcool como muletas de apoio. Eles se preocupam demais com o que as pessoas podem pensar, mas conseguem se misturar, como camaleões, em qualquer situação, ambiente ou cenário. A maioria dos tipos ar se daria bem dedicando algum tempo à exploração de seu elemento polar oposto: água. O elemento água convida as pessoas a explorarem o interior, meditar, aquietar o diálogo mental e refletir; buscar respostas às suas perguntas dentro dos recônditos de sua mente consciente e confiar plenamente na orientação interior que lá encontram.

Para atrair as qualidades incentivadoras e construtivas do ar, dance alegremente ao som de instrumentos de sopro, gaitas de fole, flautas, sinos e sinos de vento para invocar os silfos, os espíritos elementais do ar. Passeie por caminhos nas montanhas, pratique Yoga no topo de um penhasco, voe de asa-delta ou parapente, salte de paraquedas, passeie num balão de ar ou tente empinar uma pipa em um dia em que esteja ventando.

Uma visualização guiada que explora o elemento ar

Vá para um local confortável onde você sabe que não será interrompido. Se possível, encontre um lugar na natureza. Sente-se com as costas apoiadas no tronco de uma árvore, numa rocha reta ou num cepo musguento. Sente-se com a intenção de fortalecer seu elo com o Espírito e de recordar sua relação inerente com a Mãe-Terra. Você pode se enrolar em um cobertor, se quiser, pois não é raro que a temperatura corporal caia assim que você entrar cada vez mais em silêncio profundo. Acalme sua mente consciente e se esforce para calar seu diálogo interior. Espere o momento em que você intuitivamente sentir-se predisposto a abrir sua consciência aos Outros Reinos. Seu subconsciente deve estar receptivo e alerta, conversando com seu consciente. Deixe as visões e imagens simbólicas flutuarem em sua mente. Mantenha o foco dentro de si. Deixe todos os pensamentos apenas passarem. Quando você se vir envolvido em um pensamento consciente exterior, respire fundo e leve-se de volta ao seu centro.

Agora você está pronto para começar.

Visualize-se em uma grande planície coberta de grama, repleta das mais belas e coloridas flores selvagens. De onde você está é possível ter duas visões muito diferentes. À sua direita há um caminho que leva até a um pico de montanha íngreme e à sua esquerda há um caminho que leva a um vale profundo. O local onde você está é, na verdade, a intersecção entre tempo e realidade, um ponto misturado de realidade e "os Outros Mundos", do físico e do místico. É onde o milagre pode ser encontrado.

Visualize-se tomando o caminho da direita, que leva ao topo de uma montanha íngreme, voltado para o Leste, observando o nascer do sol na direção de maior luz. O aroma delicado e etéreo de amores-perfeitos, prímulas, violetas, milefólios e lavandas preenchem suas narinas e o som de folhas farfalhando ao redor dos álamos o conforta. Você sente a respiração sussurrada de Euro, o Vento Leste, acariciando seus cabelos. É primavera e o ar está fresco. Você observa o céu amarelo e vê símbolos formando-se nas nuvens. Como se oferecesse uma bênção à nova alvorada, você começa a lançar penas douradas no ar. Você as observa se afastarem, sendo carregadas na brisa leve para o vale coberto de névoa logo abaixo. Você se sente positivo, vivo e forte. Percebe que este é um novo dia e tudo que você não fez ontem está pronto para ser resolvido hoje. Você é como uma criança, um menino, andando pela primeira vez em um mundo cheio de promessas, admiração e empolgação. Você ouve o som de uma flauta, sua música levada até você na brisa suave.

De repente, você ouve um som se aproximar e, quando o procura, vê uma revoada de corvos. Misturado entre eles há um casal de águias e diversos falcões. Você os observa voar e sente um desejo intenso de se unir a eles, mas antes que você tenha a chance, eles vão embora – exceto uma única águia, que circula acima, tão alto que não é nada além de um ponto no céu, agora vermelho. Você senta e fecha os olhos e, nos olhos de sua mente, visualize-se cercado de fadas e zéfiros, seres elementais que habitam lugares tempestuosos e mágicos. Você abre os olhos e, para sua surpresa, à sua frente há três seres, transparentes como vidro, embora muito físicos. Cada um segura algo nas mãos – um carrega uma espada, outro, uma adaga com o cabo cravejado de ametista, e o terceiro, uma varinha com ponta de cristal. Eles dizem a você que são silfos, espíritos elementais do ar, enviados pelo anjo Rafael e pelo rei dos elementais do ar, Paralda. Suas túnicas esvoaçantes parecem fragmentos de fumaça ou redemoinhos de névoa. Eles parecem estar suspensos, embora físicos o suficiente para estarem de pé. Eles são deste mundo, porém, de alguma maneira, não são. Eles falam, mas não com palavras. É como se eles se comunicassem apenas por pensamentos. Seu mundo é governado pela mente e seu conhecimento é abstrato por natureza. Eles viajam no vento, falam pela respiração e sua instrução é telepática e inspiradora.

Eles o convidam a se juntar a eles. Eles acenam para que você entre em seu mundo etéreo, onde a liberdade além da crença pode ser encontrada. Eles o inspiram a aprender, saber e compreender tudo, a desvendar segredos e crescer em um nível espiritual.

Os silfos o convidam a se aproximar. Eles pedem para que você feche os olhos e caminhe. Você fecha os olhos e dá um passo. Você dá outro passo e descobre que não consegue encontrar um apoio. Os silfos o incentivam a continuar, confiar em sua sabedoria. Você continua e, para sua surpresa, não cai. Você abre os olhos e percebe que está, na verdade, a cerca de um metro ou mais da borda do pico da montanha e afastando-se cada vez mais. Você está de pé, mas não, em nada, mas algo. Você está unido ao mundo dos silfos. Você está suspenso como que por fios invisíveis, embora inexistentes. Os silfos modificaram você e sua percepção de realidade, e, neste mundo, você consegue viajar pelo terreno aerado apenas com a mente. Você consegue voar. Eles riem e se lançam. Eles olham para trás e o chamam para segui-los. Você mergulha como se caísse e, então, como por instinto, você sobe antes de atingir o chão do vale. Você segue os silfos como se eles o levassem em um voo de fantasia por campos agrícolas e florestas, por vales e serras, grandes lagos e praias arenosas. Você voa pelo que parece ser uma eternidade, o tempo todo ouvindo a risada alegre dos silfos – os emissários do Leste.

Algum tempo depois, os silfos o levam de volta para o seu retiro no alto da montanha e, por meio de uma linguagem de pensamento, revelam uma verdade que apenas você pode relatar. Pode ser uma lembrança, um novo aprendizado; a localização de uma coisa que imaginava estar perdida ou uma comunicação com alguém em Espírito. Eles podem estar dizendo para você estudar algo novo, como adivinhação, conhecimento sobre ervas, um instrumento de sopro, meditação zen ou estabelecer contato com o reino angelical. O que quer que eles compartilhem com você, lembram-no de olhar para a antiga arte da profecia e sempre se lembrar das regras do karma.

Com isso, os silfos desaparecem e o deixam sozinho. Ouvindo um som suave de batida, você se vira para ver uma série de bandeiras de oração tremulando na brisa, suspensas nos galhos de uma árvore sem folhas. Ao perceber sua importância, você faz uma oração silenciosa ao Espírito, por um motivo sagrado para você, e dá graças, inspirando três vezes pelo nariz e expirando pela boca antes de retornar ao lugar físico onde está sentado.

Medicina tradicional chinesa: Pessoa metal/pulmão

De acordo com os ensinamentos da medicina tradicional chinesa, as Crianças Pacificadoras, como "pessoas pulmão", têm mente, corpo e sistemas energéticos centralizados no elemento ar/metal – este em sua forma gasosa, isto é, ou quando aparece como vapor. A cor tradicionalmente associada ao metal é branco, daí a compleição pálida daqueles extremamente influenciados por esse elemento.

A pessoa pulmão tem seu foco dominante nos aspectos analíticos e intelectuais da vida; no poder da respiração e na arte do desprendimento – exatamente como as folhas se soltarão da árvore e sairão voando na brisa. Em um nível corporal, quando esse relacionamento é compreendido e a pessoa pulmão atua em harmonia com seu elemento, um nível maior de bem-estar nos tecidos relacionados ao pulmão é atingido, de acordo com os ensinamentos da medicina tradicional chinesa: intestino grosso saudável e intestino delgado uniforme, pele clara e radiante e nariz limpo, o principal membro usado para inalar o ar. A pessoa pulmão com energia metal equilibrada é lógica, comedida e confiável. Elas gostam de organização e regras, com muitos escolhendo se juntar à força policial ou ao exército. Elas prosperam quando conhecem seus limites e podem alcançar algo ao permanecer dentro deles. O *Qi* metal (força vital) concede resistência, energia e força interior, como a estrutura de aço que sustenta um arranha-céus.

Quando desequilibradas com seu elemento, as pessoas pulmão logo ficam desajustadas, em especial se insistirem em participar de trabalho mental sedentário em excesso, ficando entediadas, ou não realizando atividade física suficiente. Elas literalmente secam e se tornam visivelmente letárgicas e sem brilho, o que, se não tratado, pode levar a apatia e melancolia. Um desequilíbrio no *Qi* metal pode gerar um senso de mágoa, com a pessoa sobrecarregada pela depressão. Elas podem se tornar mordazes, impacientes e exigentes, bem como apresentar problemas para viver bem sozinhas. Uma redução no *Qi* metal geralmente é anunciada por doenças nos pulmões ou na pele, como, por exemplo, asma, alergias e resfriados frequentes, erupções, eczema e transpiração excessiva. Se deixadas sem tratamento, as pessoas pulmão desequilibradas podem se tornar fisicamente magras, anêmicas, curvadas e com falta de ar, evoluindo para problemas posteriores, como insônia crônica e prisão do ventre, diarreia e outras desordens intestinais. A energia do metal é facilmente impulsionada pela exposição da pessoa pulmão ao ar fresco, puro e limpo, depois do que ela se sente tão revigorada e inspirada que consegue quase tudo o que colocar na cabeça.

Como pessoas metal/ar, as Crianças Pacificadoras são propensas a deficiências no pulmão, portanto é essencial que façam o possível para intensificar e manter seu *Qi* pulmonar. De acordo com a medicina tradicional chinesa, o pulmão é relativo à respiração e aos progressos pessoais durante a vida. Atividades energéticas na natureza, como uma caminhada vigorosa pela praia ou uma trilha alegre nas montanhas, onde há muito ar fresco, limpo e oxigênio ajudará muito na restauração do *Qi* pulmonar exaurido, com um aumento gradual no regime diário constituído com o passar do tempo, assim como exercícios respiratórios específicos para aumentar o nível do oxigênio transportado a cada uma das células do corpo (como a Técnica de Respiração Buteyko). Cursos para falar em público (como Toastmasters, que ajuda a dominar o medo de falar em público) e o Hatha Yoga também beneficiarão muito o processo. O Hatha Yoga restaura a vitalidade e a resistência, oferecendo força para seguir com a vida. Ela restabelece o foco ao ensinar técnicas eficazes de respiração e como trabalhar a partir do centro, removendo o que não for importante ou for perturbador.

A Respiração da Vida é ensinada para ser sustentada pela cor branca, portanto a estimulação e a manutenção do *Qi* pulmonar são facilitadas ao se vestir roupas de cor branca e consumir alimentos de coloração branca, em especial alimentos brancos *picantes*, como cebola, alho, nabo, gengibre, raiz-forte, repolho, rabanete e pimenta branca. Quantidades moderadas de carne de tubarão, carneiro, canja de galinha, moluscos, ovos, melancia, pinhão, nozes, amendoim, tangerina, arroz, atum, pato, caldos de carne bovina e de porco e sopa de alho-poró também são recomendados.

Não importa o quanto mantemos nossa casa limpa, nosso ambiente contém toxinas que são normalmente eliminadas de nosso corpo com cada movimento saudável do intestino. Movimentos irregulares ou deficientes do intestino podem ocasionar a retenção dessas toxinas no corpo que, se não forem tratadas, podem provocar algumas doenças, como prisão de ventre crônica, dores de cabeça, inchaço, mau hálito, colite ulcerativa, diverticulose (a formação de bolsas anormais na parede do intestino), alergias, esgotamento energético, problemas ou irregularidades intestinais, úlceras estomacais, cheiro forte de suor, artrite, síndrome do intestino irritável e problemas respiratórios. Portanto, uma vez por ano, pessoas pulmão (a partir dos 18 anos de idade) devem investigar se precisam realizar alguma forma de procedimento de limpeza do intestino, como irrigação do cólon, um procedimento conhecido também como hidroterapia do cólon ou hidrocolonterapia. A irrigação do cólon é uma prática que limpa suavemente o cólon com água filtrada e com temperatura regulada por meio de um cateter no reto. Movimentos irregulares ou insuficientes podem fazer com que os resíduos corporais sejam produzidos e comprimam o cólon, para serem reabsorvidos pela corrente sanguínea, o que resulta em baixa vitalidade e doenças. A irrigação limpa o cólon suavemente, amolecendo e removendo o excesso de resíduos formados com o passar do tempo. Deve-se observar, no entanto, que os pacientes que sofrem de doenças agudas ou crônicas, diarreia ou imunocomprometidos devem buscar aconselhamento médico antes de realizar quaisquer procedimentos de limpeza do intestino. Também é aconselhável que pessoas que desenvolvem infecções incomuns, sintam fraqueza ou apresentem outros sintomas não característicos como resultados da colonterapia devem interromper o tratamento imediatamente, consultar o médico e relatar os sintomas ao profissional assim que possível.

A exemplo das Crianças Natureza, as Crianças Pacificadoras também podem aumentar muito sua força vital por meio da prática de Qigong e Tai Chi e aproveitar os benefícios da acupuntura. Qigong refere-se à combinação de "*Qi*" (ar, respiração, energia e força vitais) e "gong", o domínio do autocontrole e da realização. Incorpora meditação, relaxamento, movimentos físicos, integração mente/corpo e diversos exercícios respiratórios. A acupuntura está profundamente fundamentada na crença de que a doença é causada por um desequilíbrio no sistema energético do corpo. Afirma-se que restabelece a harmonia por meio do equilíbrio do yin e yang corporais. A acupuntura envolve a inserção indolor de agulhas finas nos meridianos do corpo ou canais energéticos (com os nomes dos órgãos que representam) para limpar o *Qi* bloqueado, liberando o fluxo energético pelo corpo. O Tai Chi, por sua vez, é uma antiga arte de movimento chinesa. Foi criada como uma forma de arte marcial que inspira a autodefesa por meio da ênfase no silêncio, no equilíbrio interior e na autodisciplina. Atualmente, os movimentos fluidos são praticados como uma forma holística de exercício que visa melhorar a flexibilidade, a postura corporal e o equilíbrio, bem como nos levar de volta a nosso local nato de conhecimento e poder antigos. Ervas conhecidas por intensificar o *Qi* pulmonar são astragalus, gengibre e tang-shen, uma erva relacionada ao ginseng, porém mais branda, em geral adicionada ao caldo de carne.

Ayurveda: Energia do ar /Vata

Vata (um termo que significa "vento, movimentar, fluir, direcionar os processos ou comandar") é seco, refrescante e arejado e tem uma natureza entusiasmada e inconstante. Acredita-se que seja uma força composta de éter e elementos do ar. O nível do éter (ou "espaço") afeta o grau em que o ar pode ganhar força viva. Se desenfreado, o elemento ar pode reunir força excessiva e sair do controle, tornando-se um furacão destrutivo.

As pessoas Vata são famosas por suas imaginações superiores e perspicácia intelectual. São muito criativas e aprendem rápido. Adquirem novas habilidades rápido, mas costumam esquecê-las tão rápido quanto, principalmente quando não precisam mais delas. Fisicamente, costumam ter uma constituição física delicada, são pequenas e magras, com pele e cabelos secos. Não parecem transpirar muito. As pessoas Vata falam em andam rápido e reclamam sempre de suas mãos e pés frios. Odeiam o clima frio ou passar um tempo em áreas de clima frio. São muito sensíveis e emocionais, com personalidades alegres e divertidas. Costumam ter um humor imprevisível e podem ser nada sistemáticas em sua rotina diária. Costumam apresentar níveis elevados de energia que duram apenas por manifestações repentinas breves. Cansam-se fácil e costumam exagerar as coisas. Aqueles que as conhecem provavelmente as descreveriam como felizes, espontâneas e animadas quando equilibradas, mas estressadas, medrosas, petulantes e nervosas quando desequilibradas. Como as pessoas Vata costumam gastar dinheiro tão rápido quanto ganham, como regra geral, elas mal conseguem cobrir o essencial.

Desde cedo, elas precisam ter oportunidades de se expressarem e desenvolverem suas personalidades artísticas criativas inatas e transmitir sua imaginação de uma maneira sólida. Uma ênfase na regularidade na rotina diária é vital, assim como a disciplina nos horários de refeições, banho e sono. Como até fixar uma hora para acordar de manhã é importante, a compra de um alarme está definitivamente nos planos. Um regime rígido é muito importante para tranquilizar a energia Vata, assim como um ambiente harmonioso, muitos líquidos quentes, muito descanso, calor corporal e alimentação constante. A Vata é uma força composta teoricamente por elementos do éter e do ar. Evite o risco de ser estimulado demais por música, televisão e pessoas barulhentas, luz solar e claridade em excesso, cores vibrantes, e corte álcool, chá, café, cigarros e drogas da rotina. Com o hábito, as pessoas Vata têm cada vez mais noção de seus pontos fortes e fracos e ficam alertas quando ficam agitadas, estimuladas, excitadas ou cansadas em excesso. Elas têm a oportunidade de se regular e saber quando desacelerar e encontrar um lugar de calma interior.

As pessoas Vata podem sofrer com dores de cabeça, hipertensão, tosse seca, dores de garganta, dores de ouvido, ansiedade, arritmia, espasmos musculares, artrite, lombalgia, prisão de ventre, gases abdominais, diarreia, estômago irritado, cólicas menstruais, ejaculação precoce e outras disfunções sexuais. Na maioria dos casos, o desequilíbrio Vata pode ser atribuído a doenças neurológicas. As pessoas Vata costumam ter um apetite inconsistente e sistema digestivo irregular. Como em todos os aspectos, o segredo está em se alimentar com moderação. Evite a ingestão excessiva de alimentos consumindo porções pequenas, porém regulares. Inclua muitos alimentos aquecidos, fortes, oleosos e úmidos na dieta: porções regulares de carne (em quantidade moderada) preparadas com ervas e temperos como cardamomo, canela, cravo-da-índia, coentro, cominho, gengibre, erva-doce e noz-moscada. Prefira alimentos doces, azedos, salgados, quentes, de textura moderadamente pesada, manteiga e gordura, bem como alimentos leves como leite morno, creme de leite, manteiga, sopas e ensopados mornos, cereais quentes e pães frescos. Coma muito arroz, aveia, mingau de arroz e legumes cozidos em geral: aspargo, beterraba, cenoura, salsão, alho, vagem, quiabo, cebola, pastinaca, rabanete, nabo, batata-doce e castanha d'água. A maioria das frutas é ideal, se estiverem maduras e na época: tomates cozidos, mangas frescas e damascos maduros são particularmente bons. A carne é benéfica, em pequenas porções regulares. Aves, peixe fresco, carne de veado, e, às vezes, carneiro ou carne bovina são ótimas escolhas, assim como ovos, leite e laticínios. Legumes, em porções pequenas, em especial feijão-mungo, lentilhas marrom e vermelha, grão-de-bico, ervilha seca e lentilhas cozidas ou em broto, nozes e sementes. As sementes de abóbora e amêndoas sem pele são perfeitas. Óleos, principalmente o de gergelim; mel e doces, gengibre e alho, pequenas quantidades de condimentos, em especial assa-fétida, e pequenas quantidades de vinho diluído podem ser consumidas, mas tenha em mente a personalidade naturalmente suscetível a vícios da pessoa Vata. Reduza ou evite todos os alimentos crus, secos, vegetais folhosos, frios e congelados. Trigo, pão, espinafre, batata, tomate cru, berinjela e pimentas (na verdade, todos os membros da família da erva-moura, a

Solanaceae) e frutas adstringentes, como cranberries e romãs, devem ser evitadas, especialmente quando se sofre de articulações inflamadas. Frutas desidratadas, como maçãs e uvas, frutas secas, óleo de cártamo e açúcar também devem ser evitados.

As ervas conhecidas por acalmar o Vata incluem gotu kola e ginseng, ao passo que aromas quentes e doces, como manjericão, laranja, gerânio rosa e cravo-da-índia da aromaterapia suavemente reduzem a energia Vata em excesso.

Homeopatia

Os remédios homeopáticos listados a seguir podem ser benéficos para auxiliar no equilíbrio da constituição da Criança Defensora da Paz:

- Argentum nitricum
- Cannabis
- Lycopodium
- Mercurius
- Phosphorus
- Tuberculinum

Para uma explicação mais detalhada sobre esses remédios homeopáticos sugeridos, por favor consulte a seção ao final deste livro dedicada à homeopatia e sua história, bem como a tabela com observações sobre cada remédio.

Outro conselho

As Crianças Pacificadoras são profundamente espirituais, portanto, essa habilidade nata deve ser incentivada e desenvolvida a todo custo. O fato de elas terem o lêmure-de-cauda-anelada como seu principal totem pode sugerir uma memória celular ou possível vida passada em Lemúria; o "mundo fantasma" – uma terra que há muito não existe, mas lembrada em seus sonhos. Introduza a meditação não guiada para incentivar a imaginação, a criatividade e a paz interior e, depois, acrescente a meditação guiada para instaurar uma consciência do Espírito, dos guias, dos ancestrais e do Eu superior.

Existe a possibilidade de as Crianças Defensora da Paz apresentarem memória genética reprimida ou um conhecimento inexplicável associado a Lemúria (também conhecida como a "Terra do Lêmure"), indicada por reações emocionais inesperadas provocadas quando histórias associadas com o continente são ouvidas ou quando têm sonhos ou visões recorrentes das pessoas ou paisagens. Elas podem desenvolver uma necessidade irresistível de pesquisar o mundo perdido ou sentir uma necessidade de explorar os "modos antigos". Uma consciência espiritual acentuada ou uma sensibilidade súbita à energia sutil, um interesse na filosofia baseada na natureza, na mitologia, na simbologia animal ou nas propriedades curativas de plantas e ervas (entre outros) também são indicativos de uma possível ligação com Lemúria ou Mu. Visitas de entes queridos que se foram, "pessoas mortas" e Espíritos Ancestrais são acontecimentos comuns para a Criança Pacificadora comum, muitas passando despercebidas ou descritas como experiências "esquisitas". Em vez de ignorá-las, contudo, as Crianças devem ser ensinadas a ouvir aquelas sensações, visões ou acontecimentos "estranhos", uma vez que podem indicar a presença de um espírito que traz mensagens, confirmações ou curas. As Crianças Pacificadoras são boas nas áreas especializadas da mediunidade, da comunicação com espíritos e na clarividência.

Nascidas com um amor inerente e compreensão acerca de anjos, vidas passadas e tudo o que é cósmico, as Crianças Pacificadoras devem ser incentivadas a invocar o arcanjo Rafael para obter ajuda e orientação, aprender a defumar e fazer sua própria pena de defumação (uma tradição que honra sua conexão com o elemento ar). Trata-se de uma tradição reconhecida por muitas culturas tribais, mas que se tornou popular entre as filosofias dos povos nativos norte-americanos por meio do uso de fumaça originada da queima de ervas ou incenso especialmente preparados para purificar e fortalecer o campo energético ou a aura de uma pessoa antes da participação em jornada ou atividade espiritual. A fumaça é uma substância etérica capaz de penetrar nos véus sutis da Criação. As ervas mais usadas na cerimônia de defumação são erva-de-cheiro, sálvia branca, cedro e tabaco, embora lavanda, franquincenso, canela e eucalipto também sejam empregados como alternativas viáveis. A fumaça atrai energia positiva, ao mesmo tempo em que elimina a negatividade, limpa e purifica a aura em um nível vibracional. Para defumar, escolha uma erva ou uma combinação daquelas listadas acima, seque-as cuidadosamente e as coloque em uma tigela à prova de calor. Com um palito de fósforo, queime as ervas maceradas até que comecem a produzir fumaça, tendo em mente que é a fumaça que se deseja, não uma chama. Toque a fumaça com as mãos em conchas ou uma pena, de modo que cerque e toque cada parte do corpo, enquanto pede ao espírito das ervas que remova toda a energia negativa. Visualize essa energia deixando a aura e voltando ao universo por meio da fumaça.

Para fazer um leque de defumação, encontre duas penas de asa ou rabo de peru (ou quaisquer penas à sua escolha, contanto que não sejam de uma ave nativa protegida por lei), cola quente e uma pistola, um pedaço de camurça, quatro miçangas de vidro, um guizo e duas penas menores (para decoração). As duas penas devem ter aparência e cor semelhantes. Com a pistola de cola quente, una as duas penas pelas pontas. Segure-as até a cola secar, garantindo que seu espaçamento e posição estejam iguais. Corte uma tira de cerca de 30 centímetros de comprimento do pedaço de tecido de camurça. Encontre o centro da tira e a use para unir as extremidades das penas em movimento descendente, cruzando ou sobrepondo o tecido até que as extremidades estejam totalmente cobertas. Quando terminar, haverá duas pontas de excesso de camurça penduradas na parte inferior das penas. Amarre as pontas e amarre duas miçangas em uma, e, na outra, o guizo (prenda-o com um nó); depois, coloque as duas miçangas restantes. Em cada conjunto de miçangas, empurre uma das penas pequenas e a prenda com muita cola quente.

Por causa de sua habilidade de foco, concentração, aprender e reter conhecimento, as Crianças Pacificadoras quase têm sucesso garantido na profissão escolhida quando incentivadas a seguir os estudos avançados. Por terem mente ágil e alto nível intelectual, devem ser estimuladas a concluir o Ensino Médio e depois prosseguir na obtenção de maior qualificação por meio da educação superior e/ou por meio da associação com instituições que correspondam à sua necessidade de liderança, ordem e regras; estabelecimentos que desenvolvam seu "jeito com as pessoas" naturalmente precisas e que as desenvolvam intelectual e fisicamente. Crianças Pacificadoras são aquelas mais prováveis a treinar e se tornam membros do serviço de emergências, corpo de bombeiros, polícia ou serviços de ambulância e paramédicos. Elas podem ser doutores acadêmicos, professores universitários, patologistas, radiologistas e médicos-cientistas por causa de sua perspicácia mental e habilidade de avaliar e analisar. As forças armadas, reservas, cadetes, lobinhos, escoteiros, bandeirantes ou guias também as atrairão. O objetivo do escotismo é estimular o crescimento físico, intelectual, social, emocional e espiritual de todas as pessoas para assumirem uma posição construtiva na sociedade como cidadãos responsáveis e membros de sua comunidade local ou mais ampla. Especialmente destinadas às meninas, as Guias foram criadas como meio de ajudar meninas jovens a se tornarem mulheres confiantes, responsáveis e com respeito próprio. Porém, quando são cadetes, jovens de ambos os sexos podem participar de atividades de aventura, gratificantes e educativas em um ambiente militar – um ideal ao qual a maioria das Crianças Pacificadoras reage de maneira favorável.

Como outra sugestão, a Surf Life Saving Australia oferece um programa educacional de salva-vidas destinado a crianças de 7 a 13 anos de idade.

Mais do que quaisquer outros tipos de criança, as Pacificadoras se destacam quando participam de esportes coletivos de competição: por exemplo, futebol, basquete, netball, vôlei, hóquei, remo, qualquer forma de ginástica ou esportes atléticos, como pesca esportiva, golfe, tênis, squash e badminton. Pilates, ou "a ginástica consciente", é uma forma de exercício que fortalece os músculos profundos do abdômen e posturais que sustentam e mantêm a coluna vertebral. Ele trabalha seis princípios centrais que correspondem e complementam com perfeição a abordagem intelectual e disciplinada da Criança Defensora da Paz em relação a todas as coisas. Trabalha concentração, controle, foco, fluidez, meticulosidade e respiração – fatores quase totalmente compatíveis com as características da Criança Pacificadora. Apresenta o potencial de ajudá-las a alcançar harmonia em sua mente e corpo, aumentar a flexibilidade e melhorar a postura, o tônus muscular, força estabilizadora, a circulação e a respiração, a densidade óssea e a vitalidade. Pode revigorar o sistema imunológico, aumentar o bem-estar geral e reduzir o estresse.

Como afirmado antes, o verdadeiro propósito dessa Criança é unir as pessoas e incentivar a boa comunicação entre elas. Afirma-se que a programação neurolinguística promove uma mudança permanente e positiva por meio da investigação de qual linguagem e comunicação podem ajudar a moldar nossos valores, crenças e comportamentos. O conhecimento obtido, portanto, dotará a Criança Defensora da Paz em desenvolvimento ou adulta do poder de modificar esses padrões por conta própria (e dos outros) para conquistar a vida que merece.

Ter um espaço no qual podem se sentar imóveis, encontrar o silêncio interior e acalmar a mente é fundamental para a racional Criança Pacificadora, portanto encontre tempo para atividades que promovam essa prática, em especial durante os anos de formação. Massagens são úteis, principalmente depois de um dia difícil. Levar seus filhos a um massagista profissional criará um senso de sacralidade e importância. Eles se sentirão especiais e reagirão bem à ansiedade e à empolgação que um cuidado como esse gera. Escalda-pés, banhos com óleos essenciais, incensos e velas de cores adequadas também proporcionam um momento de tranquilidade. Leia todos os dias para seus filhos, ou peça para eles lerem para você, especialmente depois do banho noturno e antes de dormir (o que também ajuda a estabelecer uma rotina). Ler histórias para seus filhos vai inspirar e iniciar discussões, reações emocionais e um senso de empolgação. Apresente aos seus filhos as histórias que o inspiraram; isso os fará se sentir especiais, como se os estivesse convidando para uma parte sagrada de sua vida. As histórias que seus filhos gostam inspirarão brincadeiras criativas, portanto invista em brinquedos pequenos que darão suporte às histórias que você selecionar e convidarão a criança a prosseguir com o tema das histórias durante toda a brincadeira.

Por ser uma criança que precisa de oportunidades para aprender como se comunicar aberta e honestamente para atingir seu potencial máximo, a Pacificadora deve ter tantas ocasiões quanto possível para se envolver em conversas verdadeiras e significativas. Apresente o "galho da conversa", um graveto ou uma pena enfeitados que proporcionam a quem o segura um espaço para se expressar sobre o que estiver na mente, sem medo do ridículo, de ser interrompido, ignorado ou subestimado. Incentive seus filhos a terem um diário para eles aprenderem a registrar suas emoções, padrões e ciclos, fortalecendo, dessa forma, seu relacionamento consigo e mantendo o controle dos pensamentos, do diálogo interior, de seus medos e esperanças. Inicie momentos de conversas durante as refeições, encenações e orações com incensos como um meio de comunicação com pessoas vivas (sem que se tenha de falar diretamente com elas), o Espírito, anjos e guias, entes queridos falecidos e ancestrais. Investigue os benefícios da arteterapia como uma maneira de fazer seus filhos se abrirem ou instale uma caixa de correspondência em casa para membros da família, amigos e parentes. Inicie você mesmo a conversa compartilhando algo a seu respeito: um medo, uma esperança ou desejo e convide seus filhos a responderem compartilhando algo deles. Nunca se esqueça de perguntar aos seus filhos como foi seu dia, mesmo que você saiba o que aconteceu e dedique-se a passar algum tempo regular e de qualidade com eles. Deixe-os ter um dia de folga da escola às vezes para vocês passarem o dia juntos. Façam compras, um almoço especial, assistam a um filme ou cortem os cabelos e façam as unhas juntos. Esse é mais um dia de união, como um dia de gerenciamento de estresse. Ele intensificará bem a energia ar/metal/pulmão de seus filhos e eliminará qualquer negatividade criada, de uma forma divertida; além disso, compartilhe com seus filhos as seguintes afirmativas tanto quanto possível. Elas confirmam o senso de valor próprio de seus filhos e abrem um canal para a confiança e o amor fluírem entre vocês: "Eu te amo", "Você é especial para mm" e, a mais importante, aquela que todas as crianças anseiam por ouvir: "sua gestação foi a melhor coisa que já me aconteceu".

Embora sintam uma atração natural pelo quartzo aqua-aura, pela ametista e pelo quartzo rosa, pedras e minerais como turquesa, olho de tigre, ágata laço azul, howlita, safira, topázio quartzo transparente, fluorita amarela, quartzo citrino, estanho e cobre são impregnados com energia perfeitamente compatível com as energias da Criança Pacificadora. Todas elas ressoam de maneira favorável em apoio à comunicação, intuição e esforços intelectuais. Incentive sua Criança Pacificadora a carregar uma delas ou uma combinação de qualquer uma em um patuá ao redor do pescoço, no bolso ou, como alternativa, na meia ou no sutiã. A turquesa irradia a consciência do amor e da sabedoria da Mãe-Terra, além de ajudar a alinhar todos os chacras. Ela intensifica a compreensão espiritual, é extremamente protetora, estabilizadora, curativa e purificadora. O olho de tigre é ótimo para o desenvolvimento da intuição e acredita-se que alivie a teimosia, enquanto a howlita alivia a dor, o estresse e a raiva. O quartzo transparente proporciona clareza, consciência e discernimento espiritual, e o citrino dissipa e transmuta a negatividade. Também conhecida como "pedra do comerciante", afirma-se que o citrino traga grandes lucros para o comerciante quando colocado na caixa registradora. É uma pedra de abundância, usada tanto para criação quanto para a manutenção de riqueza. Ela também estimula a clareza mental, a concentração e a persistência. O topázio, em especial o dourado, ajuda a reter informações, energia, pensamentos e amor. Também é relaxante por natureza, pois inspira paz e clareza de espírito. A ágata laço azul promove comunicação aberta, paz, aceitação e confiança, enquanto as safiras são conhecidas como "pedras da prosperidade". Elas nos ajudam a valorizar e tirar proveito máximo de nossos dons de poder e da abundância que conseguirmos na vida. A fluorita amarela promove a criatividade e a as buscas intelectuais, enquanto o cobre e o estanho proporcionam clareza mental, afastam o desânimo e ajudam nos novos inícios. Eles combatem a preguiça, o conformismo, a impaciência, a impulsividade e a baixa autoestima.

Capítulo 5

Criança Dourada (Arco-íris)

Totem: Mico-leão-dourado
Características principais: Visionária/Profetisa/Intuitiva

A família *Callitrichid* contém 26 espécies de saguis e micos. Eles são encontrados apenas nas florestas tropicais das Américas Central e do Sul. Os saguis e micos estão entre os menores macacos do mundo, com algumas espécies pesando apenas cem gramas. Escaladores habilidosos, micos e saguis escalam as árvores verticalmente. Seus braços são mais curtos do que suas pernas e não possuem polegares opositores. Saguis e micos se reúnem em grupos familiares com um a três filhotes nascidos por ano. O jovem viaja no dorso do pai. Saguis e micos comem principalmente insetos, mas também pequenos pássaros, frutas e raízes. O nome "mico-leão" foi inspirado nos bonitos pelos parecidos com uma juba que despontam da cabeça do animal. Os micos-leões-dourados (assim batizados por causa de sua pelagem alaranjada) habitam as florestas tropicais baixas. Diurnos e arbóreos por natureza, os micos-leões-dourados dormem em buracos vazios feitos por pica-paus nos galhos e troncos de árvores velhas. Como uma subespécie, os micos-leões-dourados correm sério risco de extinção por causa do desmatamento e do desenvolvimento urbano. Infelizmente, menos de 2% do hábitat preferido por esse macaco permanece em seu estado natural nos dias de hoje.

Pessoas mico-leão-dourado são líderes, curadores e professores influentes. São intuitivas, cultas e sonhadoras; suas personalidades calmas e gentis inspiram paz e tranquilidade. Pessoas mico-leão-dourado geralmente apresentam conhecimento espiritual avançado e dons espirituais poderosos, como, por exemplo, telepatia e telecinese. Elas conseguem se comunicar com animais com facilidade; são extremamente empáticas e sensíveis às vibrações e energias das plantas, dos lugares e das pessoas. São sensíveis às mudanças e defendem de bom grado causas humanitárias. Elas carregam conhecimento antigo e lembranças claras de vidas passadas (uma habilidade geralmente demonstrada desde a tenra idade), são curadoras profundas e costumam ser descritas como "almas antigas".

Pessoas mico-leão-dourado são sonhadoras. Elas têm talento para a agricultura, adoram animais e estão em harmonia com a natureza. Elas são conhecedoras do mundo, politicamente conscientes, educadas e líderes influentes porque dão o exemplo. São pacíficas, tranquilas e possuem o encanto do "velho mundo". Elas são sábias, sensíveis, charmosas e atraentes. Irradiam uma presença poderosa e logo atraem uma multidão. São bebês felizes e contentes. Quando crianças, são conhecidas por encarar, sentar-se introspectivamente e sussurrar para si mesmas. São honestas, verdadeiras, gentis e amáveis. Pessoas mico-leão-dourado são pacificadoras. São excelentes professoras, sendo, ao mesmo tempo, inspiradoras e oradoras firmes e discretas, amadas por todos, mas também vigorosas, influentes e assertivas.

Pessoas mico-leão-dourado são idiossincráticas, independentes e artísticas. Em geral, proclamadas como eloquentes, inspiradoras e incentivadoras, elas geralmente são pioneiras no campo escolhido, por serem inovadoras e empreendedoras. Muitos as descrevem como estranhamente charmosas, assustadoramente atraentes, familiares e exóticas. Sem qualquer desculpa, elas seguem um ritmo todo próprio e, por isso, são facilmente classificadas como "esquisitas", excêntricas e estranhas. Elas são incomuns, ao mesmo tempo atraentes e perturbadoras. Quando infelizes, podem parecer agitadas, insensíveis e grosseiras – características rapidamente consideradas cansativas e indelicadas.

Na fase sombria, as pessoas mico-leão-dourado podem parecer egoístas, críticas e emocionalmente entorpecidas. Elas adotam muitas vezes a mentalidade de vítima; parecendo ostensivamente desmotivadas, grosseiras e egocêntricas. Elas podem ser inacreditavelmente ingênuas, beirando à estupidez. Quando agem no extremo de seu lado sombrio, podem se apresentar como falsas burras e fingir ignorância. Algumas pessoas mico-leão-dourado parecem gostar de ficar presas em uma rotina, preferindo reclamar sobre sua situação a fazer algo a respeito. Quando isso é verdade, suas vidas são caóticas e desorganizadas, parecendo ser críticas, chatas, antiquadas e rabugentas. Elas também podem ser indiferentes, intimidadoras e irresponsáveis. Afastam os outros e são, em geral, acusadas de ser traiçoeiras, falsas e manipuladoras. Em outras ocasiões podem ser excessivamente exigentes, agressivas e ter a mente fechada. Podem ser briguentas e precisar de atenção, oportunistas e instigadoras de pressão em um grupo. Quando no lado negativo, pessoas mico-leão-dourado são grosseiras, controladoras, agressivas e ofensivas. Podem ter a mente fechada, ser destrutivas e banais, apresentando características bizarras, hábitos assustadores e crenças incomuns. Quando dançam com seu "eu sombrio", podem ser impiedosas, frias e farão de tudo para defender seu ponto de vista.

Conselho individual para a Criança mico-leão-dourado/Dourada

Correspondências:
Elemento esotérico: Espírito, éter
Seres: Espíritos-guia, anjos, extraterrestres
Direção: Centro, alto
Cores direcionais: Transparente, dourado, prateado, arco-íris
Estação: Todas ou nenhuma
Hora de poder: Pertinente ao indivíduo, quando nos sentimos "mais próximos" do Espírito ou de Deus.
Locais de poder: Pertinentes ao indivíduo, qualquer lugar em que o Espírito ou Deus podem ser encontrados
Fase da vida simbólica na Roda da Vida: O lugar de contentamento, clareza, conhecimento e compreensão que surge apenas com a realização, aceitação, rendição plena, paz e amor incondicional. Tradicionalmente, afirma-se que percebemos isso antes da morte, quando "vemos a luz", abandonamos as nossas vestes por vontade própria e nos alegramos com o retorno a nossos ancestrais
Signos zodiacais correspondentes ao elemento esotérico: Todos ou nenhum

Órgãos: Coração, intestino delgado, pericárdio
Chacras: Coronário (sétimo), transpessoal (oitavo)
Cores do chacra: Transparente, arco-íris, violeta, magenta
Cristais: Quartzo transparente, apofilita, ouro, prata, ametrina, fluorita, bornita, quartzo aqua-aura, pedra da lua arco-íris, ametista transparente, prisma transparente (não é um cristal verdadeiro)
Totens: Cavalos alados, unicórnios, pombas brancas, periquitos arco-íris, papagaios, micos-leões-dourados
Ervas:[1] Ervas "de poder" ou "mestre" tradicionalmente utilizadas para induzir a estados alterados e aromáticos usados como incensos: cedro, sálvia, erva-de-cheiro, tabaco, cogumelos psicodélicos, agárico-das-moscas, peiote, trombeteira, glória-da-manhã e cannabis

O ideal principal da jornada da Criança Dourada é transformar a passividade e o tédio em percepção do Espírito e compreender seus dons inatos de poder. É mudar da "estranheza" e "marginalidade social" para um estado de alegria interior e aceitação de sua singularidade, maior inspiração e relação mútua com os Outros Reinos. Com muitas Crianças Douradas destinadas a se tornarem líderes espirituais, tal mudança os fará ir de "estranho" a "profeta"; uma função que lhes proporcionará a chance de apresentar seus dons ao mundo.

As Crianças Douradas escutam vozes várias vezes, veem espíritos e/ou "pessoas mortas" e, em algum momento da vida, geralmente se veem dotadas de incríveis habilidades curativas que se provam eficazes e inexplicáveis. Elas são as visionárias sonhadoras orientadas por sentimentos, intuitivas e místicas que frequentemente se encontram denegridas como esquisitas e banidas como aberrações e fraudes. Como resultado, muitas são diagnosticadas com DDA, depressão e autismo ou sofrem de alucinações por causa do uso e abuso de drogas como LSD, anfetamina e mescalina, numa tentativa de parar as vozes mentais e amortecer sua compreensão maior. Com essa cruz a carregar, as Crianças Douradas, quando não apoiadas ou estimuladas adequadamente, muito provavelmente serão vítimas de psicoses, alucinações, esquizofrenia ou desorientação.

Para se tornarem verdadeiros visionários, curadores, professores e xamãs, facetas de sua natureza essencial, é fundamental que as Crianças

---

1. É ilegal portar ou usar muitas das plantas mencionadas aqui. Além disso, é perigoso partilhar seu uso sem a orientação de uma pessoa experiente. Portanto, deixe-as para aqueles que compreendem seu poder letal ou as utilize apenas em um sentido vibracional. (Nota do Autor)

Douradas identifiquem, desenvolvam e compartilhem seus dons de poder e os use para ajudar os outros a perceber e celebrar os seus próprios. Para mudar para sua fase positiva, as Crianças Douradas devem aceitar e reverenciar o que as tornam diferentes e únicas. Ao se esforçar para se conectar com Deus, o Espírito ou o divino, os deuses e deusas, o Vazio, o Mistério Maior, a Mãe-Terra e o reino sutil das fadas, elementais e espíritos naturais, os reinos ou entidades angelicais e seres outrora conhecidos como extraterrestres, elas rapidamente reconhecerão e tirarão proveito de sua afinidade inerente com Outros Mundos e os dons de poder distintos que despertam.

Pouco se sabe sobre as Crianças Douradas, pois são elas "raras" (aquelas conscientes de seus dons de poder, pelo menos) e evasivas por natureza. Elas tendem a se voltar a si, acreditando estarem sozinhas ou afastadas por seus familiares, amigos e comunidade por causa de suas habilidades estranhas, crenças bizarras e do conhecimento que têm sobre o outro mundo. Elas se irritam com facilidade e, às vezes, dão a impressão de serem irracionais, teimosas e perfeitas. Elas têm olhares incomuns, olhos amendoados e disposições nervosas. Costumam encarar, pensar profundamente antes de reagir e responder a perguntas com perguntas. São atraentes e perturbadoras, cativando pessoas e as atraindo, ao mesmo tempo em que repelem atenção e as mantêm longe. As pessoas querem vê-las, ficar ao seu lado e conversar com elas, mas, quando têm a chance, se sentem obrigadas a manter distância, a se afastar e evitar contato visual. Elas transmitem uma energia espiritual profunda, com sua aura preenchida com uma vibração quase tangível e audível. Quando são bebês pequenos, as Crianças Ouro irradiam energia de almas antigas e sábias. Elas são pacíficas, calmas e sensíveis aos que as cercam, em geral permanecendo acordadas no berço por horas, sorrindo e murmurando para coisas invisíveis para as pessoas comuns. Ao se inclinar para dizer: "Olá, como você é lindo!" para uma Criança Dourada apoiado em seu carrinho, um bem articulado "obrigado!" como resposta não seria inesperado (embora um pouco preocupante), pois elas são muito presentes e intensas. Quando adultos, geralmente escolhem ter vidas solitárias (geralmente tumultuadas). Elas, às vezes, se unem a Crianças Natureza, mas raramente se casam. Elas dificilmente têm filhos, dedicando suas vidas a pessoas em geral ou aos "filhos da Mãe-Terra". Elas geralmente são filhos de Crianças Natureza e avós de Crianças Pacificadoras (embora sempre haja exceções). Elas consideram Crianças Guerreiras interessantes e estimulantes, com os dois tipos criando amizades duradouras.

Por serem representantes dos poucos dentre nós que nasceram "despertos" e plenamente conscientes, as Crianças Douradas precisam se manter atentas quanto a permanecerem espiritualmente equilibradas, práticas e "normais". É muito fácil para a Criança Dourada permitir que a magnitude de sua função suba à cabeça e de repente ela se veja fora da realidade. Lembre-se: é uma linha muito tênue a que separa o que significa ser classificado como "espiritual" e o que significa ser diagnosticado como "psicótico". Em geral, é muito fácil revelações espirituais se transformarem em insanidade, especialmente quando você se torna arrogante, imprudente ou "voa muito próximo do sol". A psicose pode ocorrer se a pessoa for desequilibrada, mal integrada em nível de personalidade-ego ou incapaz de incorporar suas experiências espirituais à sua vida mundana, enquanto se viciar em tóxicos (drogas, medicamentos psicotrópicos e álcool) também alterará rapidamente o equilíbrio.

Crianças Douradas devem se lembrar de continuar equilibradas o tempo todo para evitar que se permita que suas experiências espirituais subam à cabeça. Elas devem direcionar e abandonar sentimentos (e a crença) de que são melhores ou mais espiritualizadas do que quaisquer outras pessoas. Isso é simplesmente uma tolice. Ao contrário, elas devem manter um senso de proporção e cultivar uma boa dose de humildade. Pode ser um comprimido difícil de engolir, mas é extremamente improvável que elas sejam seres especiais, selecionadas pessoalmente e enviadas por Deus em uma missão para salvar o planeta sozinhas – pelo menos não mais do que todas as demais pessoas do planeta. Elas (e todo mundo) são e sempre foram seres espirituais que têm encontros físicos, não o contrário. Elas são apenas mais conscientes, só isso, e mais inerentemente em contato com suas questões espirituais do que o resto de nós.

Deve-se permitir que Crianças Douradas passem algum tempo na natureza, seja caminhando ou praticando jardinagem, em especial com bons amigos que sejam sensatos e estimulantes. Yoga, Tai Chi e Qigong também são aconselhados, bem como muitas horas de sono, natação e banhos mornos de manhã e à noite. A água simboliza nossos sentimentos, atitude mental, purificação e a força criativa feminina. Há muito tempo é associada ao plano astral e ao poder inspirador do universo. A água é um condutor natural de energia. A energia espiritual é conservada e transmitida de um modo semelhante a como a eletricidade é transmitida e sustentada pela água. Não sei se é impressão minha, mas eu acredito captar as melhores mensagens do Espírito enquanto tomo banho. Eu sempre atribuo isso ao fato de que a água, por conduzir energia, permite que as mensagens do Espírito sejam transmitidas e recebidas com maior clareza e menos esforço. Quando se trata de integrar suas experiências espirituais extraordinárias, as Crianças Douradas devem respeitar o processo transmitindo suas percepções para outras pessoas cujas opiniões sobre esses assuntos elas respeitem e, dessa forma, permitir que tenham tempo de "silêncio interior" para digerir a experiência e a resposta que receberem.

Elemento esotérico correspondente: Espírito/Éter/Akasha

Lembro-me de quando descobri o Espírito. Eu estava sentado em um velho futon no ateliê de uma curandeira nativa da Nova Zelândia. Eu me aproximei dela para que me ensinasse a fazer filtros dos sonhos. Cheguei nela com o pensamento de que ela poderia me ensinar uma habilidade para eu compartilhar com as crianças da escola onde era professor de arte. Eu estava de licença, recuperando-me do choque de um acidente trágico e então achei que passar o dia manipulando um filtro dos sonhos seria bom para mim como terapia e, pensando bem, não poderia estar mais certo.

Quando saí do carro, percebi uma placa que dizia "Caminhe com beleza", pendurada no portão e, assim que entrei na casa da curandeira, senti uma presença na hora – não a de um fantasma propriamente dito, mas, de qualquer modo, uma presença. As paredes eram decoradas com ferramentas de curandeira: leques de defumação, tambores, couros e cobertores. Havia uma música rítmica tocando e o ar estava fresco e inebriante, tomado pela fumaça de sálvia e cedro. Ela falou com uma voz suave e elegante, e logo me senti em paz. Senti como se estivesse recordando de algo que não percebera e havia esquecido. Durante o *workshop*, enquanto estava sentado segurando a teia de meu primeiro filtro dos sonhos, uma onda de energia passou pelo meu corpo. Pareceu durar séculos, enquanto, na verdade, foi instantânea. Eu me senti vivo. Senti-me recarregado. E fiquei emocionado, pois enquanto a energia passava por meu corpo, ouvi claramente as palavras "você está em casa" e sabia que estava.

Ela olhou para mim e sorriu, e eu comecei a ter um choro que vinha de um lugar muito profundo e fundamental e demorou um pouco até conseguir parar. Quando eu ouvi as palavras do Espírito e senti sua presença, soube que ficaria bem e que tudo o que tinha vivenciado na minha vida foi por um motivo maior. Embora não fizesse ideia do motivo, fiquei confortado por saber que nunca estive sozinho e que, apesar do medo que tinha de ser abandonado de alguma forma enquanto crescia, agora estava seguro e de volta a um local de inocência e perfeição.

Eu voltei à casa dela no dia seguinte e todos os dias por um ano ou mais, aprendendo os modos da Mãe-Terra e do "povo". Ela me ajudou a compreender os modos dos antigos e a sabedoria animal que eu inerentemente trazia como minha cura pessoal e meu dom de poder. E ela me ajudou a encontrar o Espírito – a força viral que reside dentro de todos os seres vivos e a energia que nos conecta e nos une como povo.

Quando não estava em sua casa aprendendo, participando da Tenda de Suor, do Ritual do Cachimbo Sagrado e de pequenas Buscas da Visão improvisadas, eu ficava em casa fortalecendo minha relação com o Espírito e me dedicando à cura e ao desenvolvimento da consciência. Todas as manhãs, começava meu dia com uma oração que aprendera e todas as noites fazia a mesma coisa. Fabriquei meu próprio tambor, meu próprio chocalho e meu próprio patuá com tabaco. Eu carregava um patuá de cura e fiz um pacote de cura. Minhas paredes foram decoradas com escudos de cura e filtros dos sonhos, todos permeados com símbolos que me lembravam de minha conexão com o Espírito e com o lugar de beleza em que fui colocado.

O que estou tentando dizer é que, como Criança Guerreira, tive que encontrar meu caminho de volta ao Espírito. Tive de me recordar de algo adormecido dentro de mim desde antes de minha concepção; algo antigo e esquecido, aguardando o dia de meu renascimento espiritual. No entanto, as Crianças Douradas nasceram "despertas". Elas nasceram com os olhos bem abertos. Não há recordação que precise ser resgatada, nenhum treinamento nem despertar. Elas são conscientemente celestiais, nasceram unidas pelo quadril com o Espírito e sua sabedoria santificada.

A relação que compartilho com o Espírito é pessoal e sagrada, e o elo celebrado pelas Crianças Douradas não é exceção. Elas personificam o elemento Espírito e, uma vez que esse relacionamento é notado, conseguem acessar o Espírito *dentro* de si e reverenciá-lo de maneira adequada. É fundamental que as Crianças Douradas reconheçam sua força elemental para elas poderem fortalecer e celebrar sua relação com Deus ou Espírito, com aqueles em Espírito e com o que o Espírito significa *pessoalmente* a elas.

As Crianças Douradas personificam o que seu elemento representa. Elas literalmente agem como mediadoras entre o mundo físico e o do Espírito, transmitindo mensagens e intenções para lá e para cá. Sua essência é pura. É basicamente imaculada pelas imperfeições e aflições do mundo físico. Elas nasceram plenamente sintonizadas com os modos do Espírito e totalmente conscientes de seu propósito mais elevado. Elas caminham de mãos dadas com seu elemento, personificando o que ele representa consciente e inconscientemente, todos os dias, não importa o que aconteça. Embora possam ocasionalmente ser vítimas dos julgamentos e atribulações da vida cotidiana, também conseguem permanecer centradas em seu destino espiritual e seu propósito maior, não importa o que possa surgir em seu caminho.

Também conhecido como Éter ou Akasha, o Espírito abrange tudo, envolvendo o passado, o presente e o futuro, as quatro estações, as quatro direções e os demais quatro elementos ao mesmo tempo e, de modo desconcertante, nenhum deles. Nós testemunhamos as estações uma vez ao ano, com a força e a glória de cada uma ciclicamente apreciadas como um relógio. Nós não apenas as visitamos sempre em um nível físico, porém também emocional e espiritualmente diversas vezes durante inúmeras existências e, a cada vez que o fazemos, encontramos mais harmonia conosco e com o mundo ao nosso redor. Passamos também a compreender o significado da vida e dos dons de poder proporcionado a cada um; iluminação, inocência, introspecção e sabedoria, com a esperança de nos tornarmos pessoas mais compreensivas, prudentes, confiantes e saudáveis.

O elemento "Espírito" exemplifica todas as quatro estações e suas correspondências em coro, simbolizando as características de um ou mais em determinado momento. Defende a crença de que o universo existe dentro e fora de todos os seres vivos. Ele subsiste no coração de todas as coisas, como "um", o centro, o exterior, o interior, acima e abaixo. Rege e nutre os ciclos da vida, da morte e do renascimento. Do grego *aither*, o termo éter (que significa "ar superior") deriva de uma palavra indo-europeia que significa "queimar" ou "brilhar", referindo-se ao fogo celestial dos deuses e da essência pura do "ar superior" que estes respiravam. Afirma-se que o éter, por ser a alma da Terra, protege o mundo e alimenta toda a vida com sua essência. O Espírito, como o quinto elemento, resume a alma universal que permeia todas as coisas, o que, quando capturado pelos olhos da mente, lembra luz branca ou energia pura. Ele dá espaço, base e equilíbrio, de modo que os quatro elementos restantes possam existir. É imaterial e sutil, porém tangível e presente em todas as coisas.

Desde o dia em que meu "aprendizado" espiritual começou, o Espírito tem sido o Criador; o único, a fonte, o guardião do Mistério Maior e do Vazio. É o deus e a deusa em suas muitas formas. O Espírito é tudo o que é conhecido como irreconhecível, a ser explorado, mas nunca plenamente compreendido. O Espírito é magia. É respiração. O Espírito representa equilíbrio: a linha tênue que existe entre tudo o que é "luz" e tudo o que é "escuridão". O Espírito exige que nós confiemos, lembremos e saibamos. O Espírito é tangível e não tangível. É encontrado dentro de todas as coisas femininas e masculinas. É físico e não físico. É o cultivo dos campos, o nascimento das crianças, o alimento das pessoas e a mudança das estações. É a força encontrada dentro dos sonhos, da intuição e da escuridão secreta do útero. É guerra, relâmpago, energia sexual, paixão e raio de sol. É feroz durante a caça e saboreado na matança. O Espírito é nosso elo com a Criação. Ele inspirou a Criação, pois os dois estão separados, porém são o mesmo. Ele permite que os ciclos de vida fluam de uma maneira sagrada, com a progressão inevitável da vida, da morte e do renascimento para manter o equilíbrio. A cada morte, o Espírito garante um nascimento. O Espírito reside dentro de todas as coisas da natureza. É força vital. O Espírito não é nem feminino nem masculino. É ambos. Abrange tudo. É a essência de toda a vida.

O Espírito não é algo que possa ser plenamente explicado. Não pode ser descrito nem categorizado. Representa muitas coisas, coisas sagradas para pessoas diferentes de modos particulares. É inerentemente encontrado em todas as criaturas, mas ostenta nomes diferentes aonde quer que se vá. É antigo, mas pronto e à espera de ser reconhecido nos dias atuais. Espíritos são como o vento: você não pode vê-los, mas pode senti-los. Você não consegue contê-lo ou segurá-lo na palma da mão, mas ao mesmo tempo consegue e o faz sempre que abraça seu filho, apanha uma flor ou acaricia um cão. Espíritos devem ser explorados de maneira direta, em um nível pessoal. Não pode ser ensinado ou comprado. Deve ser lembrado e, uma vez encontrado, deve ser abordado com um respeito profundo e genuíno, mas tratado com a mesma expectativa suave que normalmente se reserva à família, melhores amigos e almas gêmeas.

Para mim, o Espírito é a alegria que sinto quando meus filhos me chamam de "papai". É o amor inquestionável que sinto por minha esposa e o amor que ela sente por mim. É o milagre de ver um patinho nascer de um ovo ou de observar flores desabrochando em meu jardim. É o grito de um pavão, o ronronar de um gato ou o som de chuva no meu telhado. Para mim, o Espírito é encontrado na sabedoria de que tenho amigos que fariam qualquer coisa por mim. É a surpresa vista no rosto de um amigo quando faço algo inesperado por ele, por nenhum outro motivo se não o de ver aquele olhar. O Espírito é todas essas coisas, assim como a beleza que me cerca e, quando penso nisso, sinto-me humilde além de qualquer comparação. Caio literalmente no choro.

É isso o que o Espírito veio a significar para mim. Embora as Crianças Douradas compreendam essa ligação e ela transpire de cada poro, elas devem ser estimuladas e ter tempo e oportunidade para manter a chama de sua conexão com o Criador acesa de uma maneira saudável e brilhante. Elas devem ser incentivadas a se conectar com o Espírito Maior de maneiras significativas e individuais, como, por exemplo, a oportunidade de descobrir e utilizar ferramentas e rituais mágicos, envolver-se em práticas esotéricas e desenvolver uma relação com os Outros Reinos e pedir a ajuda deles são de extrema importância. Se escolherão um caminho tradicional ou "religioso" não importa (elas devem seguir um caminho angelical ou inspirado por uma fascinação com a vida extraterrena, por exemplo), o segredo para criar uma Criança Dourada saudável e feliz é que a espiritualidade (não importa de que forma) deva ser considerada de extrema prioridade. Meditação e oração devem ser integradas à rotina diária da Criança. Para seu desenvolvimento, ambas são tão vitais quanto tomar banho ou dormir em uma hora razoável. No caso da Criança Dourada, mente e corpo saudáveis garantem a sustentação de uma ligação saudável com o Espírito. Para elas se tornarem seres espirituais precisam ter a capacidade de afirmar, reverenciar e viver isso como uma parte de sua vida normal e cotidiana.

Medicina tradicional chinesa: Pessoa fogo/coração

De acordo com os ensinamentos da medicina tradicional chinesa, as Crianças Douradas, por serem "pessoas coração", apresentam mente, corpo e sistemas energéticos centralizados no elemento fogo.

O elemento fogo é indicativo do Sol sobre a cabeça, seus raios brilhando ao máximo. Refere-se, literalmente, ao calor e ao risco de se queimar quando se permite que a arrogância e a tolice prevaleçam nos níveis físico e esotérico. Leve em consideração, por exemplo, Ícaro e suas asas de cera. Dédalo era um arquiteto, inventor e artesão ateniense que, de acordo com a lenda grega, assassinou seu aprendiz por este apresentar habilidades que superavam as suas. Depois de cometer esse crime medonho, Dédalo voou para a Ilha de Creta, período no qual ajudou a rainha a satisfazer seus anseios lascivos por um touro branco sagrado construindo para ela uma vaca de madeira para se esconder. A rainha logo engravidou do touro e deu à luz o Minotauro, uma criatura metade homem e metade touro. Quando o Minotauro nasceu, Dédalo construiu um labirinto para conter o bruto. Ele depois ajudou a matar o Minotauro sem ter intenção e, como punição, foi preso com seu filho Ícaro. A dupla escapou, mas sabia que a única maneira de sair de Creta era pelo ar. Dédalo então construiu asas para si e para Ícaro; asas confeccionadas com penas unidas por cera. Ele alertou Ícaro a não voar tão próximo do Sol, pois poderia derreter a cera, mas Ícaro foi descuidado e, de maneira arrogante, voou muito próximo do Sol, que, obviamente, fez a cera derreter.

As asas despencaram e Ícaro caiu e morreu afogado no mar. O Mar Icário recebeu esse nome por causa do garoto, marcando para sempre onde ele caiu como um lugar sagrado. A advertência aqui é a de que se você voar muito alto, acreditando ser intocável ou indestrutível, corre o risco de se queimar. Afinal de contas, a vida imortal nunca foi destinada ao homem comum. Uma pessoa deve ser hercúlea (ou imprudente) para desafiar os deuses e esperar vencer.

A pessoa coração desequilibra-se com seu elemento quando exposta ao calor excessivo na forma de água quente ou quando exageram em alimentos quentes e apimentados. Pessoas coração não podem se dar ao luxo de se desidratar. A água é o nutriente mais importante exigido pelo corpo humano. O corpo de um adulto do sexo masculino é composto de mais de 50% de água, enquanto o de um adulto do sexo feminino é quase 60%. Apenas o cérebro humano é composto por cerca de 70% de água. Perdemos de dois a três litros de água por meio da urina, do suor e da respiração todos os dias. A desidratação é uma situação grave em que o volume de água exigido pelo corpo para manter seu funcionamento normal cai a níveis que ameaçam a vida.

A cor mais associada com o coração e seu elemento correspondente é a vermelha, que é normalmente ligada às emoções: raiva, alegria e obsessão (quando levadas ao extremo), assim como desejo, paixão, inspiração, força vital e a própria Criação. Em sua fase produtiva, a pessoa coração irradia as características de yin e yang equilibrados; a união dos dois opostos que são iguais, o feminino e o masculino, a noite e o dia, a escuridão e a luz, sem os quais a vida não poderia existir. Sugere o núcleo derretido da Mãe-Terra, as festanças e os rituais orgíacos de Baco (na mitologia romana) e Dionísio (na mitologia grega), o deus do vinho, da intoxicação e da estupidez, além da força vital desenfreada e o envolvimento tântrico divino das divindades hindus Shiva e Shakti. Afirma-se que Shiva apenas tem o poder para criar quando se une a Shakti. Fisicamente, personifica o coração, a língua, o poder da fala (que pode se tornar frenético quando fora de controle) e o "Wei Qi" ou o invólucro de proteção com o qual afirmam envolver a superfície do corpo, repelindo manias, infecções e influências negativas. A cor vermelha também é reconhecida por seu potencial curativo, bem como por impulsionar o fogo do coração, a paixão e a alegria. Por isso, coma alimentos de coloração avermelhada: tomates, cebolas vermelhas, pimentões e pimentas.

De acordo com a medicina tradicional chinesa, o excesso de Qi cardíaco (força vital) é conhecido como "mania", enquanto sua deficiência é conhecida por "fastio", que se refere ao tédio ou à monotonia. Paixão ou risadas em excesso podem desequilibrar o *Qi* cardíaco, da mesma forma que o tédio e a falta de ânimo na vida. Para a pessoa coração, a vida deve envolver equilíbrio e moderação, com um pouco de tudo e nada em excesso. Sintomas de desequilíbrio incluem fala rápida e desproporcional, tagarelice ininterrupta, pensamento tangencial rápido, mania, histeria ou atividade que resulte em rosto vermelho, pressão arterial elevada ou, então, aparência pálida, corpo enfraquecido, desatenção e falta de "fogo interior". O coração é relativo à paixão por viver, à saúde e ao bem-estar do fogo interior do corpo, que consome os alimentos e o ar para produzir *Qi*, bem como à inspiração. A medicina tradicional chinesa considera o coração o assento do "shen", espírito ou mente. É a expressão mais pura e elevada do yang, ou energia masculina, e da consciência humana. Há uma aparente conexão íntima entre o coração e o rim, que armazena nossa essência e a raiz de nosso yin feminino. Os rins, cuja água ajuda a manter o yang do coração equilibrado, influencia profundamente o *Qi* cardíaco. Afirma-se que o rim "fogo" é a fonte do coração "fogo".

Um excesso de *Qi* cardíaco costuma ser um indício de Hiperatividade maníaca, pensamento rápido e tendência a sair pela tangente, pensamento disperso e confuso, fala excessiva imponente e superexcitada. Um rosto vermelho e corado, a ponta da língua vermelha e a pressão arterial elevada também são sinais certos de energia cardíaca em excesso. Pessoas com fogo cardíaco vigoroso geralmente parecem ser charmosas e enigmáticas, tagarelas e extrovertidas e destacam-se por inspirar outras ou convocá-las para a ação. Porém, quando o fogo cardíaco diminui, elas logo se tornam nada inspiradoras e comuns, sofrendo surtos de apreensão, agitação e insônia. Nos casos graves a pessoa coração gagueja, fala rápido e excessivamente e ri sem motivo. Elas podem se animar em excesso com facilidade e se tornarem maníacas ou, então, ir para outro caminho e parecerem indiferentes, egoístas e insensíveis.

A energia cardíaca extrema pode ser acalmada garantindo que o ambiente em que a pessoa esteja permaneça contido, calmo e organizado; uma redução deliberada na atividade também terá um efeito calmante e centralizador no fogo interior da pessoa coração. Jejum leve ou consumir alimentos "refrescantes", como cevada, caldo de carne, salsão, aspargo, maçã, banana, alface, ostra, arroz, alecrim, trigo, gérmen de trigo e cogumelos reduzirão o yang excessivo e acalmarão a mente. Pessoas coração devem comer quantidades moderadas de tomate e produtos integrais, frescos, à base de trigo e bem cozidos, em especial quando consumidos com alimentos quentes e de fácil digestão, como mingaus, caldos de carne e sopas. Elas devem evitar estimulantes e alimentos condimentados, mas considerar acupuntura e ervas como valeriana, camomila e erva-dos-gatos como uma maneira de equilibrar ou acalmar o excesso de *Qi* cardíaco. Afirma-se também que peixes ricos em ômega 3 beneficiam a saúde física e o bem-estar do coração.

Pessoas que sofrem com a deficiência de *Qi* cardíaco são facilmente identificadas pelo tédio visível e falta de interesse em todas as coisas, indiferença, aparência pálida e anêmica, tontura e pressão arterial baixa, corpo esguio, língua pálida e a tendência de minimizar a fala ou se expressar com uma voz baixa e quase inaudível. Os sintomas físicos podem incluir palpitações, hipertensão, problemas cardíacos e inflamações na boca e na língua. Sabores mais amargos aumentam o *Qi* fogo. Embora café, por exemplo, tenha sabor amargo, seus efeitos podem agravar o *Qi* cardíaco. Sabores mais amargos saudáveis são mais encontrados em vegetais de folhas verde-escuras. Sua escassez pode ser tratada por meio de atividades estimulantes, como exercícios aeróbicos regulares, caminhadas e o consumo de bebidas lácteas mornas, comer batatas, mingaus, caldos de carne, sopas, ensopados e usar ervas tradicionais como o ginseng e, novamente, investigar os benefícios fortalecedores da acupuntura.

Ayurveda: Energia do Tri-doshic ou Sama-dosha – uma mistura equilibrada das energias Vata/Pitta/Kapha

De acordo com a filosofia Ayurvédica, os cinco elementos se combinam em pares para formar três forças dinâmicas conhecidas como *doshas*, um termo que traduzido significa "aquilo que muda". Cada dosha se movimenta sempre em equilíbrio com os demais e todos são necessários para que a vida exista. É mais comum que as pessoas apresentem as características de um único dosha, seja ele Vata, Pitta ou Kapha. Há casos de pessoas que apresentam uma combinação de dois, mas é muito raro exibirem uma combinação estável de todos os três. Uma combinação de todos os três é dificílima de alcançar, muito menos equilíbrio e manutenção, mas se isso ocorrer, daí resultam gurus verdadeiros, grandes santos e avatares.

Para atingir seu potencial, portanto, as Crianças Douradas precisam alcançar um equilíbrio entre a energia terra/água, ou Kapha, sua energia ar/éter, ou Vata e sua energia fogo/água, ou Pitta, tornando-se conscientes das estações que as sustentam e apaziguando aquelas que não. Durante o verão e o outono, por exemplo, as Crianças Douradas devem encontrar maneiras de acalmar sua energia Vata/Pitta, enquanto no inverno e na primavera devem fazer o possível para controlar sua energia Vata/Kapha. Uma maneira muito simples de manter esse equilíbrio é focar em alimentos amargos, que contenham amidos e doces durante o verão e o outono e nos adstringentes, azedos e salgados durante o inverno e a primavera. Em geral, no entanto, devem reduzir ao máximo os alimentos condimentados.

Vata (um termo que significa "vento, movimentar, fluir, direcionar os processos ou comandar") é seco, refrescante e arejado, estimulante e inconstante na natureza. Acredita-se que seja uma força composta de éter e elementos do ar. O nível do éter (ou "espaço") afeta o grau em que o ar pode ganhar força viva. Se desenfreado, o elemento ar pode reunir força excessiva e sair do controle, tornando-se um tumulto destrutivo.

Quando se leva em consideração a dieta Vata ideal, é melhor evitar o consumo excessivo de alimentos, ingerindo apenas porções pequenas, porém regulares. Inclua muitos alimentos aquecidos, fortes, oleosos e úmidos na dieta: porções regulares de carne (em quantidade moderada) preparadas com ervas e temperos como cardamomo, canela, cravo-da-índia, coentro, cominho, gengibre, erva-doce e noz-moscada. Prefira alimentos doces, azedos, salgados, quentes, de textura moderadamente pesada, manteiga e gordura, bem como alimentos calmantes como leite morno, creme de leite, manteiga, sopas e ensopados, cereais quentes e pães frescos. Coma muito arroz, aveia, mingau de arroz e legumes cozidos em geral: aspargo, beterraba, cenoura, salsão, alho, vagem, quiabo, cebola, pastinaca, rabanete, nabo, batata-doce e castanha d'água. A maioria das frutas é ideal, se estiverem maduras e na época: tomates cozidos, mangas frescas e damascos maduros são particularmente bons. A carne é benéfica, em pequenas porções regulares. Aves, peixe fresco, carne de veado, e, ocasionalmente, carneiro ou carne bovina são ótimas escolhas, assim como ovos, leite e laticínios, legumes em porções pequenas, em especial feijão-mungo, lentilhas marrons e vermelhas, grão-de-bico, ervilha seca e lentilhas cozidas ou em broto, nozes e sementes. As sementes de abóbora e amêndoas sem pele são perfeitas. Óleos, principalmente o de gergelim; mel e doces, gengibre e alho, pequenas quantidades de temperos, em especial assa-fétida, e pequenas quantidades de vinho diluído podem ser consumidos, mas tenha em mente a personalidade naturalmente suscetível a vícios da pessoa Vata. Reduza ou evite todos os alimentos crus, secos, vegetais folhosos, alimentos frios e congelados. Trigo, pão, espinafre, batata, tomate cru, berinjela e pimentas (na verdade, todos os membros da família da erva-moura Solanaceae) e frutas adstringentes, como cranberries e romã, devem ser evitadas, especialmente quando se sofre de articulações inflamadas. Frutas desidratadas, como maçã e uva, frutas secas, óleo de cártamo e açúcar também devem ser evitados.

Pitta é uma força criada pela interação dinâmica entre água e fogo. Pessoas Pitta devem aprender a tranquilizar seu excesso de energia fogo se quiserem atingir seu potencial máximo. O conceito é "equilíbrio e moderação". Devem encontrar um equilíbrio para seu fogo não secar sua água e sua água não extinguir seu fogo.

Quando se considera a dieta Pitta, coma muitas saladas, frutas e legumes (com exceção daqueles listados no final deste parágrafo), cevada, trigo, aveia, arroz branco, tofu, soja, grão-de-bico, feijão-mungo e azeite de oliva, bem como ervas e temperos "refrescantes", como cardamomo, coentro, canela, endro, menta, açafrão e cúrcuma. Sabores amargos, doces ou adstringentes são bons. Aves, pimenta-do-reino, cominho, manteiga, sorvete e leite devem ser consumidos com moderação, ao passo que carnes vermelhas, chilli, ervas e condimentos ardidos, gorduras, conservas, sal, vinagre, iogurte, creme azedo, queijo, café, alimentos fermentados como cervejas e extrato de levedura, frituras, cenoura, berinjela, alho, pimentas vermelhas, cebolas, rabanete, espinafre, tomate, lentilha, damascos, bananas, frutas vermelhas em geral, cerejas, pêssegos e toranja devem ser totalmente evitados.

Kapha é a força de equilíbrio entre água e terra. Representa composição e lubrificação. É a mistura e o elemento de ligação que ajuda a manter a água e a terra separadas. Quando a terra e a água são misturadas e, assim, deixadas por conta própria, a terra afundará aos poucos, extraindo-se a partir da água. Kapha é a força que evita que isso aconteça. Ela une os elementos, dessa forma, proporcionando estrutura física e resistência. A água é o ingrediente principal do Kapha; um componente vital fisiologicamente necessário para garantir o poder biológico e a vitalidade do tecido natural.

Quando se leva em consideração a dieta Kapha, concentre-se em alimentos amargos, picantes ou adstringentes, leves e aquecidos, secos e estimulantes e evite aqueles cozidos em muita água, gordurosos ou amanteigados e açucarados. Coma muita maçã, damascos, cranberries, mangas, pêssegos, peras e romãs, vegetais em geral, saladas, alimentos leves e secos, ervas e condimentos, como pimenta-do-reino, cardamomo, canela, cravo-da-índia, coentro, cominho, alho, gengibre, erva-doce e noz-moscada; mel natural, pequenas porções de frango, coelho, frutos do mar, carne de veado e ovos, leite de cabra, manteiga *ghee*, chá-preto e café. Reduza ou evite doces, alimentos ácidos ou salgados, congelados ou fritos, gordurosos, laticínios, cereais, batatas, tomates, castanhas d'água, frutas excessivamente doces, ácidas ou suculentas, carne vermelha, legumes, nozes e sementes, óleos e gorduras, açúcar, doces e sal.

Homeopatia

Os remédios homeopáticos listados a seguir podem ser benéficos para auxiliar no equilíbrio da constituição da Criança Dourada:

- Sulphur
- Causticum
- Ácido fosfórico

Para uma explicação mais detalhada sobre esses remédios homeopáticos sugeridos, por favor consulte a seção ao final deste livro dedicada à homeopatia e sua história, bem como a tabela com observações sobre cada remédio.

Outro conselho

Crianças Douradas *adoram* cristais, pedras semipreciosas e minerais. Elas acreditam em suas qualidades vibracionais, mas também compreendem plenamente que, sem intenção pura e óbvia, essas propriedades não significam nada. Crianças Douradas exigem pedras de alta ressonância e perfeição para estabilizá-las e ajudá-las a manter sua conexão com o Espírito. O quartzo transparente, por exemplo, por ser uma pedra que inspira a intuição e a clareza mental, é ideal, em especial quando intensificada com inclusões arco-íris, "janelas", triângulos com uma ou mais de suas faces elevadas ou com "terminações duplas" com pontos em ambas as extremidades, entre outras características. A ametista transparente, uma pedra de amor divino que ajuda na arte da canalização clara, a aventurina, um cristal que inspira tranquilidade emocional, prosperidade e independência, e o quartzo fumê, uma ferramenta contra a depressão e usada para ajudar a lembrar os sonhos, também são excelentes pedras para a Criança Dourada carregar ou integrar a seu trabalho. A apofilita é uma pedra usada para criar uma "ponte" consciente entre o mundo físico e os reinos espirituais, enquanto o ouro simboliza a sacralidade da unidade. Ela personifica a espiritualidade e ajuda a desenvolver uma compreensão maior, permitindo a realização e a manutenção da comunicação direta com o Espírito (sem haver "intermediários", como guias e anjos). Dizem que atrai sinais de respeito, prosperidade e alegria. A prata gera vantagens na vida. Melhora a fala proporcionando fluência na conversação, enquanto instaura um senso de "cultura" à presença de alguém e um estado de mundanismo. Oferece um espelho para a alma, permitindo efetivamente que se veja o eu de uma perspectiva remota.

A prata intensifica os poderes e qualidades da Lua, "extraindo" literalmente as energias lunares para auxiliar na menstruação, na concepção e na limpeza de ferramentas de rituais e cristais. A ametrina (uma combinação de ametista e citrino) é uma pedra que dizem inspirar a simetria universal, enquanto proporciona uma conexão clara entre a forma física e o estado final de perfeição espiritual. Equilibra os aspectos feminino e masculino, além de integrar propositalmente a percepção espiritual. A fluorita impede o crescimento desordenado e não sistemático, enquanto a bornita traz inovação à nova vida. Ela incentiva o espírito interior a atingir novas alturas e permite que o indivíduo perceba a verdadeira felicidade. O quartzo aqua-aura (uma pedra favorita das Crianças Douradas) é, em essência, um quartzo revestido por uma camada de ouro puro, que, quando considerada uma só, tem propriedades dinâmicas. O ouro essencialmente intensifica as qualidades do quartzo transparente e este amplia as qualidades oferecidas pelo ouro. A pedra da lua arco-íris é um talismã de boa sorte e para viagem segura. É um cristal que promete novos começos, portanto é uma "pedra de desejo" poderosa para a Criança Dourada jovem. Embora não seja um cristal verdadeiro, pendurar um prisma transparente na janela do quarto de seu filho encherá este de encanto e o ambiente, de centenas de arco-íris nítidos e perfeitos. Meus filhos acreditam que seus quartos são lugares mágicos onde fadas e outros seres encantados se reúnem quando os primeiros raios de sol tocam os prismas transparentes suspensos pelos varões da cortina.

Para Crianças Douradas jovens, animações como *Balto 2: uma aventura na terra do gelo*, *Irmão urso* e *Spirit: o corcel indomável* são ótimas porque oferecem discernimento em relação ao mundo do Espírito, oferecendo assuntos como espírito, totens, o ciclo da vida, morte e renascimento, honra, devoção, crescimento, lealdade e valor próprio. Para as Crianças mais velhas, filmes como *Fenômeno*, *Energia pura*, *O mistério da libélula*, *Sinais* e *Sexto sentido* (entre outros) são perfeitos pelos mesmos motivos. Para assegurar que alcancem seu potencial, sugira que sua Criança Dourada visite festivais que tratem da temática Mente, Corpo e Espírito e participe dos *workshops* e seminários oferecidos ou frequente círculos de desenvolvimento espiritual em que aprenderão sobre canalização, viagem astral e regressão a vidas passadas, além de aprenderem como acessar com segurança outras dimensões e os reinos dos anjos, extraterrestres e guias.

Para ajudá-las a descobrir seus dons de poder, as Crianças Douradas devem ser incentivadas a explorar a superabundância de opções oferecidas atualmente, que nunca estiveram disponíveis para o homem, mulher ou criança comuns. O trabalho curativo do Dr. Eric Pearl (uma

Criança Dourada, se já existiu alguma), por exemplo, é uma dessas oportunidades. Dr. Eric Pearl, que foi um quiroprático bem-sucedido, decidiu desenvolver e compartilhar seus dons de poder, a "Cura Reconectiva", que nos reconecta à riqueza do universo e da plenitude de quem e do que somos. Se isso não o agradar, considere o Reiki – um sistema de cura criado por Mikao Usui no Japão, no início dos anos 1900. O Reiki foi criado originalmente para ajudar pessoas em sua jornada espiritual em direção ao esclarecimento, extraindo elementos de uma forma esotérica de Budismo Tendai e cultura e filosofia japonesas. A palavra "Reiki", traduzida do japonês, significa "energia espiritual"; o conceito de energia que deve ser aproveitada em sua prática; a "energia do tudo" alimentada pela crença de que tudo tem energia espiritual. O Reiki ajuda a expandir a nossa própria energia para ela fluir com mais liberdade dentro de nós, lembrando-nos de nossa natureza original. Ele nos ajuda a nos tornar mais equilibrados, saudáveis e felizes, e, finalmente, perceber o esclarecimento. Para mais informações, visite meus amigos Frans e Bronwen na Casa Internacional de Reiki (www.reiki.net.au). Outra modalidade curativa que merece consideração é a Cura Prânica, uma técnica de cura baseada em energia que utiliza "prana" ou força vital para equilibrar, harmonizar e transformar os processos energéticos do corpo. "Prana" ou "*Qi*" é energia de força vital que ajuda o corpo a manter um estado de bem-estar. As Crianças Douradas devem passar tempo de qualidade para praticar meditação diária e a Busca da Visão. É um fato reconhecido que podemos superar todas as limitações, medos e doenças quando dominamos a meditação e a celebramos como a ligação vital entre mente e corpo, o espiritual e o mundano. O segredo para manifestar saúde, riqueza e felicidade está na lembrança do espírito interior e do antigo elo que compartilhamos com o Espírito Maior; uma lembrança mais bem alcançada por meio de meditação diária disciplinada. Durante séculos, homens e mulheres jovens têm procurado a experiência da Busca da Visão para descobrir seu propósito, sua cura e para melhor compreender sua conexão com o Espírito e seus dons de poder sagrados. Eles podem retornar quando adultos ao buscarem confirmação ou orientação genérica em relação à vida. A Busca da Visão geralmente dura um dia e uma noite, mas pode se estender por mais de dois, três ou quatro dias. Durante a Busca, a pessoa reza ao Espírito e para o mundo ao seu redor, na fé de que sinais e mensagens serão enviados pelo Espírito, em geral, simbolicamente na forma de um animal ou pássaro ou por meio de uma visão ou sonho. Um sinal da visão (uma pena, pedra ou erva) é geralmente encontrado e colocado em um patuá e usado no pescoço como uma maneira de aproveitar fisicamente o poder da busca, como uma âncora ou lembrete, como proteção ou quando mais orientação é procurada.

Sonhadoras natas, faria bem às Crianças Douradas prestar atenção aos seus sonhos quando estão acordadas e aqueles durante o sono. Diários de sonhos devem ser considerados aspectos fundamentais da rotina noturna da Criança, assim como o círculo de sonho pela manhã. Durante o círculo de sonho, membros da família são incentivados a compartilhar os sonhos que tiveram na noite anterior e discutir ou interpretar seu possível significado. Sonhos são meios do Espírito de nos permitir avaliar com intuição e nos consultarmos com nossos Eus superiores. Muitos de nós temos vidas inocentes à presença do Espírito, presumindo que o que temos dentro de nossa existência física é tudo o que a vida tem para oferecer. É muito difícil o Espírito nos inspirar quando somos ignorantes à presença de Outros Reinos. O Espírito pode enviar todos os sinais e presságios no mundo, mas se estivermos cegos à sua presença, não os notaremos. Ao permitir que despertemos ao poder de nossos sonhos e perceber o potencial que possuem como presságios e sinais, somos capazes de aceitar o Espírito sem grande esforço ou dedicar tempo demais ao processo. Nossos sonhos nos dão a oportunidade de superar a hesitação e o medo que obstruem o crescimento espiritual. Quando sonhamos, nosso corpo astral deixa seus confins físicos, permitindo que viajemos para Outros Reinos. Nosso corpo astral está ligado ao nosso corpo físico por meio de um cordão energético. Ao sinal da menor das perturbações, o corpo astral pode ser levado de volta ao corpo físico por esse cordão. Alguns acreditam que, quando sonhamos, o espírito da Água, como emissário do Espírito, protege o cordão energético e garante que este permaneça intacto. Enquanto viajamos pelo cenário do sonho, estamos ao mesmo tempo unindo os mundos, caminhando no mundo comum e no mundo incomum do Espírito.

Quando sonhamos acordados, estamos energeticamente testando nossos potenciais eus futuros. Enquanto fisicamente fazemos algo mundano ou rotineiro, nossa mente vaga, permitindo que nosso consciente deixe os confins físicos de nosso corpo (em um nível astral), para vagar e explorar aspectos futuros de nossa vida. Quando nosso consciente percebe que estamos sonhando acordados, voltamos a nós e instantaneamente esquecemos o que acabamos de testemunhar, com o corpo do sonho expelido de nossa mente para sempre. Os sonhos que temos acordados são maneiras de o Espírito nos deixar explorarmos conscientemente nosso futuro, enquanto permanecemos alertas, do ponto de vista corporal. Sonhar acordado pode ser comparado a um passeio ou caminhada curativa, mas em vez de vagar pelas florestas, por exemplo, nos incentiva a passear pelos reinos do Espírito. Ter um sonho acordado que sugere cura e progresso é saber que o Espírito o está guiando a um lugar de elevação. É como se mostrasse uma pista de seu futuro pretendido ou um mapa que leva ao caminho da descoberta de seu propósito. Em vez de descartar seus sonhos no futuro como se fossem momentos de ócio fantasiosos, registre-os em um diário. Considere isso uma ocasião tão importante quanto as primeiras palavras de seu filho ou o dia de seu casamento. Seus sonhos podem ser registrados de maneira pontual, se desejar, contanto que você consiga recorrer ao corpo do sonho quando refletir depois. Cerca de uma semana ou duas depois de o sonho ter ocorrido, você pode estar sentado em algum café e, de repente, ter a sensação estranha de que já esteve lá antes. Mesmo que o consciente discorde, o subconsciente lembra-se de ter visitado o café durante um sonho acordado. Quando isso ocorrer, pegue seu diário e você descobrirá que uma anotação anuncia o fato de que você se colocou de maneira astral no café semanas antes, com a intenção subliminar de recordar o fato em sua chegada verdadeira. Neste caso, o café é o chamado, destinado a provocar a percepção de que algo dentro ou ao redor dele oferece uma janela de oportunidade, que uma vez reconhecida iniciará uma grande mudança de destino em sua vida. Enquanto verifica seu diário, poderá descobrir uma anotação a respeito de um hotel com uma porta verde visível de seu ponto de observação no café. Você procura a porta verde e, quando a localizou, deixou o café de lado, marchou em direção ao hotel e pediu um emprego. Prometa a si mesmo que, não importa o que aconteça a partir deste momento, você lidará com isso. O hotel certamente terá um emprego e você o aceitará, mesmo que envolva limpar banheiros. O Espírito não teria apresentado essa oportunidade se não fosse para alcançar a elevação ao aceitá-lo. Encontre consolo no conhecimento de que, depois de certo período de tempo, você deixará de limpar banheiros para esfregar as paredes, daí para a recepção, depois para a gerência, até um dia que lhe será oferecida a oportunidade de comprar o hotel. Você viu isso em seu sonho enquanto estava acordado. O Espírito lhe ofereceu o mapa e você o seguiu com clareza inerente. O Espírito nunca erra. Os Espíritos ao seu redor podem inspirá-lo, mas apenas o Espírito dentro de si pode ajudá-lo fisicamente. Quando ouvimos a inspiração oferecida pelo Espírito e fazemos o que precisa ser feito para afirmar fisicamente seu poder, nós também nunca mais cometeremos erros.

De acordo com o folclore dos nativos norte-americanos, a Avó Aranha proclamou o universo e teceu a Teia da Vida. A Avó Aranha teceu o primeiro filtro dos sonhos, uma teia bela e protetora tecida dentro de um aro de salgueiro. No centro, ela colocou uma única pedra de turquesa, um símbolo de ligação com a Força Criativa, a clareza, a paz, a comunicação e a proteção. Afirma-se que, com o auxílio de um filtro dos sonhos, nossos sonhos podem ser aproveitados e levados à realização.

Reza a lenda que, certo dia, a Avó Tecelã olhou para baixo de seu lugar, no Grande Mistério, o Vazio onde os seres espirituais como ela viviam. Ela viu, para seu desânimo, que as crianças humanas com cuja existência ela tinha sonhado gerações antes estavam tristes e com medo. Elas tinham perdido a visão do caminho e vagavam sem rumo pela vida. A Avó Tecelã sabia que tinha de fazer algo para ajudar seus netos, então, usando grande poder e concentração, sonhou com ela mesma na realidade entre as pessoas. Depois de muitos dias de recuperação, a Avó Tecelã foi ao Grande Salgueiro e pediu a ela um de seus galhos mais finos. Depois de recebê-lo e agradecer pelo galho, ela o quebrou e uniu os pedaços até formarem um círculo perfeito. Esse círculo, que não tinha início nem fim, simbolizava o ciclo contínuo da vida, da morte e do renascimento, um conceito esquecido pelas crianças da Avó Tecelã. A Avó Tecelã então foi até a Águia poderosa e solicitou uma pena de asa. Ela humildemente agradeceu e suspendeu a pena pelo círculo de poder, amarrando-a no lugar com um cordão vermelho. A pena, ofertada pela Águia majestosa, ensinaria as crianças a ter coragem e fé em suas habilidades, bem como encontrar força em suas convicções. A Avó Tecelã queria que suas crianças não conhecessem limites para onde pudessem voar e não conhecessem limites para as grandes coisas que pudessem alcançar. Ela desejava que elas acreditassem em si da mesma forma como ela acreditava nelas. A Avó Tecelã também queria que seus netos lembrassem de sua ligação com o Espírito, o Grande Mistério e a Criação.

Logo depois, a Avó Tecelã se transformou na Mulher Sábia conhecida como Avó Aranha. Foi como Avó Aranha que ela sonhou como o Universo seria no início dos tempos. A Avó Aranha teceu a Teia do Destino e agora ela tecia o primeiro filtro dos sonhos. Depois de a Avó Aranha ter terminado de fiar a teia bela e protetora no centro do aro de salgueiro, colocou uma única pedra de turquesa no meio. Afirma-se que a turquesa representa nossa ligação com a Força Criativa. Ela oferece clareza, paz, comunicação e proteção àqueles que a usam ou a carregam de uma maneira sagrada. A Avó Tecelã olhou para o filtro dos sonhos e ficou satisfeita. Refletiu sobre ele por um momento e com seus olhos da mente imaginou os benefícios que poderia levar às pessoas. Ao levá-lo para seus netos, a Avó Tecelã explicou seu significado sagrado. Contou a eles enquanto dormiam, enquanto seu consciente despertava e participava ativamente de uma vida desconhecida por eles que, às vezes, suas aventuras são boas, promissoras e até proféticas por natureza, mas às vezes suas aventuras são ruins, obscuras, ameaçadoras e sinistras. Ao acordar, vislumbres dessas aventuras permanecem na memória consciente e podem nos animar com suas possiblidades ou preencher nosso coração de pavor. O medo pode evitar que voltemos ao sono, levando à fadiga. A fadiga leva a erros e erros levam ao desperdício.

Ao pendurar um filtro dos sonhos acima de onde dormimos, seja no teto ou em uma parede, nossos sonhos são inerentemente protegidos de toda a negatividade. Nossos sonhos são atraídos para a teia, como abelhas ao mel. Nossos sonhos positivos terão permissão para passar pela teia, para serem apreciados enquanto dormimos. Os negativos, ou pesadelos, ficam presos na teia e são destruídos pelos primeiros raios do Avô Sol, pela manhã. Acredita-se que eles se transformem em orvalho e escorreguem pela pena da Águia majestosa. O Espírito da Águia, que ainda vive na pena, purifica o sonho da negatividade, de modo que quando esta finalmente toca a ponta da pena como a primeira joia da manhã, retorna à Mãe-Terra para ser absorvida, para nunca mais perturbar nosso sonho. Os filtros dos sonhos eram tradicionalmente confeccionados pelas avós de uma tribo e eram dados às crianças quando nasciam. Desde jovens, as pessoas aprendiam a ouvir e respeitar os sonhos. Os sonhos eram considerados tão igualmente poderosos e confiáveis quanto visões e presságios. À medida que as crianças cresciam, aprendiam a interpretar e trabalhar com seus sonhos. O filtro dos sonhos era, dessa forma, um item muito sagrado e uma ligação forte com o Espírito.

Para fazer um filtro dos sonhos, pegue um aro de metal (disponível em qualquer loja de artesanato), um pedaço de couro ou camurça, fio de náilon, contas de cristal, oito miçangas, uma seleção de penas sortidas (de espécies não protegidas), tesoura, cola quente e pistola para cola quente. Arredonde os cantos do couro com a tesoura e corte em espiral uma tira comprida de couro de aproximadamente um centímetro de largura. Coloque um pouco de cola em uma extremidade da pena e a prenda ao aro de metal. Encape o aro no sentido horário, sobrepondo delicadamente a pena em cada rotação até que o aro esteja totalmente coberto. Use a cola para grudar a extremidade e corte qualquer excesso. Prenda o fio de náilon sobre o aro e, em sentido horário, passe-o a uma distância de três centímetros e prenda o fio ao aro com meios nós. Isso é feito passando o fio sobre o aro e levando-o de volta pelo gancho recém-formado. Os nós devem ficar firmes e deve-se manter uma boa tensão durante toda a construção da teia. Continue a circundar o aro até que um último nó seja dado (a cerca de 1,5 centímetro ou metade do espaço normal) saindo do ponto de partida. Até o espaçamento garantirá um orifício central nítido ao final e a tensão mantida evitará que se obtenha uma teia frouxa. A segunda fileira e as seguintes precisam ser executadas da mesma maneira, mas em vez de dar meios nós no aro (como foi feito antes), ele agora deve ficar atado ao próprio fio, a cerca de metade da distância entre o primeiro e o segundo nós, o segundo e o terceiro, o terceiro e o quarto, e assim por diante. Você perceberá que furos em formato triangular começam a se formar na teia. À medida que a teia se desenvolve, prenda uma conta de cristal no fio e puxe-o para baixo, até o último nó, e continue tecendo a teia como antes. Não há limite para o número de contas que podem ser adicionadas à teia. Quando ficar evidente que a teia está pronta (quando o furo central ficar muito pequeno), prenda o fio na última volta e corte qualquer excesso. Observação: não corte o excesso muito próximo do último nó, pois este certamente vai se desfazer e a teia ruirá. O fio tem tratamento com parafina, então é fácil apertar as pontas juntas para disfarçá-las. Agora é o momento de decorar o filtro dos sonhos. Corte uma tira de couro de cerca de 20 centímetros de comprimento. Usando a técnica de nó de cabeça de cotovia ou nó do pescador, crie um laço no alto da teia para ela ficar suspensa sobre a cama. Corte mais três tiras de aproximadamente 30 centímetros de comprimento e, usando a mesma técnica de nó, prenda as fitas, em uma mesma distância em relação à outra, até a parte inferior do aro. Essas são as caudas do filtro dos sonhos, que devem ser decoradas com penas e miçangas. As penas devem ser coladas no lugar para evitar que caiam.

Embora naturalmente inclinadas a explorar as religiões e os caminhos espirituais tradicionais e os mais obscuros que guiam os povos do mundo (Cristianismo, Paganismo, Cabala, Tao, Hinduísmo, Budismo e Fé baháʼí, por exemplo), as Crianças Douradas provavelmente não adotarão nenhum deles como a única verdade. Ao contrário, elas tendem a seguir "o caminho do Cavalo" e explorar todas as culturas, crenças e tradições. Elas escolhem o que faz sentido a elas e descartam o restante, unindo o que aprenderam e o que alimenta sua alma para formular sua própria filosofia espiritual sólida. Ousam desafiar o sistema fazendo perguntas e defendendo sua opinião. Elas pesquisam as origens e a base da religião e adoram voltar às raízes para descobrir por quê, quando e como as religiões são seguidas atualmente. As Crianças Douradas, por exemplo, compreendem o Tempo do Sonho, um momento sagrado para os povos indígenas da Austrália; o tempo antes do tempo, quando o mundo era novo e os Espíritos Ancestrais vagavam pela Terra ajudando a dar forma ao solo, às plantas e aos animais. Elas quase se lembram desse tempo sagrado e sentem um chamado antigo para retornar a ele ou para reverenciá-lo de alguma maneira. O Tempo do Sonho ocorreu quando tudo no horizonte estava sendo criado e quando tudo estava se acostumando a ser. Alguns povos indígenas referem-se a esse tempo como O Sonho, enquanto outros se referem a sua ligação espiritual pessoal com os antigos como O Sonho. Quando os Espíritos Ancestrais vagavam pela Terra, estabeleceram conexões entre grupos e indivíduos, alguns humanos, outros, não. Enquanto viajavam, moldaram o horizonte criando montanhas e vales, rios e correntezas. Lugares marcados pelos ancestrais têm um grande significado espiritual para as pessoas, com histórias e lendas relacionadas ao seu Sonho como uma forma de explicar esse momento sagrado de Criação. Depois que os ancestrais terminaram de moldar a terra, alguns retornaram para as estrelas ou para sua terra, enquanto outros se tornaram animais e outras coisas. Esse foi um tempo sagrado, vivo com a magia da Criação; um tempo que passou, mas continua impregnado de grande poder para as pessoas que continuam a acreditar que os espíritos ainda estão aqui, disfarçados nas formas que tomaram quando a Terra era nova.

O Xamanismo é um caminho que presta homenagem a esse antigo tempo. Também é um caminho universal idealmente adequado à Criança Dourada e à sua perspectiva espiritual inerente, seu nível de consciência e seus dons de poder individuais (ativados desde o nascimento). O Xamanismo é mais antiga fé praticada de que se tem conhecimento e base de muitas das religiões mais respeitadas do mundo. Refere-se a uma variedade de crenças tradicionais e práticas que defendem a habilidade de avaliar e curar o sofrimento humano por meio do surgimento de um relacionamento especial com os "espíritos". Afirma-se que os xamãs (aqueles que praticam o Xamanismo) controlam o clima, praticam a arte da adivinhação, interpretam sonhos, fazem viagem astral e se deslocam entre os mundos superior e inferior. O Xamanismo, como tradição, existe desde a pré-história. Alega-se que os xamãs formam uma ponte entre os mundos natural e espiritual e viajam entre os mundos em um estado de transe, no qual clamam aos espíritos para ajudarem com a cura e a caça. O Xamanismo defende a crença de que o mundo tangível é repleto de forças ou espíritos invisíveis que influenciam a vida dos seres. Ao contrário do Animismo (um caminho que defende a crença de que todos os objetos e seres vivos são permeados de sabedoria, discernimento e livre-arbítrio, que se sobrepõem à realidade), o Xamanismo exige treinamento especializado, iniciação, conhecimento e habilidade. Pode-se dizer que os xamãs são os "especialistas" empregados para instigar a mudança necessária e benéfica em nome da comunidade em geral.

As Crianças Douradas apreciam esportes e atividades de baixo impacto e recreativos, como pescaria, caminhada e ciclismo, e, quando adultas, geralmente procuram ocupações em que se sentem seguras e livres para desenvolver suas habilidades radicais e conhecimento único. No fim das contas, é provavelmente melhor deixá-las trabalharem sozinhas. Muitas Crianças Douradas se destacam na universidade, desde que a área ou estudo escolhidos não os oprimam ou reduzam suas excentricidades ou esquisitices. Elas se dão bem em qualquer carreira em que valorizem seu ponto de vista único em relação às coisas e habilidades especiais. Algumas formas inovadoras de ciência e matemática atenderiam suas necessidades e exigências, como o trabalho na indústria aeroespacial, por exemplo, ou na indústria da tecnologia da informação, enquanto outras se tornam freiras, padres e líderes espirituais. As opções profissionais devem oferecer empregos de alto nível, nos quais há um esforço em estabelecer novos paradigmas. É necessário permitir que as Crianças Douradas – não importa sua idade – sigam seus instintos em relação ao trabalho que desenvolvem; afinal de contas, elas possuem uma linha direta com o Espírito que as permite obter toda a orientação de que precisam diretamente da fonte.

Parte Três

Panorama: Cuidado Integrado para os Cinco Tipos de Personalidade

Como demonstramos, é importante olhar para todas as crianças como maravilhosamente vivas e radiantes, cada uma delas abençoada com habilidades e contribuições especiais. Dotadas de "percepção extrassensorial", muitas das crianças de hoje têm plena consciência dos Outros Reinos, dos anjos e espíritos da natureza. Elas podem ver com facilidade o cerne das coisas, discernindo de cara a verdade da fraude. Apesar dessa habilidade intrigante, no entanto, muitas se encontram sobrecarregadas e confusas com a desonestidade.

Todas as crianças possuem uma habilidade inata de compartilhar seus dons e "fazer brilhar sua luz", mas apenas quando a oportunidade lhes é oferecida. Elas são bem equipadas para fazer uma grande contribuição para as mudanças que ocorrem em nossa sociedade no presente. Ninguém pode negar que o mundo está se tornando cada vez mais polarizado com as divisões entre o que é considerado "bom" e "ruim". No entanto, nunca presuma que as crianças não consigam enxergar as ilusões e as fraudes excessivas na sociedade atual – porque elas conseguem. Elas são muito mais conscientes do que acontece do que acreditamos. É fundamental, portanto, que nossas crianças sejam apoiadas em todos os níveis para elas terem a força e resistência para contribuir de maneira positiva com o desenvolvimento de um direcionamento novo e saudável para o mundo seguir.

Como se deve fazer com todos, é recomendável ter em mente que as crianças de hoje facilmente se "desorganizam", em especial quando se sentem confusas, bravas, ressentidas e desconfiadas. Isso acontece bastante por causa do impacto negativo dos problemas, das complexidades e falsidades da sociedade sobre nossas crianças. Além disso, muitas parecem ter passado por partos difíceis, infâncias penosas, bem como famílias e experiências escolares infelizes.

Portanto, como regra geral, o objetivo deve ser ajudar nossas crianças:

- A se estabelecer com firmeza e serem bem estabelecidas no mundo.
- A aprender as regras para viver de maneira segura e eficiente em nossa sociedade.
- A tratar quaisquer distúrbios que tenham adquirido de um parto ou experiências da infância difíceis.
- A aprender a lidar com suas emoções de maneira eficaz.
- A aprender a conquistar relacionamentos efetivos.

Se deixadas sem solução por um período de tempo longo, não é incomum que as dificuldades vivenciadas por nossas crianças acabem provocando doenças verdadeiras, sejam físicas ou emocionais. É óbvio que a doença também pode aparecer por nenhum motivo claro. Nesses casos, precisa-se de tratamento específico, mas não descarte os tipos mais sutis de cura que melhor se adequem às pessoas desenvolvidas, sensíveis e extremamente conscientes que as crianças de hoje são. Formas sutis de terapia podem incluir medicina integrativa, bom aconselhamento, terapia familiar, naturopatia, osteopatia craniana, acupuntura, cinesiologia, homeopatia, cura intuitiva e Reiki.

Uma abordagem global e integrada para ajudar seu filho

A primeira coisa que alguém deve fazer é considerar a opção de que seu filho está bem. Talvez ele simplesmente precise de uma abordagem diferente à medida que os cuidados com sua educação e escolaridade se desenvolvem. Em caso afirmativo, então é provavelmente seguro presumir que é você – e não seu filho – que se beneficiaria de alguma ajuda. Ou seja, você provavelmente se beneficiaria da descoberta de algumas formas mais produtivas de apoiar e criar seu filho. Porém, se ele passar por dificuldades residuais ou doenças além do que poderia ser considerado ambiental, aconselha-se que você busque a terapia adequada para ajudá-lo a viver de maneira mais eficiente para atingir seu potencial.

Uma abordagem sensata para se conseguir bons cuidados integrados pode incluir:

1. Avalição por:
    - Um médico holístico integrativo;
    - Um pediatra especializado;
    - Um naturopata;
    - Um osteopata craniano;
    - Um conselheiro;
    - Um professor de educação especial.

2. Análise sanguínea ortomolecular
    - Este é um teste simples realizado com uma única gota de sangue que proporciona muitas informações sobre o metabolismo do seu filho. É utilizado por médicos holísticos integrativos e naturopatas.

3. Análise capilar
    - Um teste que analisa uma possível intoxicação por metais pesados e verifica os níveis minerais. Este exame é utilizado por médicos holísticos integrativos e naturopatas.

4. Terapias específicas – em geral, realizadas por médicos integrativos e naturopatas:
    - Modificação da dieta;
    - Suplementos nutricionais;
    - Restauração da função adequada do fígado e do sistema digestivo;
    - Ostopatia craniana;
    - Diagnóstico e tratamento de quaisquer infecções crônicas, inclusive otite média, sinusite, bronquite, enterite, parasitas, vermes e candidíase;
    - Tratamento de alergias, incluindo asma, eczema, rinite.
    - Quelação para intoxicação por metal pesado – caso seja encontrada;
    - Acupuntura a laser – uma forma suave de acupuntura que é segura, eficaz e indolor, sem o uso de agulhas.
    - Homeopatia;
    - Essências florais;
    - Cromoterapia.

5. Educação especial

6. Terapia familiar

7. Considere outras abordagens.

Lembre-se de que o objetivo é ajudar seu filho a ter uma vida plena, feliz e bem equilibrada, desenvolver suas muitas habilidades e atingir seu potencial para fazer sua parte em tornar o mundo um lugar melhor. E lembre-se também de que há assistência disponível para pais que vivem com as crianças desafiadoras de hoje.

Para aqueles que buscam mais informações específicas ou detalhadas, considere os pontos a seguir:

Dieta

Quando se trata de uma dieta saudável, a família inteira precisa se envolver. Aqui está um regime prático para toda a família seguir; um plano dietético reconhecido por ser útil para crianças que sofrem de condições como alergias, DDA/TDAH e os casos mais brandos de autismo.

1. Evite ou diminua:
   - Todos os alimentos que contenham corantes e conservantes;
   - Todas as substâncias químicas;
   - Açúcar refinado (branco);
   - Doces;
   - Sal em excesso;
   - Massas, bolos e biscoitos;
   - Bebidas gaseificadas;
   - Alimentos processados;
   - Alimentos que contêm conservantes;
   - *Fast* ou *junk food*.

2. Consuma em grande quantidade:
   - Alimentos frescos;
   - Água fresca;
   - Frutas e legumes frescos;
   - Frango criado solto;
   - Peixe – fresco ou enlatado em água de nascente, óleo ou salmoura;

- Carne vermelha – de preferência orgânica ou, ao menos, magra (cordeiro é a melhor, pois não envolve altos níveis de esteroides, antibióticos ou hormônios em sua produção como as demais carnes vermelhas).

Algumas crianças se beneficiam com uma dieta terapêutica mais intensiva e isso é mais bem realizado sob a orientação de um médico holístico integrativo, naturopata ou nutricionista experiente.

Mudanças mais especializadas na dieta incluem:
- Evitar laticínios. Algumas crianças podem ser alérgicas à proteína caseína, presente no leite.
- Evitar trigo e derivados. O glúten encontrado no trigo pode provocar reações alérgicas ou induzir a síndrome do intestino irritável.
- Com qualquer mudança na dieta, é válido testar por dois meses para verificar se ajuda. Se não houver benefícios reais dentro desse período, você pode retomar sua antiga dieta e, talvez, tentar uma mudança diferente depois disso. Tenha consciência, no entanto, de que às vezes os sintomas se agravam antes de melhorar; o corpo tem que se ajustar à nova maneira de se alimentar.
- Se você está preocupado com a dieta e suas responsabilidades em relação às mudanças dietéticas, por favor consulte um médico especialista.

Terapias úteis em geral

- Homeopatia: utiliza doses muito pequenas de extratos de plantas ou minerais para estimular a própria reação de cura do corpo.
- Essências florais: extratos especiais de flores, que podem ter um efeito útil de equilibrar as emoções.
- Cinesiologia: um sistema derivado da análise do movimento do corpo humano e da acupuntura. Pode ajudar a corrigir ou reequilibrar as funções do cérebro e do sistema nervoso que estejam abaladas, bem como corrigir problemas relacionados a equilíbrio, coordenação e função motora.
- Acupuntura a laser: uma forma suave, segura e indolor de realizar acupuntura. Pesquisas universitárias confirmaram sua segurança e eficácia. A acupuntura pode ajudar em muitos problemas relacionados à função motora, neurológica e cerebral, alergias e problemas emocionais.

- Cromoterapia: atrai crianças sensíveis e pode ter um efeito poderoso no cérebro, nas emoções, no sistema de chacras e na função da aura.
- Terapia com cristais: proporciona efeitos semelhantes aos da cromoterapia, mas de uma maneira tangível. Além disso, algumas crianças se relacionam melhor com cristais.
- Aromaterapia: usa aromas de diversos óleos essenciais para auxiliar no equilíbrio das emoções.
- Cura: refere-se a abordagens como Reiki e outras formas de "cura pelas mãos", bem como curas espirituais e por meio de canais. Essas abordagens atuam nos níveis sutis do ser humano, como o sistema da aura e do chacra.
- "Reeducação dos pais": muitos pais se beneficiam com instruções específicas sobre como lidar melhor com os filhos.
- Honestidade e integridade totais, respeito por todos e estabelecimento de limites efetivos são planos de vida essenciais para todos os membros da família seguirem.
- Aprender a fundamentação efetiva: o que geralmente ajuda tanto a criança quanto os pais é aprender maneiras efetivas de se acalmarem e recuperar o equilíbrio físico e emocional. Comumente envolve práticas baseadas na consciência do eu e do mundo que nos cerca. Isso se chama "fundamentação".

Principais problemas potenciais que exigem tratamento

Trauma no parto

Dificuldades podem ocorrer no início, no decorrer e depois do processo de parto em função de:

- Infecções – tanto dentro do útero como no início da infância;
- Trabalho de parto precipitado;
- Trabalho de parto prematuro;
- Trabalho de parto atrasado ou ineficaz, bem como o uso de drogas que o induzem;
- Fornecimento de oxigênio deficiente durante o parto;
- Parto por fórceps.

Tais dificuldades podem ocasionar problemas contínuos para a criança à medida que seu crescimento e desenvolvimento ocorrem, por exemplo:

- Distorção dos ossos cranianos;
- Efeitos incômodos subsequentes no cérebro em decorrência dessa deformação no crânio;
- Dores de cabeça recorrentes;
- Problemas de aprendizado;
- Atraso no desenvolvimento;
- Hiperatividade;
- Danos cerebrais leves;
- Drenagem insuficiente do ouvido médio, dos seios da face e do nariz que resultam em infecções crônicas e recorrentes no ouvido médio ou amidalite;
- Sistema imunológico enfraquecido com infecções recorrentes;
- Vitalidade baixa e suscetibilidade a doenças em geral, a chamada "criança doente".

Esses problemas geralmente podem ser tratados com métodos como osteopatia craniana, terapia craniossacral e Reiki (entre outras formas suaves de cura pelas mãos).

Má reação à vacinação

A homeopatia ensina que em algumas crianças essencialmente vulneráveis qualquer tipo de vacina pode provocar doenças, exaurindo a vitalidade e revelando suscetibilidades latentes a doenças. O uso de múltiplas vacinas de "dose única" pode agravar esse problema. Isso se chama sicose. A homeopatia e a naturopatia podem ajudar em muitos desses problemas.

Intoxicação por metais pesados

Somos frequentemente expostos a metais pesados na forma de poluentes em nosso ambiente, que podem se acumular no corpo humano, especialmente em nossos ossos, dentes, cabelos, cérebro, sistema nervoso e medula óssea. Em alguns casos, os metais pesados podem provocar efeitos tóxicos como fadiga, distúrbios intestinais, anemia, glóbulos brancos baixos, deficiência intelectual, distúrbios emocionais ou agravamento de doenças preexistentes.

O mercúrio, por exemplo, pode se acumular no corpo por meio de:

- Conservantes em algumas vacinas pediátricas (Timerosal);
- Absorção pela criança ou mãe como resultado da ingestão de grandes quantidades de peixe "contaminado". O mercúrio é conhecido por passar de mãe para filho por meio da circulação do sangue da placenta ou depois do parto, por meio do leite materno.

O mercúrio é conhecido por ser tóxico ao cérebro, sistema nervoso, sistema digestivo e medula óssea, provocando ou agravando problemas de aprendizado, problemas no desenvolvimento motor, autismo, má absorção de nutrientes, fraqueza no sistema imunológico e infecções crônicas recorrentes. Em geral, esses problemas podem ser tratados com dieta, suplementos e terapia de quelação para remover os metais pesados do corpo. Esses tratamentos são realizados por alguns médicos integrativos especializados e naturopatas. Veja orientação no site do Instituto de Pesquisa do Autismo: www.autism.com.

Síndrome do intestino irritável

A má digestão geralmente resulta na função irregular da parede do intestino. Como resultado, grandes cadeias de proteína e outras moléculas de alimentos mal digeridas podem entrar na circulação sanguínea oriundas do intestino e literalmente escorrendo pela parede intestinal. Essas moléculas têm um efeito irritante sobre muitos tecidos corporais (conhecido como "sobrecarga de radicais livres"), provocando alergias ou efeitos tóxicos. Esse problema digestivo também pode estar associado com um crescimento exagerado de cândida ou outros parasitas/micróbios no intestino. O tratamento geralmente se dá por meio de dieta, probióticos (bactérias digestivas saudáveis) e certas ervas, que aliviam muito o problema. Esse tratamento é oferecido por muitos médicos holísticos integrativos e naturopatas.

Intoxicação do fígado

O fígado constitui um aspecto crucial no processamento e na ligação de toxinas na corrente sanguínea (radicais livres), transformando-as para serem eliminadas com segurança do organismo por meio de urina, fezes, suor e respiração. Quando a função de inativação do fígado está prejudicada (uma condição conhecida como conjugação prejudicada), toxinas excessivas se acumulam no corpo e, assim, provocam danos a diversos tecidos. Esta doença de radicais livres é a base de muitas doenças degenerativas crônicas testemunhadas pela sociedade atual. A tendência à conjugação do fígado prejudicada e consequente intoxicação é, em geral, hereditária. Sinais manifestados na família incluem fadiga recorrente, enxaquecas, alergias, asma, eczema, rinite, problemas menstruais, baixa tolerância ao álcool e depressão sofrida por vários membros.

O tratamento é mais bem administrado por meio de dieta, antioxidantes, ervas, homeopatia e acupuntura; abordagens essas que ajudam a melhorar muito tal condição. Novamente, consulte um naturopata ou médico integrativo.

Crescimento exagerado de micróbios e sobrecarga no sistema imunológico

O crescimento exagerado de micróbios e a sobrecarga no sistema imunológico são geralmente indicados por problemas com candidíase, parasitas intestinais e infecções respiratórias e intestinais recorrentes. O sistema imunológico pode enfraquecer com a síndrome do intestino irritável, intoxicação do fígado ou efeitos do estresse, deixando infecções tomarem conta. Além disso, os micróbios, que normalmente estão presentes em níveis saudáveis, podem às vezes aumentar a um nível no qual comecem a provocar problemas significativos. Em geral, é isso que acontece com organismos como a cândida e alguns micróbios intestinais normais. Tudo isso pode ocorrer por causa de uma possível fraqueza no sistema imunológico. Essas infecções podem ser reprimidas com diversas abordagens terapêuticas naturais, inclusive determinadas ervas, homeopatia e acupuntura, em especial quando se dá atenção a quaisquer problemas subjacentes. Em casos resistentes, a terapia antimicrobiana intensiva é necessária.

Todas essas terapias costumam ser administradas por médicos integrativos e naturopatas.

Intolerância alimentar e a substâncias químicas

Em virtude dos efeitos combinados do excesso de sensibilidade ao ambiente, fraqueza no sistema imunológico e intoxicação no fígado (lembre-se o fígado é o órgão-chave para o processamento de substâncias químicas), as pessoas às vezes desenvolvem intolerâncias ou alergias a certos alimentos ou substâncias. Isso, às vezes, resulta no desenvolvimento de outras queixas, como asma, eczema, rinite, Hiperatividade, síndrome da fadiga crônica e uma gama de doenças imunes mais graves.

Esses problemas alérgicos graves podem ser tratados por meio de diversas abordagens terapêuticas naturais empregadas por médicos integrativos e naturopatas. Essas terapias incluem dietas de exclusão, suplementos nutricionais, acupuntura a laser e homeopatia constitucional.

Desenvolvimento atrasado da habilidade motora fina

Desajeitamento excessivo, coordenação deficiente e dislexia são, em geral, indicativos de problemas que afetam o desenvolvimento da habilidade motora fina de algumas crianças. Essas condições afetam a função do corpo, o que pode parecer pesado e desajeitado para um indivíduo sensível. Os problemas são, às vezes, o resultado de um atraso neurológico isolado no desenvolvimento, o que geralmente vê a criança crescer sem o problema em determinada idade e, depois, vivenciando um surto no crescimento súbito. Em outros momentos, esses problemas podem ser resultado de circunstâncias difíceis no ambiente, seja em casa ou na escola. E, sem dúvida, às vezes não há qualquer motivo óbvio.

Abordagens que incentivam a criança a continuarem plenamente "no corpo" podem ajudar, como terapias de "fundamentação", como cinesiologia, acupuntura, Yoga, tai chi ou formas suaves de artes marciais. Além disso, exercícios de repadronização motora, ginástica cerebral e integração sensorial, aulas de teatro ou dança terapêutica podem ser úteis.

Problemas relacionados à paternidade

Técnicas de paternidade não convincentes ou indiferentes vão, com o passar do tempo, provocar problemas maiores para muitas crianças. A paternidade excessivamente rígida, a negação do próprio conhecimento da criança, as mentiras, a negação da realidade verdadeira, a inconsistência de padrões e o estabelecimento deficiente de limites são exemplos comuns de habilidades paternais ruins. A paternidade restritiva ou distorcida transmite a mensagem errada, além de inibir, confundir e perturbar nossas crianças.

A paternidade consistente e honesta, a integridade total em todas as condutas com a criança, o estabelecimento de limites e regras claros e consistentes, assegurando a criança em suas experiências, oferecendo experiências que fomentam um adulto realizado, competente, integrado e efetivamente feliz, bem como a expressão de muito amor incondicional, são tão vitalmente importantes quanto a educação e a reeducação e o treinamento parental (quando necessário).

Sobrecarga sensorial

Há, e sempre existiram, casos de crianças extremamente sensíveis. Estimulação imprevista ou excessiva do mundo exterior podem facilmente sobrecarregar essas crianças e colocá-las em um estado confuso ou até dissociativo. Luzes brilhantes ou tremeluzentes, barulho alto, cheiros fortes, contato excessivo com outras pessoas, lugares com "vibrações ruins" ou pessoas infelizes e desequilibradas contribuem para uma experiência negativa para crianças extremamente sensíveis. Tais crianças são tão conscientes da força exterior que são facilmente influenciadas por ambientes negativos ou estímulos inesperados. Esses estressores devem ser removidos do ambiente da criança e seu impacto retirado da criança. A criança também deve estar consciente e ser ensinada a se defender contra esses gatilhos no futuro.

Com ajuda, essas crianças podem aprender a lidar com esses alertas e aprender a integrá-los em suas vidas. Ajudas físicas destinadas a reduzir essa absorção intensa, como óculos de sol, protetores auriculares, mp3 players ou aromaterapia na roupa são comuns. Terapias úteis incluem musicoterapia, terapia de integração sensorial, homeopatia, acupuntura a laser, cinesiologia, cura ou Reiki. Essas abordagens ajudam a reduzir a irritação por causa da sensibilidade excessiva, ao mesmo tempo em que ajudam a criança a integrar os estímulos sensoriais não familiares. Esses tratamentos são mais bem realizados por profissionais da saúde especialmente treinados.

Retraimento social e isolamento

Quando deixada por conta própria, a criança sensível pode se recolher na profundeza de seu próprio eu como uma maneira de lidar com os estímulos incômodos e as exigências de se viver no mundo de hoje. Isso pode levar a depressão, isolamento social e algumas formas de autismo.

O passo óbvio e necessário é, de alguma forma, "alcançar" a criança e suavemente guiá-la de volta para celebrar seu lugar no mundo. Terapeutas treinados em ajudar crianças autistas (especialmente tutores treinados, psicólogos, terapeutas ocupacionais e professores) podem ser úteis. Computadores e outras formas de tecnologia são ferramentas frequentemente utilizadas para alcançar a criança afastada e estabelecer uma linha de comunicação eficaz entre ela e o "mundo exterior".

Algumas formas sutis de terapia também podem ter seu lugar como, por exemplo, programas de estimulação sensorial, homeopatia constitucional, essências florais, cromoterapia, Reiki ou cura espiritual. Essas terapias devem ser realizadas por profissionais da saúde treinados para evitar complicações.

"Problemas de fiação"

Algumas crianças sofrem de algum dos vários distúrbios relacionados ao funcionamento do cérebro, do sistema nervoso ou dos campos energéticos sutis que controlam o corpo físico; condições mais bem descritas como um resultado de "fiação errada" no sistema nervoso central ou nos campos eletromagnético e energético do corpo.

Acupuntura, cinesiologia, homeopatia e cura intuitiva podem ajudar.

Abuso de álcool e drogas

Problemas provenientes do abuso de substâncias geralmente começam como resultado da pressão de grupo. No entanto, às vezes, as crianças têm predisposição ao abuso de substâncias por causa de histórico familiar ou maus exemplos. Há diversos motivos pelos quais uma criança sensível pode se voltar ao abuso de substâncias. Um deles pode ser a tentativa de reduzir o excesso de sensibilidade "anestesiando" seu sistema com drogas ou álcool. Às vezes, uma criança insatisfeita e entediada buscará a agitação ou estimulação induzidas por meio de drogas para tentar preencher seu vazio interior. Outras crianças podem se apoiar nas drogas em uma tentativa de se entorpecerem das experiências de vida negativas como um abuso (em suas incontáveis formas), cuja lembrança é muito dolorosa de suportar. E, é claro, há aquelas que usam drogas como uma maneira de se rebelar contra seus pais ou o sistema como um todo.

Algumas dessas crianças podem precisar de ajuda profissional: tempo gasto em uma clínica de desintoxicação seguida de aconselhamento intensivo, por exemplo. A ajuda profissional pode vir da busca por programas de apoio a jovens e organizações listadas na seção de recursos deste livro.

Autoviolência

Nos casos mais extremos, algumas crianças praticam autoviolência, como bater a cabeça, automutilação deliberada, anorexia nervosa ou bulimia. Em geral, esse comportamento é um chamado de socorro, uma tentativa de liberar a dor de se sentirem sobrecarregadas, uma maneira de levar algum senso de controle e segurança à situação ou uma maneira dramática de atrair atenção e um senso de realidade. Esses são casos extremos que demonstram comportamentos disparados por situações em que o crescimento e aprendizado da criança foram gravemente dificultados por circunstâncias externas adversas.

Obviamente, esta é uma situação grave que exige atenção séria e ajuda profissional por um período longo de tempo. Isso pode envolver tratamento psiquiátrico (em casos graves), aconselhamento extensivo e, no caso de todos os problemas multiníveis, monitoramento contínuo e um tratamento para manutenção apropriado.

Discussão sobre o tratamento

Qualquer uma das condições e situações supramencionadas pode levar ao diagnóstico de desordens como DDA, TDAH, Síndrome de Asperger, intolerâncias alimentares e a substâncias químicas múltiplas ou autismo. É importante compreender que, embora essas desordens sejam fundamentalmente resultado de uma sociedade conturbada e não necessariamente intrínseca a qualquer "tipo" particular de criança, com muitas vindo a ser diagnosticadas erroneamente com desordens médicas que simplesmente não têm, é fato que algumas dessas crianças realmente apresentam doenças significativas que afetam sua visão de mundo e a visão do mundo em relação a elas. Ou seja, muitas crianças, na verdade, não sofrem de DDA/TDAH nem autismo. Muitas são apenas diferentes (geralmente resultado de influências ambientais, domésticas ou pessoais) e, portanto, demandam cuidado individualizado. No entanto, algumas crianças realmente sofrem de desordens como autismo ou DDA e, portanto, beneficiam-se de um tratamento médico auxiliar especializado adequado. É importante identificar essas crianças que não apresentam, de fato, um transtorno, como autismo verdadeiro ou dano cerebral, então o tratamento médico apropriado ou outro tratamento de apoio podem ser realizados. O exame realizado por um médico qualificado permite que essas condições sejam avaliadas e, se preciso, tratadas.

Crianças identificadas como portadoras de DDA e TDAH ou autismo às vezes ficam oprimidas com seu diagnóstico porque simplesmente não se enquadram. Nós esperamos que elas se adequem, o que é algo que simplesmente não conseguem fazer. Elas veem as coisas de maneira diferente da maioria; elas "bagunçam o coreto" e são, em geral, chatas. Na maioria dos casos, é mais fácil rotulá-las como "doentes" ou perturbadas e confiar na primeira medicação prescrita.

Muitas dessas crianças têm uma visão mais clara do mundo e da vida do que nós. Faz sentido presumir, portanto, que se as deixarmos, elas conseguirão nos ajudar a ter vidas melhores. Ao ouvir o que elas têm a dizer, elas podem conseguir dar algum sentido à maneira na qual as coisas são feitas atualmente e, com sua motivação para nos inspirar, podemos ser estimulados a dar uma boa olhada em nós mesmos e realizar algumas mudanças positivas em todos os níveis. As crianças de hoje não estão doentes nem perturbadas. Ao contrário, muitas são pessoas sensíveis e honestas com capacidade de compreender os mundos natural e espiritual; são pessoas que encontram dificuldade de viver em um mundo agressivo e traiçoeiro.

Como resultado, a maioria dessas crianças não exige a medicação convencional ou em voga. Elas raramente se beneficiam de tratamentos médicos pesados como sedação com Ritalina e drogas de gênero semelhante. Ao contrário, elas reagem melhor quando recebem ajuda significativa e remédios e tratamentos alternativos.

Enquanto eu escrevia este livro, começaram a surgir histórias na mídia australiana (por volta de março de 2006) destacando 400 novos casos de crianças que tiveram efeitos colaterais documentados relativos à medicação (Ritalina) para DDA e TDAH, inclusive insônia, irritabilidade, sonolência, dores de cabeça, perda de peso, depressão, tentativas de suicídio, alucinações, arritmia cardíaca e acidente vascular cerebral. Isso foi divulgado na edição do dia 28 de março de 2006 do programa de atualidades *Today Tonight*, conforme citado no website http://seven.com.au/todaytonight.

Antes da edição do programa *Today Tonight* do dia 4 de maio de 2005 publicada em seu website, as dexanfetaminas (como a Ritalina) foram prescritas para 46 mil crianças australianas em 1995. No entanto, em maio de 2005, esse número havia subido para 246 mil crianças, com um aumento semelhante relatado em relação às crianças que receberam prescrição de antidepressivos como uma maneira de tratar suas condições.

A divulgação do *Today Tonight* de 4 de maio de 2005 foi além e incluiu comentários de psiquiatras e psicólogos que tratam crianças com DDA/TDAH. Por exemplo:

> *"Se nossa primeira linha de tratamento for dar remédios às crianças que, em muitos casos, são desnecessários, então estamos medicando-as em excesso."*
>
> *"Muitas famílias não estão preparadas para olhar para sua própria dinâmica ou para a forma como interagem com a criança em benefício desta. Ao contrário, é mais fácil culpar a criança, ir ao médico e conseguir alguma medicação para isso."*

"Elas devem olhar para a situação familiar, para seus filhos e para o desenvolvimento da criança, olhar para si mesmas, para o desgaste diário, os estresses, e então devem ouvir a criança. Talvez a comunicação da criança diga algo acerca do que realmente está acontecendo que mães e pais devem estar muito ocupados para perceber."

"Quando consideramos a gravidade dos efeitos geracionais de prescrever drogas que alteram a mente e o humor para quaisquer crianças jovens e ver as consequências... a primeira questão é reconhecer que isso é um problema. Isso não é normal; é uma declaração histórica de modismo. Felizmente, declarações de modismo mudam em algum momento. Infelizmente, talvez não antes de muito estrago ser causado pelo caminho."

"Qualquer medicação para crianças deve ser prescrita com muita cautela – esse é um princípio básico da prática médica. Quando houver efeitos colaterais significativos, como os da Ritalina, tais medicações devem ser prescritas somente em situações extremas – como aquelas em que a vida está em risco ou quando o desenvolvimento normal e a escolaridade sejam impossíveis, ou seja, depois de terem sido tentadas abordagens mais conservadoras que posteriormente se provaram falhas.

Até a Novartis (www.novartis.com.br), empresa distribuidora da Ritalina, aconselha que o medicamento deva ser usado como parte de um programa de tratamento abrangente que costuma incluir outras medidas (psicológicas, educacionais, sociais). A informação de prescrição enfatiza que a organização educacional apropriada é essencial e o gerenciamento psicossocial é, em geral, necessário, bem como que a Ritalina deve ser prescrita apenas quando medidas remediadoras por si só sejam insuficientes.

Um estudo publicado nos Estados Unidos em novembro de 2010[2] demonstrou que quando o Centro para Controle de Doenças dos Estados Unidos (CDC) pesquisou 73 mil crianças, descobriu que, a partir de 2007, uma em cada dez crianças tinham TDAH – um aumento de 22% desde 2003. Isso elevou o número de crianças norte-americanas com a desordem para mais de 5 milhões. Cerca de dois terços das crianças

---

2. Centers for Disease Control and Prevention, Increasing Prevalence of Parent-Reported Attention-Deficit/Hyperactivity Disorder Among Children – United States, 2003 and 2007, *Morbidity and Mortality Weekly Report*, 12 November 2010, Online, Disponível em: <http://www.cdc.gov/mmwr/preview/mmwrhtml/mm5944a3.htm?s_cid=mm5944a3_w>. Acesso em: 4 abr. 2012.

diagnosticadas com TDAH tomavam algum tipo de medicação prescrita. Por que esse aumento enorme? Ninguém sabe, de fato. Alguns pesquisadores sugerem que isso poderia se dar pela maior consciência e mais esforços de triagem, enquanto outros sugerem que determinados aditivos alimentares podem ser culpados. Em todo caso, a ciência não tem respostas definidas.

Outro estudo norte-americano publicado em 2010 no *Journal of Health Economics*[3] descobriu que cerca de 20% das crianças com TDAH provavelmente foram diagnosticadas erroneamente. O diagnóstico errado é mais provável de ocorrer por parte de análises de professores, enquanto pais eram, em geral, mais precisos em relação ao comportamento de seus filhos. Em outras palavras, a partir de 2007, talvez 1 milhão de crianças nos Estados Unidos foram erroneamente diagnosticas com TDAH, o que significa que, na verdade, não tinham quaisquer doenças. Muitas dessas crianças, então, receberam uma medicação forte e desnecessária. Esse estudo descobriu que "sintomas" de TDAH, como inquietação e incapacidade de se concentrar, foram observados em muitas das crianças mais jovens de qualquer série escolar, simplesmente porque elas eram mais jovens e foram inadequadamente comparadas a seus colegas mais velhos e maduros, o que significa que essas crianças mais jovens e imaturas estavam se comportando "normalmente" para sua idade.

Nós apenas podemos imaginar o que os números estão demostrando agora. Com base nas tendências atuais, podemos simplesmente presumir que as coisas estão muito piores do que em 2007.

Porém, em uma observação positiva, alguns pais e professores agora lidam com o problema por conta própria e adotam uma abordagem mais integrativa em que a medicação faz parte de um programa de gerenciamento geral. E, é óbvio, há sempre a situação ocasional em que medicações convencionais realmente ajudam o indivíduo a se desenvolver e ter uma vida plena, assim como são realmente benéficas para a família e para a escola. Esse é o caso principalmente de quando a criança está fora de controle ou é uma ameaça séria a si mesma ou para os outros. Portanto, não tenha medo de usar a medicação prescrita por um médico como uma abordagem a curto prazo para estabilizar a situação,

---

3. T. Elder, Economics Department, Michigan State University, The importance of relative standards in ADHD diagnoses: evidence based on exact birth dates, *Journal of Health Economics*, National Center for Biotechnology website, September 2010. Disponível em: <http://www.ncbi.nlm.nih.gov/pubmed?term=%22Journal+of+health+economics%22%5bJour%-5d+AND+2010%5bpdat%5d+AND+Elder%5bauthor%5d&cmd=detailssearch>. Acesso em: 4 abr. 2012.

quando nada mais está ajudando e as coisas são devastadoras. Isso pode fazê-lo ganhar tempo para que inicie outras abordagens a longo prazo, o que pode ajudá-lo a chegar na origem das dificuldades. Deve-se lembrar, no entanto, que, em geral, a maioria das crianças reage de maneira favorável às terapias sutis ou energéticas e a determinados remédios naturais suaves, em especial aqueles apoiados pela paternidade consciente.

Como escolher médicos competentes

Quando se trata de encontrar um médico, é essencial buscar um que seja competente o suficiente para ajudar seu filho e você em todos os níveis, sejam eles clínicos, terapeutas naturais, psicólogos ou curadores. As regras e expectativas devem ser as mesmas para todos. Prefira um que trabalhe com você e seus filhos – um que possa ser considerado membro da equipe ou um consultor dela. Sua relação com o médico de seus filhos deve ser vista como um esforço coletivo. Um paciente sábio (com um histórico administrativo) descreveu a escolha do médico como uma entrevista para verificar se ele se enquadraria na descrição do cargo e se seria bom o suficiente para se unir à equipe de tratamento. Você quer encontrar médicos que apresentem qualificações sólidas e que são habilitados e experientes no que fazem. Obviamente, você quer médicos com prática em ajudar crianças, em especial aquelas que vivenciam condições semelhantes àquelas que impedem o desenvolvimento de seus filhos. Eles devem apresentar habilidades de comunicação compatíveis com a idade das crianças, honestidade, respeito e integridade. Você deseja encontrar um médico com quem se dê bem e que tenha as habilidades necessárias para ajudar seus filhos. Por sua vez, o médico deve ser capaz de confiar que receberão em troca sua honestidade, cooperação e comunicação franca, bem como a boa vontade para respeitar quaisquer tratamentos que vocês tenham decidido junto.

Escolha atentamente sua equipe de tratamento, levando em consideração o tipo de abordagem que preferiria para seus filhos. E, sem dúvida, faça sua parte em determinar quais abordagens provavelmente beneficiarão mais seus filhos. Procure informações científicas idôneas ou testemunhos bem documentados que certifiquem que a abordagem funciona. Depois, verifique quais dessas abordagens promissoras atraem você e seus filhos. Por fim, busque médicos adequados para ajudá-lo com a modalidade escolhida – aqueles com habilidades promissoras (e qualificadas), disponibilidade, acessibilidade e custo razoável. Por último, procure o médico específico com quem deseja trabalhar e o entreviste para o emprego. Você não deve recrutá-lo para seu time até que ele cumpra os requisitos.

A propaganda boca a boca ou o contato com organizações profissionais que cubram a modalidade que você deseja provavelmente são as melhores formas de determinar qual médico é ideal para você e seus filhos. Essas organizações geralmente possuem uma lista de membros qualificados disponível para membros da população. Algumas dessas organizações estão listadas na seção de recursos deste livro.

Homeopatia

A homeopatia é um sistema de tratamento que se adequa bem à maioria das pessoas, em especial aquelas mais sensíveis. Você pode perceber que ela foi recomendada no decorrer de todo o livro.

A homeopatia é tanto uma excelente ferramenta de primeiros socorros para uso doméstico quanto um tratamento viável para uma infinidade de doenças graves. Porém, antes de considerar a automedicação, recomenda-se que seja buscado aconselhamento individual de um homeopata profissional ou naturopata que utilize remédios homeopáticos.

Panorama da homeopatia

A homeopatia é um sistema específico da Medicina desenvolvido há cerca de 200 anos na Alemanha por um médico pioneiro, Dr. Samuel Hahnemann (1755-1834). O sistema se baseava em vasta observação clínica e ensaios experimentais de compostos terapêuticos. No fim, duas "Leis de Cura" fundamentais foram desenvolvidas:

- A Lei dos Semelhantes (a qual afirma que uma doença pode ser curada por uma substância que cause sintomas semelhantes aos verdadeiros sintomas da doença).
- A Lei da Dose Mínima (a qual afirma que a menor dose que resulte em um efeito, tem o efeito máximo).

Hipócrates descreveu pela primeira vez a "Lei dos Semelhantes" quando recomendou que um tratamento eficaz para o vômito recorrente era ipecacuanha, que normalmente induzia ao vômito. Hipócrates observou que o remédio, na verdade, reduziu o vômito em vez de piorá-lo. No final do século XVIII, o dr. Hahnemann pesquisava os mecanismos de ação do quinino no tratamento da malária e decidiu ele mesmo ingerir quinino para experimentar seus efeitos em primeira mão. Ele ficou surpreso ao descobrir que o quinino produziu nele todos os sintomas da malária. Quando ele parou de tomar a droga, os sintomas da malária desapareceram e, sempre que ele voltava a administrar as doses de quinino, os sintomas retornavam.

O dr. Hahnemann prosseguiu com testes para verificar o que acontecia quando voluntários saudáveis tomavam uma ampla gama de substâncias terapêuticas. Ele reuniu um rol imenso de sintomas-padrão produzidos por esses testes experimentais ou "demonstrações" e os registrou em um volume grande da "Matéria Médica". Essas substâncias foram administradas como remédios em pacientes que sofriam de doenças que produziam os mesmos padrões de sintoma. Descobriu-se repetidas vezes que esses remédios aliviaram muito o sofrimento do paciente e que o processo da doença geralmente cessava com muito mais rapidez. Veio a ser desenvolvida uma teoria que afirmava que os sintomas da doença não eram efetivamente a doença em si, mas a *reação* do corpo ao processo subjacente da doença. Dessa forma, seria útil administrar um remédio que fortalecesse a luta específica do organismo e o ajudasse assim a remover a doença. Isso se tornou conhecido como a Lei dos Semelhantes; " semelhante cura semelhante".

Então, o dr. Hahnemann desenvolveu a Lei da Mínima Dose em resposta a um problema. Alguns pacientes tiveram um agravamento severo de seus sintomas quando esses remédios foram administrados pela primeira vez. Eles então sentiam um alívio depois de um período de desconforto intenso. Para reduzir isso, Hahnemann tentou diluir os medicamentos dando uma boa chacoalhada neles, o que chamou de processo de "potencialização". Esses medicamentos diluídos, de fato, reduziram significativamente a piora no tratamento e, para sua surpresa, Hahnemann descobriu que quanto mais o diluísse, mais eficaz ele se tornava para o tratamento do processo da doença. O dr. Hahnemann compreendeu que a reação do corpo é sutil, portanto, tudo o que você precisa fazer é dar a ele apenas o suficiente para disparar uma reação de cura. Qualquer quantidade maior pode estimular o corpo em excesso e, assim, gerar reações negativas ou até reduzir o benefício do remédio. Essa descoberta ficou conhecida como A Lei da Mínima Dose.

Outra forma de compreender como a homeopatia funciona é considerar que o organismo humano tem uma frequência específica em que vibra na saúde. O corpo também tem sua própria capacidade de cura ligada a essa energia vital fundamental – chamada Força Vital. Cada pessoa tem sua assinatura vibracional única. Então, se a força de uma doença invadir o corpo, repele a Força Vital de sua frequência de saúde fundamental. Se isso não for corrigido rapidamente pela Força Vital, o prejuízo resultante pode se traduzir com o tempo em uma doença no nível mental e, depois, no nível físico. No entanto, se um remédio adequado fornecido for principalmente vibracional e, portanto, agir na Força Vital, pode estimular e fortalecer a Força Vital para ela se tornar ativa o suficiente para expelir a força da doença e, assim, restabelecer a saúde da mente e do corpo.

Estudos científicos

Nos últimos 25 anos foram realizados diversos estudos científicos sobre a homeopatia, porém muitos são de qualidade variável e apresentam resultados conflituosos. Vários estudos de alta qualidade foram realizados nos anos mais recentes, cujos resultados demonstram um efeito positivo definitivo da homeopatia em condições como rinite, asma alérgica, fibromialgia e artrite reumatoide.

Como a homeopatia funciona

Ninguém realmente sabe como os remédios homeopáticos funcionam, mas há teorias com algumas provas comprobatórias.

 A teoria mais plausível é a de que no processo de preparação dos remédios (que envolve diluição e agitação vigorosa da substância), são passadas informações ou energias às moléculas de água da solução. Essa energia é armazenada por mudanças nas ligações moleculares e estruturas formadas pelas moléculas de água. A energia é liberada quando o remédio é absorvido pelo corpo humano e talvez reequilibre os campos eletromagnéticos sutis que controlam as funções da mente e do corpo. Um trabalho realizado pelo Dr. Paul Callinam, na South Cross University, em Lismore, New South Wales, defende essa ideia. Além disso, o trabalho do Dr. Masaru Emoto (como visto no filme *Quem somos nós?*) corrobora isso, demonstrando que a água possui memória e reage às influências ao seu redor – seja de efeitos físicos como poluição ou das atitudes e emoções das pessoas.

 Visite o Dr. Emoto no site http://www.masaru-emoto.net/english/entop.html.

Referências científicas

- "Homeopathic Therapy in Rheumatoid Arthritis: Evaluation" by Double-Blind Clinical Therapeutic Trial, by Gibson *et al*, *Br. J. Clin. Pharmac.*,1980; 9:453-459.

- "Is Homeopathy a Placebo Response? Controlled Trial of Homeopathic Potency, with Pollen in Hay Fever as Model", by Reilly *et al*, *The Lancet*, Oct.18th, 1986; 881-885.
- "Human Basophil Degranulation by Dilute Antiserum against IgE", by Davenas, Benveniste *et al*, Nature, 30 June 1988; 333: 816-818.
- "Effect of Homeopathic Treatment on Fibrositis (primary fibromyalgia)", by Fisher *et al*, *BMJ*, 5 August 1989; 299: 365-366.
- "Clinical Trials of Homeopathy", by Kleijnen *et al*, *BMJ*, 9 Feb. 1991; 302:316-322.
- "Evidence of Clinical Efficacy of Homeopathy: A Meta-Analysis of Clinical Trials", by Cucherat *et al*, *Eur. J. Clin. Pharmacol.*, April 2000; 56; 1:27-33.
- Outros artigos científicos sobre homeopatia estão disponíveis na Internet, em http://aurumproject.org.au.

Alguns remédios homeopáticos de primeiros socorros úteis

Princípios gerais:

- Consulte um terapeuta treinado e habilitado em homeopatia antes de se automedicar em caso de situações graves ou agudas;
- Consulte a lista de observações (a seguir) quando considerar a situação;
- Escolha o remédio mais apropriado, de acordo com as observações.

Dosagem:

- Em caso de doença aguda, administre o remédio indicado em uma potência média (como 6 ou 30c) a cada 15 a 30 minutos até diminuírem os sintomas;
- Em geral, quanto mais ativos os sintomas, com mais frequência você deve administrar o remédio;
- Controlados os sintomas, continue a administrar o remédio na mesma potência a cada quatro horas, até que o paciente se recupere totalmente.

Como administrar o remédio:

- Saiba que o remédio fica na superfície das pílulas homeopáticas, que são feitas de lactose.
- É importante evitar contato com as mãos. Se você tocar as pílulas, o suor de suas mãos pode neutralizar o remédio e este pode até se desfazer em suas mãos.
- As pílulas são dissolvidas na boca por meio dos grandes vasos sanguíneos localizados sob a língua e, em geral, em toda mucosa bucal.
- Não tente engolir as pílulas com qualquer tipo de líquido.
- É importante evitar qualquer alimento ou sabores persistentes na boca (como pimenta, menta ou pasta de dente forte), caso contrário, isso pode inativar o remédio.
- Em algumas pessoas suscetíveis, certas coisas irão inativar o remédio: café, naftalina (cânfora) e pimenta malagueta.
- Armazene o frasco do remédio em local seco e longe da luz o sol direta, de cheiros fortes e a pelo menos um metro de distância de qualquer equipamento eletrônico, como micro-ondas. Mantenha-o longe do alcance de crianças. Elas geralmente pensam que remédios são balas e, portanto, adoram surrupiar pílulas a mais. O armazenamento em um armário alto é, em geral, o melhor a ser feito.

Instruções para dosagens simples:

- Deixe cair de duas a três pílulas na tampa do frasco.
- Lance essas pílulas diretamente em sua língua.
- Dissolva as pílulas na língua ou, preferencialmente, sob ela. É como chupar uma bala.
- Se você estiver utilizando gotas, deixe duas ou três gotas caírem na língua. Deixe-as assentarem em sua língua por pelo menos um minuto, de modo que o remédio possa ser absorvido.
- Não coma nem beba, não coloque nada na boca, tampouco escove os dentes 15 minutos antes ou depois da dose de remédio.

Quando buscar o médico:

Sempre consulte um médico <u>imediatamente</u> se tiver:

- Trauma grave;
- Febre alta e incontrolável;
- Delírios;
- Dor aguda;
- Convulsões;
- Inconsciência ou situação próxima disso;
- Dificuldade para respirar;
- Qualquer doença grave.

Em geral, procure aconselhamento médico se:

- Não tiver certeza da gravidade da condição do paciente;
- Descobrir qual é o diagnóstico;
- A doença não diminuir 12 horas após o início do tratamento homeopático.

Um terapeuta natural bem treinado também pode oferecer aconselhamento se a condição não for grave, mas se o paciente estiver demorando algum tempo para estabilizar ou se você quiser um tratamento complementar junto com o tratamento médico.

Observações sobre remédios homeopáticos

Para os primeiros socorros:

- Lembre-se de que o Floral de Bach chamado Rescue Remedy é, em geral, útil para qualquer tipo de aflição física ou emocional, bem como trauma. Aplique duas gotas na língua a cada 15 minutos até o paciente se estabilizar; então, prossiga a cada quatro horas, até que o paciente volte ao normal.

Cortes:

- Arnica (margarida montana) – principal remédio para cortes em geral, principalmente se há contusões e uma sensação de dor ou imperfeição.
- Calêndula – aplicação tópica para a pele ferida. Não a aplique diretamente na ferida aberta. Promove a cura da pele em geral.
- Ledum (erva-do-pântano) – Para feridas com perfurações profundas.

Entorses, distensões e contusões

- Arnica (margarida montana) – principal remédio. Para hematomas e sensação de contusão, fraqueza ou dor.
- Ruta (centeio) – dores nos tendões. Trauma no tendão ou ligamento.
- Symphytum (confrei) – ossos inflamados e com dores pungentes. Trauma ósseo ou periósteo; ajuda, inclusive, a cicatrizar ossos quebrados após terem sido "colocados no lugar" por um médico.

Queimaduras mais leves:

- Calêndula – aplique regularmente como loção. Promove a cicatrização rápida de feridas e melhora erupções cutâneas.
- Cantárida (mosca-espanhola) – dores fortes com sensação de queimação. Quando a pele está avermelhada, com bolhas e descamando. Para queimaduras mais graves.
- Urtica urens (Urtica dioica) – inchaço e arranhados na pele. Pode ser administrada na forma de pílulas ou como loção.

Picadas e mordidas:

- Apis (picada de abelha) – vermelhidão, dor e inchaço severo depois de uma mordida ou picada.
- Ledum (erva-do-pântano) – feridas com perfurações e mordidas profundas.
- Urtica urens (Urtica dioica) – pústulas ao redor da mordida que provocam coceira.

Erupções na pele e urticária:

- Apis (picada de abelha) – marcas de picadas vermelhas e inchadas.
- Rhus tox (hera venenosa) – erupções na pele avermelhadas que provocam coceira intensa.
- Urtica urens (urtiga dioica) – pontos que provocam coceira. Muita coceira. Sensação de queimação, que se agrava com o toque e a aplicação de água. Paciente agitado.

Febres:

- Acônito – estado febril, porém com palidez e sensação de frio. Iniciada com a sensação de frio.
- Beladona – estado febril, com o rosto quente, avermelhado e ruborizado. Pode ser um pouco delirante.
- Camomila – estado febril, quente, irritabilidade e quando se está pegajoso. Melhor para se sentir afagado.

Resfriados:

- Natrum muriaticum – espirros copiosos. Nariz escorrendo como uma torneira.
- Pulsatilla – congestão com obstrução, expelindo muito muco verde.

Amidalite, otite média e infecções no ouvido:

- Mercúrio – dores ao engolir, com pus nas amídalas. Dores no ouvido que pioram quando deitado. Pode haver muco amarelo eliminado pelos ouvidos.
- Lachesis – amídalas arroxeadas e inchadas, principalmente no lado direito.

Indigestão leve e dores na barriga:

- Arsenicum album – queimação no estômago. Irritabilidade e agitação.
- Colocynthis – cólicas na barriga. Dores aliviadas ao se curvar.
- Magnesium phosphoricum – cólicas aliviadas com uma bolsa de água quente ou massagem suave.

- Nux vomica – sensação de que a comida caiu como um tijolo no estômago. Calafrio e náusea.

Náusea e vômito:

- Ipecacuanha – para náuseas e vômitos em geral.
- Nux vomica – para náusea e vômito, se o paciente estiver pálido e sentir muitos calafrios.

Diarreia:

- Arsenicum album – muito anseio para esvaziar os intestinos, porém apenas pequenas quantidades passam. Queimação no reto.
- Podophyllum – para "esguicho" abundante, diarreia líquida com odor muito desagradável.
- Fósforo – diarreia indolor. Sensação de calafrio e fraqueza depois dos movimentos do intestino.

Prisão de ventre:

- Óxido de alumínio – falta de vontade de defecar por muitos dias, seguida de anseio forte e ineficaz de defecar. Incapacidade total de expelir as fezes. Eventual eliminação de massas semelhantes a mármore, porém com a sensação de que o reto está cheio. O ânus pode coçar, principalmente após a eliminação das fezes.
- Bryonia – prisão de ventre com fezes duras e secas. Parece que as fezes são muito grandes para ser eliminadas.
- Sépia – prisão de ventre com fezes grandes e duras. Sensação de que há uma bola no reto. Pode haver muito anseio e dores subindo pelo reto.

Tristeza emocional:

- Esses remédios podem ser usados por conta própria para problemas emocionais menores e temporários.
- Para problemas mais graves e persistentes, o paciente também deve visitar um psicanalista, psicólogo ou psiquiatra experientes.
- Lembre-se de que o Floral de Bach chamado Rescue Remedy é, em geral, útil para qualquer tipo de aflição física ou emocional,

bem como trauma. Aplique duas gotas na língua a cada 15 minutos, até que o paciente se estabilize e, então, prossiga a cada quatro horas, até que o paciente volte ao normal.
- O Rescue Remedy também pode ser tomado na dosagem de duas gotas aplicadas sobre a língua a cada quatro horas, mais uma dose quando necessário, em dias estressantes ou conturbados.

Ansiedade e preocupação:

- Acônito – sentimentos de pânico. O paciente teme morrer ou que algo terrível aconteça. Sente calafrios. Pode iniciar com calafrios. Palidez.
- Argentum nitricum – ansiedade e tremores. Vontade de comer açúcar. Impulsividade e irritabilidade. Movimentos espasmódicos. Pensamentos que pulam para todos os lugares. Ansiedade. Nervosismo antes de provas. Nervosismo antes de um acontecimento importante.
- Arsenicum album – inquietação e ansiedade. Caminhar sem parar em virtude de nervosismo. Preocupações em relação à segurança e à saúde. Irrequieto. Sensação de calafrio. Desespero.
- Gelsemium – fraqueza e tremores. Tonturas. Medo do palco.
- Nux vomica – inquietação, irritabilidade e compulsão.

Relação entre os cinco tipos de macaco e remédios de constituição homeopática

Macaco	Criança	Observações	Quatro humores	Cinco elementos	Medicina tradicional chinesa	Ayurveda	Remédios homeopáticos típicos
Capuchinho	Criança Índigo	Militante Empreendedora Guerreira Orientada por ações Artífice	Colérica	Fogo	Madeira Fígado	Pitta	Lachesis Sulphur Ferrum metalicum Nux vomica Asernicum album
Colobo	Criança Inverno	Guardiã Orientada por fatos Mártir Especialista em lógica Solucionadora de problemas	Melancólica	Terra	Terra Baço	Kapha	Calcarea carbonica Calcarea phosphorica Carcinosinum Thuya Syphinilum Baryta carbonica Ferrum metallicum Natrum muriaticum

Lêmure	Criança Pacificadora		Sanguínea	Ar	Metal Pulmão	Vata		Mercurius Argentum nitricum Tuberculinum Phosphorus Cannabis Lycopodium
Macaco-esquilo	Criança natureza	Idealista Orientada por ideais Ativista Oradora Romântica	Fleumática	Água	Água Rim	Mistura Kapha-Vata		Pulsatilla nigricans Carcinosinum Natrum carbonicum Sepia succus Tuberculinum
Mico-leão-dourado	Criança Dourada	Sonhadora Orientada por sentimentos Profetisa Intuitiva		Espírito	Fogo Coração	Mistura de três doshas Vata/Pirra/Kapha		Sulphur Causticum Ácido fosfórico

Remédios de constituição homeopática têm ação muito profunda e devem ser usados apenas por homeopatas experientes.

Esses remédios podem ajudar a melhorar a saúde em todos os níveis mentais e corporais. Eles podem até ajudar a diminuir a expressão de padrões hereditários da doença. Até a pessoa relativamente saudável pode usar os remédios de constituição homeopática para aumentar a vitalidade e melhorar a boa saúde, bem como reduzir as chances de ficar doentes.

Portanto, tais remédios podem ser de grande ajuda, pois tendem a ser bem recebidos pelas crianças mais sensíveis e não costumam ter efeitos colaterais. Se efeitos adversos ocorrerem, tendem a ser menores e autolimitantes. Na verdade, quaisquer reações como essas provavelmente serão uma "crise de cura" temporária à medida que o corpo se livra de toxinas e se reequilibra, proporcionando melhora na saúde.

Esses remédios de constituição homeopática são prescritos no início dos sintomas físicos e mentais – em especial, sintomas que dão pistas da natureza única da pessoa.

Muitos desses remédios derivam de venenos ou substâncias prejudiciais e até de produtos da doença. Isso dá a eles o poder de agir nos níveis íntimos mais profundos do ser humano, com base na crença de que o que destrói também pode curar. Por exemplo, considere as doses muito pequenas do veneno arsênico, que treinadores dão a cavalos de corrida para ajudá-los a correr mais rápido.

A seguir, há uma lista de alguns dos medicamentos mais importantes que se relacionam aos cinco tipos de macaco (como listados nos capítulos individuais do livro, apresentados antes). Esta lista é mais para curiosidade do que qualquer outra coisa; examiná-la proporcionará um senso mais profundo do que se trata cada tipo de macaco. É óbvio, a correlação com cada tipo não é exata, portanto, guie-se pelos sintomas-chave individuais apresentados pela pessoa para escolher o medicamento mais adequado em uma análise final.

Remédio	*Origem do remédio*	*Observações*
Lachesis	Veneno de cobra	Impulsivo. Inquieto. Comunicativo. Não suporta roupas justas. Ciúme. Tristeza. Sensual/excitação e tensão sexual. Hemorragia. Choque séptico. *Delirium tremens.* Amídalas arroxeadas e inchadas – principalmente no lado esquerdo. Rubor. **Aspecto positivo:** Paixão pela vida. Sexualidade bruta.

Sulphur	Mineral enxofre	Tipo filósofo esfarrapado. Esquecido. Desorganizado. Sujo. Preguiçoso. Irritado. Fogachos, coceira e queimação em diversas partes do corpo e da pele – agravadas por lavagem e calor. Eczema. Doenças recorrentes. Vontade de comer doces. Fraqueza por volta das 11 horas – deve comer e sente-se melhor depois. **Aspecto positivo:** O ego inspirado. Deus em ação. Totem de água. Espírito. O Deus-sol.
Medorrhinum	Gonorreia	Extrovertido. Um tremendo festeiro . Montanha-russa emocional – altos e baixos o tempo todo. Tipo sexo, drogas e rock n' roll. Memória fraca. Medo de enlouquecer. Catarro. Excesso de muco. Asma úmida. Verrugas e protuberâncias. Tumores benignos. Períodos menstruais intensos. Endometriose. Cistos no ovário. Reumatismo crônico. Vontade de comer laranja e tomar suco de laranja. **Aspecto positivo:** Grande apreciação pelos prazeres que a vida tem a oferecer. Sensualidade em seu sentido mais puro. Aventureiro apaixonado pela vida.

Nux vomica	Sucupira branca	Temperamento impetuoso. Tipo homem de negócios estressado. Magro, irritadiço, nervoso, apressado, rabugento. Efeitos nocivos do uso de estimulantes, álcool e alimentos ricos – dos quais a pessoa sente vontade. Sensibilidade excessiva a todos os estímulos externos. Estupidez, ressaca, azia, mau humor. **Aspecto positivo:** O arquétipo do conquistador.
Arsenicum album	Trióxido de arsênio	Muito inquieto. Desespero. Sente-se fraco e que sua saúde vai piorar. Medo de adoecer. Mesquinho e egoísta. Dores de queimadura – aliviadas com calor. Grande exaustão até depois de mínimo esforço. **Aspecto positivo:** Educado e cortês. Charme e boas maneiras do velho mundo. Melindroso. Atento à saúde. Sentimental. Dedicado à família.
Calcarea carbonica	Carbonato de cálcio	Teme a desgraça. Apreensivo. Esquecido. Obstinado. Aversão ao trabalho. Glândulas inchadas. Catarro. Transpira facilmente. Recuperação lenta de doenças. Vontade de comer ovos. Aversão à gordura e leite. Muita sensibilidade ao frio. Insegurança física. **Aspecto positivo:** Sereno e contente. Gosta de pessoas, embora seja autoconfiante.

Carcinosinum	Tecido canceroso	Temores profundos de sobrevivência. Sente-se paralisado ou com depressão muito severa. Sente-se pressionado. Sem senso de si. Traumatizado por abuso ou estupro no passado. Olhos esquisitos. Verrugas. Pode apresentar vitalidade muito baixa. Medo de câncer. Propenso a doenças graves, como câncer às vezes. Insônia grave com terrores noturnos. **Aspecto positivo:** Excelentes conselheiros e curandeiros – empáticos, solidários, compreensivos e experientes. Sabedoria por meio do sofrimento. Trabalha pela causa animal. Bons cuidadores.
Thuja	Planta tuia – a árvore da vida	Introvertido. Ideias fixas e estranhas. Culpa sexual. Segredo sujo bem escondido – sente-se sujo. Sente-se feio e deformado. Sente como se outra entidade está vivendo dentro do corpo. Doenças suprimidas por meio de vacinação anterior – provoca doenças mais graves. Grandes verrugas carnudas e úmidas. Pólipos. Doenças genitais e reprodutivas ou reumatismo ocasionado por gonorreia suprimida. Emagrecido. Insônia crônica. **Aspecto positivo:** Sensível e mediúnico. Consegue sentir o que os outros sentem. Cuidadoso e sério.

Natrum muriaticum	Sal-gema	Deprimido e irritadiço. Introvertido. Guarda as emoções – inibe-as. Dor emocional suprimida. Tensão na mente e no corpo devido a emoções presas. Doença por causa de aflição suprimida ou crônica e tristeza. Deseja ficar sozinho para chorar. Solitário. Durão. Sensível a barulho. Agravamento por falar sobre os problemas e pela compaixão – a psicoterapia os piora. Controladores. A música os emociona e acalma. Vontade de comer sal. Enfraquecimento por água quente. Corpo sempre frio. Anemia. Membranas mucosas secas. Nariz escorrendo como uma torneira – rinite alérgica com muita coriza. Dor de cabeça intensa após a menstruação. **Aspecto positivo:** Organizadores práticos. Pessoas discretas, estáveis, apaixonadas, empáticas e éticas.

Mercurius	Mercúrio	Mente fraca – lento ao responder perguntas – enfadonho e confuso. Ou mente rápida. Pensamentos rápidos. Aproveitador. Desinibido. Imaturo – Peter Pan. Charmoso. Personalidade mercuriana. Tolo e malandro. Desapegado. Sempre mudando. Nunca encontra estabilidade. Agravado por extremos de temperaturas. Transpira facilmente, mas sente-se pior. Facilmente agravado por muitas coisas, mas poucas coisas aliviam. Amidalite com muita saliva, gosto metálico na boca e halitose severa. Tremores. Piora à noite. Mau hálito, fezes e corpo malcheirosos. Tende a formar pus verde e pútrido. **Aspecto positivo:** Ótimo orador e comunicador. Ama palavras – um verdadeiro especialista em palavras. Excelente ator e mímico. Em contato com as comunicações com o Espírito. Inspiração divina. O médium. Como Mercúrio – mensageiro dos deuses. Camaleão – consegue se adaptar a qualquer situação.

Argentum nitricum	Nitrato de prata	Temeroso e nervoso. Agitado. Ansioso. Errático. Inquieto. Trêmulo. Impulsivo. Quer fazer coisas com pressa. Impulsos estranhos – como, por exemplo, um desejo forte e irracional de pular pela janela. Coordenação ruim e falta de jeito. Ansiedade. Vontade de comer doces. Fica irritado, frívolo e confuso se perde uma refeição – alívio quando come. Inflamação grave das membranas mucosas. Dor de cabeça com resfriado e tremor. Confusão mental. Quando engole, sente como se um espinho estivesse preso na garganta. **Aspecto positivo:** Curiosidade semelhante à de uma criança. Livre pensador independente.
Tuberculinum	Tuberculose	Inquietação. Enfraquecido e magro. Fraqueza nervosa. Alterna entre rabugice irritável e uma doce disposição angelical. Melancolia e depressão apática. Contrai resfriados e infecções no peito com facilidade. Propensão à asma e pneumonia graves. Cabeça martelando. Muito sensível física e mentalmente. Birras extremas em crianças. Brilhante, porém facilmente entediado. Desagradável e vingativo. Romântico e sentimental. Fortes impulsos artísticos criativos. Sente-se melhor ao ar livre – adora caminhar nas montanhas. Ossos finos e compridos com peito de pombo. **Aspecto positivo:** O clássico intelectual com mente forte e excelentes poderes de razão.

Phosphorus	Mineral fósforo	Sonhador. Distraído. Pouco senso de limites pessoais. Supersensível a impressões externas. Pavor de ficar sozinho – teme que possa morrer. Vertigem – principalmente quando se levanta. Alto e magro, com aparência pálida e pele branca transparente. Hemorragias. Tosse com sangue. Enfraquecido por doenças graves. Membranas mucosas inflamadas. Asma provocada por ar frio e por falar demais. Ossos frágeis. Muitos tecidos corporais inflamados e danificados. **Aspecto positivo:** Amante da vida, despreocupado e aventureiro.
Pulsatilla	Anêmona – a flor do vento	Tipo feminino gentil e levemente submisso. Chora com facilidade. Aprecia a compaixão. Tímido e indeciso. Facilmente desestimulado. Emoções inconstantes e contraditórias. Muito emotivo. Pode ser superficial, fútil e rabugento ou charmoso e atraente. Precisa de ar fresco – mesmo em um dia frio. Catarro. Membrana mucosa secreta muco profuso, espesso e esverdeado. Otite secretória. **Aspecto positivo:** O arquétipo de mulher feminina e delicada – a expressão plena do yin e do princípio feminino.

Sepia succus	Tinta de lula	Irritável, mal-humorado e facilmente ofendido. Afasta as pessoas, embora tenha pânico de ficar sozinho. Aversão às pessoas queridas. Calafrio com ondas de calor. Fluidos corporais frios e estagnados. Sensação de que há algo subindo e descendo pelo corpo. Sente como se uma bola estivesse presa no corpo. Sente como se o útero estivesse tão pesado a ponto de cair. Bom dançarino. **Aspecto positivo:** O arquétipo de mulher independente e Mãe-Terra – cortesã, mulher sábia, bruxa e idosa.
Causticum	Soda cáustica	Muito triste e desanimado. Chora facilmente. Não quer ir para a cama sozinho. Agravado quando pensa em suas queixas. Sente como se houvesse um espaço vazio entre a testa e o cérebro. Dores artríticas violentas. Inquietação noturna com dores severas nas articulações. Sente que vai desmaiar ou como se afundasse. Pode progredir para a paralisia de partes do corpo. **Aspecto positivo:** Um idealista prático.

Epílogo

Em 20 de agosto de 1994, em um rancho localizado em Janesville, Estados Unidos, um único filhote de búfalo branco puro veio ao mundo. Eles o batizaram a fêmea de "Miracle" [Milagre], pois esse animal não era um filhote comum. Pelo fato de ter nascido branca, ficou marcada como uma criatura da profecia Lakota, com seu nascimento anunciando o retorno a um tempo de paz e beleza; um tempo de purificação e renovação para as crianças da Mãe-Terra.

O filhote de búfalo não era albino, mas, sim, um animal que tinha *leucismo*, uma forma de albinismo em que há falta de melanina na pigmentação da pele, porém os olhos são azuis, e não cor-de-rosa, o que é comum. Essa característica é relativamente atípica entre animais selvagens (embora comum e, em alguns casos, incentivada em raças domésticas). Isso representa uma desvantagem muito real para criaturas em seu hábitat natural, limitando a possível camuflagem, a habilidade para conseguir perseguir a presa e absorver calor e níveis exigidos de raios ultravioletas. Portanto, animais que apresentam albinismo (do latim *álbum*, que significa "branco") ou leucismo raramente sobrevivem à fase adulta.

Os clãs Lakota, Dakota e Nakota são agrupados como Sioux. A nação Sioux é de guerreiros; um povo nobre e orgulhoso. A mulher filhote de búfalo branco jaz no coração da nação Sioux e oferece beleza e convicção para suas lendas. Para sustentar sua crença, a mulher filhote de búfalo branco apresentou o cachimbo de búfalo sagrado ao povo Sioux. Ela ofereceu a eles o cachimbo como uma forma de religação com o Espírito.

Muitos acreditam que o filhote de búfalo branco chamado Miracle e cada filhote com essa característica que nasceu desde então (aproximadamente 16 no total) anunciavam coletivamente a reunião da humanidade e o redespertar da unidade: o estado de mente, corpo e espírito que rejeita a solidão, o medo e o abandono e reestabelece a conexão sagrada com o Espírito, a Mãe-Terra e o povo. O búfalo branco simboliza esperança e renovação, harmonia entre todos os povos e uma união de todas as raças para caminharmos juntos e unidos.

Além dos búfalos brancos profetizados (que estão entre os animais mais sagrados que uma pessoa poderia encontrar), outros animais brancos raros e belos começaram a surgir no mundo: leões, lobos servais, girafas, zebras e gorilas; tordos, raposas, pardais, morcegos e ouriços; tigres, elefantes, guaxinins, pítons, cobras, macacos, leopardos e pavões; cangurus, wallabies, kookaburras, coalas, gambás, emus, equidnas e kiwis; corvos, gralhas, veados, ursos-pretos, gambás, alces, esquilos, antilocapros, coiotes, corujões-orelhudos, beija-flores, emas, pumas, cascavéis, jacarés e linces; baleias, pinguins, focas, golfinhos e tartarugas marinhas, muitos tendo aparecido nos últimos quatro anos ou um pouco antes, durante ou depois de acontecimentos mundiais que clamam por paz e união global.

De acordo com o chefe Arvol Looking Horse, o líder tradicional do clã Lakota da nação Sioux e da 19ª geração de protetores de filhotes de búfalos brancos, o surgimento desses animais anuncia um tempo de extrema urgência para a Terra e a humanidade como um todo. Afirma-se que o surgimento de tais animais de coloração incomum é um sinal, um chamado auspicioso para que nos unamos como um povo e caminhemos como um; para ver além da cor da pele de nossos vizinhos ou da ancestralidade de seu povo e nos unirmos, abraçando-nos como irmãos, irmãs e todas as crianças da Mãe-Terra.

Apesar do fato de animais que apresentam albinismo ou leucismo serem muito mais vulneráveis do que aqueles que possuem a coloração natural, estamos observando um aumento dessas criaturas desenvolvendo-se como adultos saudáveis com muitas delas passando despercebidas pelos homens até atingirem a maturidade plena e certeza de sobreviverem sem ajuda no mundo selvagem. Afirma-se que a lição por trás da urgência desses animais brancos raros é uma que deve ser reconhecida por todos os homens, mulheres e crianças se quisermos levar cura à Mãe-Terra e à humanidade. Estamos sendo lembrados de sempre estarmos atentos a nossas ações e reações, aceitarmos mais os outros, suas crenças, orientações e costumes, e sermos mais respeitosos em relação aos animais e à própria Mãe-Terra.

O Chefe Arvol Looking Horse acredita que agora estejamos imersos em um tempo de profecia em que os animais estão escolhendo nascer com anomalias chocantes; embaixadores brancos de suas espécies com mensagens que trazem bênçãos e alertas. Ele defende a ideia de que os animais nascem brancos para atrair nossa atenção como a personificação de uma necessidade universal para a humanidade se unir em nome da paz para que nossos filhos e os filhos deles tenham garantido um futuro na Mãe-Terra. Ele afirma que "todas as nações, todas as fés devem se unir em uma oração", não importa o quanto acreditemos no Espírito Criador, se reconhecermos e honrarmos o nascimento desses animais sagrados e prestar atenção em sua mensagem.

Animais albinos têm sido reverenciados na maioria das culturas há séculos; venerados como presságio de boa sorte, fertilidade, chuva abundante e uma colheita farta. Alguns até os descrevem como seres dotados de poderes sobrenaturais ou mágicos, em geral carregados de força, velocidade, formato e tamanho extraordinários. Na Europa medieval, por exemplo, acreditava-se que os ratos brancos personificavam as almas de crianças falecidas, enquanto afirmava-se que a aparição de um elefante branco proclamou o nascimento de Gautama Buda. Como resultado, o elefante branco se tornou um símbolo sagrado de adoração na tradição hindu. Afirma-se que o elefante branco e o deus elefante hindu, Ganesha, oferecem libertação dos obstáculos criados pelas influências mundanas da vida, aspectos como dificuldades e circunstâncias limitadoras. Na Tailândia, as pessoas acreditam que os elefantes brancos podem conter as almas das pessoas que passaram para o mundo espiritual.

Animais brancos também aparecem regularmente nas mitologias galesa e celta como criaturas do Outro Mundo, muitas vezes exibindo orelhas vermelhas, olhos cor-de-rosa e focinhos rosados. Nessas histórias, guerreiros corajosos e homens nobres frequentemente os perseguiam quando se aventuravam no mundo comum.

Novamente, de acordo com o Chefe Arvol Looking Horse, o surgimento do filhote de búfalo branco e a grande variedade de outros animais brancos veio tanto como um bom presságio quanto como um prenúncio de mudança poderosa, porém necessária. Há eras os animais estão tentando alertar a humanidade em relação às mudanças inevitáveis que a Mãe-Terra tem guardadas para nós. Estamos testemunhando incontáveis deslizamentos de terra, terremotos, inundações, secas e ventos fortes durante séculos, mas nos últimos anos houve um aumento no número de ocorrências, com cada acontecimento provando-se mais devastador do que o anterior. As pessoas que sobreviveram ao tsunami asiático no dia 26 de dezembro de 2004, por exemplo, afirmam que a onda aparentemente veio do nada. Milhares de pessoas morreram naquele dia, mas nem um único animal selvagem foi perdido. Por quê?

Muitos animais dependem da pressão atmosférica para trilhar seu caminho e usam o infrassom (a habilidade de ouvir sons e emitir ruídos de frequência muito baixa e inaudíveis aos humanos) para se comunicarem com membros de seu bando; por isso, receberam um alerta antecipado da onda que se aproximou. Eles, ao contrário de nós, nunca perderam a habilidade de se comunicar diretamente com a Mãe-Terra, tampouco se esqueceram de sua relação inerente com as forças da natureza ou de confiar no que intuitivamente sentem e "sabem" em vez de naquilo que veem fisicamente. As culturas antigas não esqueceram, mas nós, como "seres civilizados modernos", esquecemos há muito tempo.

Creio que a chegada dos animais brancos (sem mencionar o "surgimento" sincrônico das Crianças Índigo) pode ser considerada um aviso, alertando-nos a dedicar algum tempo a compreender melhor e aceitar as diferenças de cada um e termos menos medo de não ser a força mais poderosa ou os maiores e melhores. Elas estão tentando nos dizer que se não pararmos de invocar nossos piores medos, questionando "e se?" ou acreditando em todas as meias verdades infiltradas em nossa mídia escrita ou eletrônica, relacionamentos e mentes; se não pararmos de criticar e castigar nossos irmãos e irmãs por causa de diferenças insignificantes geralmente criadas e mantidas pelo medo e por um desejo por controle; se não pararmos de culpar ou julgar nossos vizinhos por sua nacionalidade, cor de pele, crenças, comportamentos e costumes em vez de amá-los por suas diferenças e tratá-los como amigos e semelhantes; se não aceitarmos que nossas crianças estão bem como estão em vez de tentar silenciá-las e fazê-las obedecer a um sistema que não as apoia (nem a nós), em breve viveremos um tempo de grande escuridão. Creio que os animais brancos estão se oferecendo como sinais de esperança, guias espirituais, embora tangíveis levados por um objetivo: o de nos inspirar a seguir e confiar somente na "luz" que é o coração do Espírito Criador e em nossa vida juntos. Uma luz garantida para nos afastar da confusão causada pela escuridão verdadeira rumo a uma consciência e clareza maiores e a uma abundância unificada como um povo.

Eles estão nos convidando a participar de sua "caça" sagrada – uma caça pelo que essa luz pode significar a cada um de nós em um nível pessoal; uma aventura emocionante emblemática da busca pelo eu sagrado ou uma busca por uma compreensão maior de nossa própria alma. Nas histórias antigas, a alma era mais do que nunca retratada como um animal mágico branco e ardiloso, enquanto a caçada em si simbolicamente nos apresentava ao nosso Eu Sagrado, levando-nos profundamente a uma "floresta escura e ameaçadora".

Os animais brancos, creio eu, estão aqui para cumprir uma profecia antiga: convidar-nos a segui-los por aquela floresta agora; para um lugar desconhecido em que há cura profunda e aceitação pessoal para finalmente emergirmos no outro lado como indivíduos renascidos e reformados; seres plenos e saudáveis em um mundo interligado. Eles estão nos lembrando de recuperar nossa beleza, nossa essência de alma e nosso poder pessoal; encontrar um lugar de confiança e aceitação dentro de nós mesmos, conhecer nosso Eu Sagrado e sistematicamente banir para sempre do mundo o "mal" em seus disfarces ilimitados. Eles querem que nós abramos mão de nossa fachada pessoal e de nossas desculpas para nos unirmos como um, não importa de que cor somos, de que país aclamemos ou qual divindade adoramos, e celebrar cada um como igual e como membros da mesma família global. Eles querem que nós percebamos que apenas como um povo unido podemos ter esperanças de realizar uma mudança potente o suficiente para curar nosso planeta e que simplesmente ser alguém com uma aura índigo faz pouca diferença ao esquema maior das coisas se ninguém estiver aqui para apoiá-lo.

É um pensamento que vale a pena ser mais profundamente considerado... não acha?

Sobre os Autores

Scott Alexander King

Depois de se formar como professor no Victoria College, no Campus Toorak (Austrália), em 5 de maio de 1990, Scott percebeu sua habilidade poderosa em ajudar crianças a descobrirem e controlarem seu poder pessoal e natureza verdadeira. Seu comprometimento levou muitas crianças a superar obstáculos e adversidades, não apenas em um nível acadêmico, mas também em um nível físico, emocional e espiritual. Atualmente ele é mais conhecido por seu trabalho com Crianças Guerreiras (entre outras). Ele acredita que o fortalecimento desses jovens é essencial à nossa comunidade rompida e seu trabalho agora funde suas duas paixões: Medicina da Terra e o desenvolvimento de nossas crianças.

A habilidade única de Scott em se comunicar com o reino espiritual animal e as energias da Terra começou quando ele tinha somente 8 anos de idade. Quando criança, Scott percebeu que conseguia ver espíritos de animais (não animais "mortos", mas o poder inerente dos animais que estão conosco: o poder que foi outrora incorporado ao conhecimento tribal e rotulado como energia "totem"). Embora seja australiano de nascimento, Scott observa os animais de uma perspectiva global: seu conhecimento não se limita aos ensinamentos da cultura indígena Australiana nem da geografia australiana. Ele parece ter uma compreensão inata acerca de todos os animais, não importa em qual continente habitam. Quando criança, Scott dependeu muito de seus "sentimentos" quando se tratava de conhecer pessoas novas. Essa energia o alertou a respeito do engano, recompensando-o com promessa e permitindo que trilhasse com êxito seu caminho por uma infância muito conturbada. À medida que crescia, sua "energia" tomou forma até que começou a reconhecê-la como sendo "animalesca" em vibração – energia com a qual ele sentia um elo natural e que nunca o desapontou.

Com anos de estudo e prática, Scott refinou suas habilidades e é o principal intuitivo de espíritos animais, médium e professor de medicina da Terra da Austrália. Ele atualmente leciona e ministra *workshops* experimentais em toda a Austrália. Seu trabalho não somente aumenta a consciência da antiga relação da humanidade com a Terra e com os animais como também oferece uma voz aos que não a têm – ou seja, nossas crianças e nossos animais ameaçados e em perigo do mundo. O trabalho de Scott inclui: a sabedoria dos animais, Medicina da Terra, leitura de sinais, presságios e portentos, proteção espiritual, adivinhação, conhecimento lunar, magia natural, mediunidade, meditação, memória genética, propósito de alma, poder pessoal, a teia da vida e outros assuntos espirituais. Aqueles que participam dos *workshops* e seminários de Scott possuem diversas histórias de vida. Embora a maioria seja membro do público em geral, muitos são profissionais treinados nas áreas de ciência veterinária, zoologia, terapia natural (naturopatia, homeopatia, fitoterapia, etc.), medicina convencional, psicologia, educação infantil e de adultos, serviço social e direito.

Scott Alexander King é um xamã, visionário e zoomancista – indivíduo que examina os hábitos e a aparência dos animais para ajudar a explicar ou revelar o caminho futuro de outras pessoas. Ele é autor, entre outros livros, de *Animal Dreaming*, prático xamânico que oferece conhecimento em relação a um guia sabedoria de mais de 200 animais indígenas e introduzidos na Austrália, bem como o *best-seller* internacional *Animal Dreaming Oracle Cards*. Scott tem disponibilidade para entrevistas, *workshops* e seminários. Ele e sua família vivem na pitoresca Northern Riverns e possuem uma loja em Byron Bay.

Visite Scott em www.animaldreaming.com.

Dr. Ralph Ballard
M.B.B.S., F.A.M.A.C., Dip. Clin. Hypnosis., Dip Hom.

Dr. Ralph Ballard vive perto de Wartburton, Victoria, com sua esposa Sushie e seu gato. Eles dividem uma propriedade agradável perto da cabeceira do Rio Yarra com todos os tipos de vida selvagem: kookaburras, papagaios, gambás, a ocasional águia e o vombate, que habita o canal. Lá eles plantam boa parte de sua comida e levam um estilo de vida mais relaxado e longe da vida corrida na cidade.

Ralph está na jornada espiritual boa parte de sua vida – da autoavalição, exploração interior e meditação até Yoga e Qigong e várias formas de cura. Ele reverencia a Mãe-Terra e desenvolve uma vida consciente e ética com todos que encontra.

Ralph se qualificou como médico na Universidade de Melbourne em 1982 e em seguida atuou em hospitais por quatro anos. Depois, passou mais quatro anos como clínico geral antes mudar para a prática médica holística integrativa. Com o passar dos anos, ele realizou muitos trabalhos com crianças diagnosticadas com DDA/TDAH e autismo. Ele também trabalhou com muitos adultos que sofriam que uma infinidade de condições degenerativas crônicas ou autoimunes, como artrite reumatoide, síndrome da fadiga crônica, HIV/AIDS e câncer.

Além disso, Ralph é treinado em diversas terapias naturais, assistência psicológica, psicoterapia, meditação e hipnoterapia. Ele também estudou nutrição, acupuntura, homeopatia, essências florais, medicina ayurvédica, cromoterapia, Reiki e cura intuitiva.

Ralph ensinou bastante, ministrando aulas a estudantes de medicina, médicos pós-graduandos e naturopatas sobre medicina holística integrativa, acupuntura e diversas terapias complementares.

Atualmente Ralph se dedica ao seu trabalho clínico com acupuntura a laser, trazendo à prática uma perspectiva totalmente humana. Ele também escreve e ensina sobre cuidados de saúde de uma perspectiva "espírito-mente-corpo". Interessa-se particularmente por explorar como a medicina científica tradicional e as terapias naturais podem trabalhar juntas. Para Ralph, a influência de mente, espírito e consciência é suprema em todo o seu trabalho, bem como na vida em geral.

Recursos

King Island Beef Producers Group Inc.: Carne bovina natural

A marca The King Island possui a melhor imagem dentre todos os produtores de carne na Austrália, com a reputação de excelência em todo o mundo. Visite: www.kingislandbeef.com.au.

Frango La Ionica: Frango totalmente natural

Os frangos da La Ionica são criados soltos e processados sem aditivos químicos e hormonais para apreciarmos sua coloração, sabor e textura naturais. Visite: www.laionica.com.au.

Recomendações Nutricionais (baseadas no tipo sanguíneo) ou a Dieta do Tipo Sanguíneo:

www.dadamo.com

Organics4U: A boa saúde começa em casa

Você não ia preferir que tudo aquilo que ingere e coloca em seu corpo fosse saudável, produzido e cultivado de uma maneira natural e que não agredisse o meio ambiente, ao mesmo tempo em que recursos naturais fossem preservados? Produtos orgânicos são tudo isso e mais. Eles não contêm pesticidas químicos nem fertilizantes tóxicos, organismos geneticamente modificados, ingredientes nem conservantes artificiais. Visite Organics4U em: www.organics4u.com.au.

Otway Pork™ – Pastagem livre: Aprovada pela Royal Society for the Prevention of Cruelty to Animals

Os porcos da Otway Pork™ nascem e pastam em ambientes abertos onde são livres para brincar, se alimentarem e fazer o que todos os porcos fazem de melhor: socializar, dormir na palha, consumir uma dieta saudável e beber água fresca livremente. Eles são criados em abrigos grandes com palha onde ficam livres para se movimentar, brincar e se exercitar; além disso, nós os alimentamos com uma dieta natural baseada em grãos livres de hormônios de crescimento. O mais importante: os porcos da Otway Pork™ crescem de acordo com os padrões adequados de magreza e saúde antes de passarem pelos padrões mais rígidos de qualidade. Visite a fazenda em: www.otwaypork.com.au.

Permacultura: Paisagismo em harmonia com a Terra

A permacultura descreve o planejamento cuidadoso de um jardim ou terra para atuar em harmonia com os ciclos e as interações demonstradas pela natureza. Ao fazê-lo, podemos produzir uma abundância de alimentos, lã, tecidos e energia renovável de uma maneira interligada. Para descobrir mais, visite:

www.permacultureinternational.org
www.permaculture.org.au

Observação: Quando criar seu jardim de permacultura, contate a secretaria de meio ambiente e peça para lhe enviarem uma lista de ervas daninhas e plantas nocivas que devem ser removidas ou evitadas antes de preparar sua terra para o plantio.

Escolas alternativas – as opções

Escolas Sathya Sai
www.sathyasaischoolaust.org

A filosofia Sathya Sai depende de cinco valores principais – amor, verdade, paz, conduta correta e não violência, ensinados por meio de sub-valores, como cuidado, compartilhamento, honestidade, assistência, justiça, igualdade, autoestima, responsabilidade, fidedignidade e democracia.

Escolas Montessorii
www.montessori.edu.au

A filosofia Montessori se baseia na crença de que as crianças guardam dentro de si algo tão especial que poderia ser a chave para mudar o mundo. Ela defende que todas as crianças nascem boas e que, se permitirem que se desenvolvam livremente, se sentirão ligadas a tudo e se preocuparão naturalmente umas com as outras e com o mundo ao seu redor. Defende a crença de que as crianças têm "guias" interiores precisos e que é dos adultos a responsabilidade de ajudá-las a serem tudo o que estão destinadas a fazer. É a natureza espiritual das crianças que foi esquecida e negada, de acordo com a filosofia Montessori e, portanto, as crianças têm dentro de si o potencial de mostrar aos adultos como retornar a um modo de vida mais significativo e holístico.

Escolas Steiner (Waldorf)

www.steiner-australia.org

O objetivo da educação Waldorf é educar a criança como um todo: "cabeça, coração e mãos". O currículo é amplo e contrabalança disciplinas acadêmicas com atividades artísticas e práticas. O currículo Waldorf destina-se a ser compreensivo às várias fases do desenvolvimento da criança. Por exemplo, no primeiro ano da pré-escola, as crianças são apresentadas a contos de fadas que vão ao encontro de seu estado de consciência sonhador, o 4º ano estuda os vikings e a mitologia nórdica compatíveis com seus sentimentos quanto à guerra, o 5º ano aprende sobre os gregos, no momento em que seu intelecto está despertando e seu senso de jogo limpo está se tornando óbvio, e assim por diante.

Escola Secundária Victorian College of the Arts

www.vcass.vic.edu.au

O objetivo da escola é identificar e ajudar crianças com potencial excepcional (independentemente da circunstância pessoal) oferecendo um excelente treinamento especializado e uma educação equilibrada para que possam algum dia realizar uma carreira autossustentável na música e na dança. Para educação superior, visite o site do Victorian College of the Arts: www.vca.unimelb.edu.au.

Educação em casa

www.homeschooling.com.au

Quando você educa seus filhos em casa, pode escolher com quem se misturar. A escola é o único lugar em que as pessoas são obrigadas a se misturar com outras pessoas com quem nada têm em comum e colocadas com pessoas das mesmas idades. A verdade é que aprendemos melhor quando nos deixam interagir com pessoas mais velhas e temos a oportunidade de ensinar aqueles mais jovens do que nós, o que, quando você pensa a respeito, descreve perfeitamente a unidade familiar.

Outras escolas independentes e comunitárias

www.nsica.edu.au

Escolas independentes são entidades não governamentais. São um grupo diverso de escolas que serve a um grande número de comunidades. Muitas escolas independentes fornecem uma educação religiosa ou baseada em valores. Outras promovem uma filosofia educativa particular ou interpretação da linha de educação principal. Escolas independentes incluem escolas pequenas e grandes, internatos, escolas coeducacionais e de gênero único.

Cuidados médicos

Terapia de quelação e tratamento para a síndrome do intestino irritável/conjugação hepática e para ajuda médica integrativa
Autism Research Institute: https://www.autism.com
Centre for the Study of Autism (CSI): www.autism.org

Médicos holísticos integrativos
www.aima.net.au

Médicos nutricionistas e alergistas
www.acnem.org
Faça uma busca por estado em "Referências"

Acupuntura a laser e com agulhas
Australian Medical Acupunture College
www.amac.org.au

Terapia nutricional
www.acnem.org

Recursos para DDA/TDAH e autismo

DDA/TDAH
www.add.org
www.newideas.net
www.chadd.org
www.adhdfraud.org

Austism Behavioural Intervention, Queensland (ABIQ)
www.abiq.org

Autism Research Institute (ARI)
www.autism.com
www.autism.org

Grupos de apoio ao autismo e programas de psicoterapia e terapias comportamentais:
www.abia.net.au
www.autismvictoria.org.au
www.fightautismnow.com
www.autismuk.com
www.acd.org.au

Doman-Delacato Repadronização Motora
www.delacato.net

Homeopatia/Alternativas naturais à Ritalina etc.
ATTEND: www.vaxa.com
FOCUS: www.nativeremedies.com

Terapias naturais

Acupuntura
www.acupuncture.com
www.acupuncture.org.au

Aromaterapia
www.ifa.org.au

Arte terapia
www.anata.org.au
Cornelia Elbrecht's Apollo Bay Centre: www.claerwen.com.au/host/Claerwen.nsf/art_therapy

Aura Soma Cromoterapia
www.aura-soma.com.au
www.aurasoma.com
www.aura-soma.net
www.asiact.org

Técnica de Equilíbrio bioenergético™
Melissa Hocking
www.melissahocking.com

Respiração Buteyko
Uma maneira autônoma de melhorar a oxigenação do corpo
www.buteyko.com.au

Saúde e vitalidade dos chacras com Anita Ryan
www.goddess.com.au

Cromoterapia com Judith Garrecht
Medicina feminina, cromoterapia e terapia com pedras quentes
www.womenofchange.com.au

Psicoterapia
www.psychotherapy.com.au
Faça uma busca por localidade e tipo de profissional

Osteopatia craniana
www.osteopathy4u.com
www.cranial.org.uk
www.osteopathiccenter.org
www.cranialacademy.com

Essências de cristal
Os cristais líquidos – "Medicina da Terra"
www.theliquidcrystals.com

Terapia com cristais
Com Maria Elita: criadora do exclusivo Leito Energético de Cristais
www.mariaelita.com

Dança terapêutica com Susan
Integração sensorial para crianças com DDA, TDAH ou autismo
snuzan@aapt.net.au

Dramaterapia
Bright Lights é uma escola de artes dramáticas que iniciou suas atividades na região de Byron Bay, New South Wales, por Brian Dale e Lee Purdie. Nós vimos os resultados de oferecer oportunidades e trabalhar com artistas criativos e talentosos. Compartilhamos a dinâmica de grupo, as personalidades individuais e as aflições e atribulações da apresentação. Fomos recompensados com crescimento pessoal. Compartilhamos a alegria de nossos artistas amadurecendo no decorrer de seus anos de formação, fornecendo muita diversão a crianças e adultos. Imagine a importância de participar e atingir os objetivos de grupo de uma apresentação profissional. Que prazer é ver um de nossos artistas totalmente concentrado e controlado, fazendo uma rotina de comédia que faz outros membros de nosso grupo de teatro rolarem no chão de rir, com lágrimas de alegria escorrendo em seus rostos. Contate a Bright Lights Performance School por e-mail: robynfdale@optusnet.com.au ou pelo telefone: (+612) 6684-1932.

Cinesiologia educacional
www.aka-oz.org

Essências florais
www.naturaltherapypages.com.au/therapy/Flower_Remedies

Terapia holística de beleza e massagem
S.O.S. (Save Our Skin)
E-mail para receber um folheto
tinkabell3@bigpond.com
(+61) 0423-167613

Cinesiologia holística

May Clarke, uma médica cinesióloga holística única que é acolhedora e solidária por natureza. Sua paixão é ajudar pessoas a se conectarem com seu eu verdadeiro compartilhando suas habilidades e sabedoria em saúde holística e cura espiritual. Sua missão é tocar as vidas de muitos indivíduos com o propósito de fazer uma diferença verdadeira ao bem-estar das pessoas, permitindo-as que obtenham um senso mais profundo de realização e paz interior. Para mais informações a respeito da clínica de May (localizada na Buckley St. 196, Essendon) ou de seu retiro no subúrbio (localizado na Union Rd, 119, Ascot Vale), envie um e-mail para may.hk@bigpond.net.au ou ligue para 0409-213-364.
http://empoweredlifestyle.com.au/

Homeopatia
www.homeopathyoz.org

Musicoterapia
www.austmta.org.au

Saúde natural
Uma lista de remédios alternativos consagrados pelo tempo:
www.swedishbitters.com
www.spirulina.com.au
www.stevia.com

PNL – Programação neurolinguística
www.nlpcoaching.com
www.tadjames.com
www.australiannlpcentre.com.au
www.impeccable.com

Cura reconectiva
Dr. Eric Pearl
www.thereconnection.com

Reiki
The International House of Reiki (na minha opinião, uma das melhores escolas de Reiki que existem)
Bronwen e Frans Stiene
www.reiki.net.au

Cromoterapia espiral com Pascale Osanz
www.spirale.com.au

Terapias naturais
Site nº 1 das terapias naturais na Austrália
Incluindo yoga, Reiki, Qigong, Tai Chi, PNL, Bowen, irrigação do cólon, etc.
www.naturaltherapypages.com.au

Naturopatia
www.atms.com.au
www.anta.com.au

Qigong com o Grão-mestre Jack Lim
www.relaxationmusic.com.au

Terapia de integração sensorial
www.sensoryint.com

Musicoterapia
Método Tomatis
www.tomatis.com.au

Psicoterapia transpessoal
www.phoenixinstitute.com.au

Yoga
Iyengar Yoga
É um sistema científico, disciplinado e profundamente pesquisado desenvolvido durante 70 anos por Yogacharya BKS Iyngar. Ele enfatiza a integração de corpo, mente e espírito. www.iyengaryoga.asn.au.

Hatha Yoga
www.yogateachers.asn.au
www.giita.com.au

Atividades para os jovens

Flames of Change: Caminhada sobre brasas para a Liberdade
A atividade de caminhar sobre brasas dá uma oportunidade rara para criar para si uma nova realidade livre de limitações. Contate Peter Roden, instrutor de caminhada sobre brasas e fundador da Flames of Change, para descobrir mais. Visite-o em www.flamesofchange.com.

Reuniões e festivais: Aceitação para si e para os outros
- ConFest (conferência/festival) é uma reunião de pessoas que desejam compartilhar talentos, habilidades, ideias, preocupações e

filosofias em uma atmosfera carinhosa, amável, divertida e tolerante. A apresentação de *worshops*, demonstrações, divertimentos e a manutenção do site são realizados por voluntários. Ajuda financeira não é aceita nem feita. Visite: www.dte.org.au.

- Spiritual Uniity of the Tribes é um evento anual que recebe idosas e avós de todo o mundo para se unirem com o objetivo de compartilhar sua sabedoria sagrada. Visite: http://users. netconnect.com.au/~sueandon/sut/current.html.
- O Rainbow Serpent Festival é um evento ao ar livre que acontece no verão com música, dança, artes, acampamento e mais. Visite: www.vapourspace.com.au/rainbow.

Departamento de Defesa: Reservas e cadetes
Visite: www.defence.gov.au/reserves

- Reserva da Força Aérea: Há uma infinidade de empregos diversos disponíveis na Reserva da Força Aérea, desde diretor administrativo até diretor de engenharia aeroespacial, ou de encanador a eletricista.
- Reserva Naval: Uma carreira na Reserva Naval é estimulante e desafiadora, com oportunidades para servir no mar em qualquer uma das fragatas, submarinos, navios de apoio, barcos de patrulha, embarcações de apoio, minas de guerra e embarcações hidrográficas de alta tecnologia da Marinha. Em terra firme, os reservas servem nos Estados e Território, onde houver a presença da Marinha. Porém, fazer parte da Reserva Naval significa que você tem que morar próximo à base naval para servir. Independentemente de onde você more, ainda pode fazer parte da Reserva naval, pois existe a possibilidade de transportá-lo para a base naval onde você treina ou trabalha.
- Reserva do Exército: A Reserva do Exército está entre as organizações mais avançadas em termos técnicos do país e é amplamente reconhecida por oferecer excelentes habilidades, treinamento e qualificações.
- Cadetes: Como cadetes, os jovens australianos podem participar de atividades de aventura que são gratificantes e educativas em um cenário militar. Visite: www.cadetnet.gov.au.

Cavalos
- *The Tao of Equus: a woman's journey of healing and transformation through the way of the horse* de Linda Kohanov.

- Meredith Torpey. Ela preside a "Running Horse Equestrian Services", uma organização dedicada à capacitação pessoal e da comunidade por meio de programas educacionais únicos com cavalos. Escreva para Meredith em spiikefarm@hotmail.com
- Se pensa em comprar um cavalo, contate o Code of Practice Welfare Horses, para descobrir como cuidar adequadamente de seu mais novo membro da família. Visite: www.dpi.gov.au/animalwalfare.
- Ou então o Victorian Horse Council Inc: Caixa postal 680, Hurstbridge, Victoria, Australia, 1099. Para mais informações, ligue: (03) 9714-8689.

Escotismo e guias
Escotismo

- O propósito do escotismo é incentivar o desenvolvimento físico, intelectual, social, emocional e espiritual de jovens para eles assumirem uma posição construtiva na sociedade como cidadãos responsáveis, assim como membros de suas comunidades locais, nacionais e internacionais. Visite: www.scouts.com.au ou www.scouts.com.

Guias

- Ajudar garotas e mulheres jovens a ter mais confiança, respeito próprio e a se tornarem membros responsáveis da comunidade. Visite: www.guidesaus.org.au, www.girlguiding.org.uk ou www.girlguides.ca.

Sites esportivos
www.footballaustralia.com.au
www.soccer.com.au
www.basketball.net.au
www.netball.asn.au
www.hockey.org.au
www.athletics.org.au
www.gymnastics.org.au

Surf Life Saving Australia: NIPPERS

O programa educacional de surfe é destinado a crianças de 7 a 13 anos. Esse programa oferece aos jovens membros lições de desenvolvimento que oferecem uma introdução à consciência para o surfe e aspectos de segurança do Surf Rescue Certificate (SRC), que é o prêmio introdutório para um salva-vidas do surfe (idades de 13 a 15 anos).

Visite: www.slsa.asn.au

Nadando com os golfinhos: Tangalooma

O único resort do mundo em que todos os visitantes podem alimentar golfinhos selvagens e se beneficiar de sua energia curativa. Olhe os golfinhos em www.tangalooma.com.

The Gould League of Australia

Para informações sobre mergulho na lagoa, caça a insetos e observação de pássaros, visite: www.gould.edu.au.

The Gould League of Bird Lovers

http://www.amonline.net.au/exhibitions/gould/naturalist/gould_league.htm

Toastmasters

Tornando a comunicação efetiva uma realidade na Austrália. www.toastmasters.org.au

Tracking: Sobrevivência no meio selvagem

A Tom Brown Jr.'s Tracking School (Estados Unidos), fundada por Tom Brown Jr., o mais renovado especialista em sobrevivência em meio selvagem, educa pessoas em relação às habilidades antigas de rastreamento, consciência sobre o meio selvagem e sobrevivência há mais de 25 anos. Visite: www.trackerschol.com.

Serviços de apoio à comunidade

Apoio e recuperação: Apoiando jovens em risco

- **Appin Hall** (Tasmânia, Austrália) dedica-se às futuras gerações que intuitivamente compreenderão nossa necessidade planetária por paz e harmonia, se a raça humana sobreviver como espécie. "Devemos proteger nossas crianças e seu futuro". Para aprender mais sobre Appin Hall (o trabalho de Ronnie e Maggie Burns), visite: www.appinhall.com.
- **Challenge** é uma rede de apoio ao câncer e principal entidade de serviços de apoio em Victoria, Austrália, que atende crianças e famílias que convivem com o câncer e outras doenças sanguíneas que ameaçam a vida. Os membros têm idades de 0 a 18 anos e começam a receber apoio desde o momento do diagnóstico, durante todo o tratamento e mais. Visite: www.challenge.org.au.
- **Les Twentyman** trabalha com jovens em Melbourne, Austrália, há 25 anos. Ele foi premiado com a Medalha da Ordem Australiana

em 1994 e seu trabalho tem sido reconhecido e agraciado com inúmeros outros prêmios. O início de sua vida moldou seu tempo nas ruas, quando defendia outros. Ele tem uma paixão forte por futebol americano e melhorar o sistema educacional para proteger os jovens. http://www.australianoftheyear.gov.au/bio.asp?pID=94.

- **New River Cove** mistura um tratamento baseado em 12 passos com componentes holísticos e progressivos. Uma abordagem sistêmica é usada para acessar e definir os objetivos clínicos, físicos e nutricionais para cada residente. Planos de tratamento individuais são desenvolvidos para ajudar cada residente a alcançar a harmonia mental, emocional e física. Visite: www.newrivercove.com.

- **Outward Bound** ministra cursos de desenvolvimento pessoal para pessoas a partir de 12 anos. Usando o ambiente externo como sala de aula para ensinar as pessoas sobre si e seu potencial, um curso da Outward Bound é uma experiência para a vida. Visite: www.outwardbound.com.au.

- **REACH** dá aos jovens a confiança para seguir jornadas extraordinárias. Encoraja jovens a serem inspirados por seus sonhos, buscá-los e ter um caminho. A Reach incentiva os jovens a seguir seu coração e prosseguirem mesmo quando duvidam de si. Ela organiza programas, acampamentos, *workshops* e eventos principais que despertam uma paixão pela vida. Visite: www.reach.org.au.

- **Sober Recovey** lista centenas de tratamentos para vícios e alcoolismo nos Estados Unidos, Canadá e outras localidades. Visite: www.soberrecovery.com.

- **The Koori Youth Healing Service** (parte da Ngwala Willumbong Cooperative Ltd) oferece serviços destinados a criar ambientes que sustentem uma mudança positiva para o povo aborígene cujas vidas foram afetadas pelo álcool e pelas drogas. Visite: www.ngwala.org.

- **A Ted Noffs Foundation** atualmente continua o legado de Ted Noffs oferecendo serviços essenciais para jovens e seus familiares que passam por problemas com drogas e álcool e traumas relacionados. Sua variedade de programas para jovens baseia-se em pesquisa, avalição continuada e é aprovada pelo governo. Visite: www.noffs.org.au.

- Uma lista de outros serviços destinados a apoiar nossos jovens: http://www.community.gov.au/Internet/MFMC/community.nsf/pages/section?opendocumentandSection=Outreach

Challenge: Apoio para crianças com câncer. A Challenge é uma rede de apoio ao câncer e principal entidade de serviços de apoio em Victoria, Austrália, que atende a crianças e famílias que convivem com o câncer e outras doenças sanguíneas que ameaçam a vida. Os membros têm de 0 a 18 anos e começam a receber apoio desde o momento do diagnóstico, durante todo o tratamento e mais. Visite: www.challenge.org.au.

Crianças Índigo

Lee Carroll e Jan Tober: www.indigochild.com
Doreen Virtue: www.angeltherapy.com
James Twyman: www.emissaryoflight.com
Children of the New Earth Online Magazine: www.childrenofthenewearth.com

Interesse Geral

Comunicadores animais: Comunicação humana/animal
Visite os sites de Billie, Dawn e Tera (três dos comunicadores animais pioneiros no mundo) para aprender o que é comunicação animal, por que é essencial que todos nós nos esforcemos para compreendê-la e como podemos aprendê-la sozinhos. Se você tem ou é uma Criança Natureza, visitar estes sites é uma necessidade:
Billie Dean – www.billiedean.com (Austrália)
Dawn Baumann Brunke – www.animalvoices.net (Alasca)
Tera Thomas – www.hummingbirdfarm.org (Estados Unidos)

Arquétipos
Os arquétipos são personificações de padrões energéticos universais. Brian Dale é professor do Ensino Fundamental, bibliotecário, contador de histórias e professor de teatro. Ele também é consultor de arquétipos, treinado no Caroline Myss Institute of Australia. Escreva para: robyndfale@optusnet.com.au ou ligue para (+612) 6684-1932.

Dança do ventre
www.zaarbellydance.com

Blessed Earth: Algodão orgânico
Roupas íntimas, pijamas, lençóis e toalhas sem produtos químicos, hipoalergênicas, fabricadas com algodão orgânico.
www.blessedearth.com.au

"Dança do chacra" com Natalie Southgate e Douglas Channing
www.crackradance.com

Chefe Arvol Looking Horse: Paz mundial e oração do dia e a Wolakota Foundation
www.wolakota.org

Casamento holístico
"Cerimônias sagradas"
www.beyondblueprint.com

Xamanismo/Animismo: As tradições de cura mais velhas do mundo
www.shamanism.org
www.sacredhoop.org
www.shamansdrum.org

Tao Te Ching: A condição humana
Escrito na China séculos antes do nascimento de Cristo, o Tao Te Ching oferece conhecimento incrível sobre a condição humana. Uma obra de Lao Tsu originalmente, este texto foi mais traduzido do que qualquer outro trabalho (com exceção da Bíblia).
http://www.nokama.com/tao/

Os quatro humores
www.oneishy.com

Elevação da consciência espiritual
Entering the New Reality – um site para ajudar a desvendar a humanidade: http://theteacher.com.au.

Wicca/Bruxaria: Aceitando a divindade
www.paganawareness.net.au
www.esotericbookshop.com.au
www.lucycavendish.com
www.spellcraft.com.au
www.pangaia.com
www.witchvox.com
www.whitemagic.com.au
www.goddess.com.au

Leitura complementar

ANTARA AMAA-RA, Solara. *Star-borne: A Remembrance for the Awakened Ones*; Star-Borne Unlimited: Montana, USA, 1989.
ARON, Elaine. *The Highly Sensitive Person: How To Thrive When The World Overwhelms You*; Element; Harper Collins: London, 1999.
BAILEY MD, Philip M. *Carcinosinum: a clinical materia medica*; P.M. Bailey, Australia, 1998.
_____. *Homeopathic Psychology – Personality Profiles of the Major Constitutional Remedies*; North Atlantic Books: USA, 1995.
_____. *'The Mentals': personality profiles of the homeopathic constitutional types*; P.M. Bailey, Australia, 1998.
BAKER MD, Sidney; PANGBORN PhD, Jon. *Autism: Effective Biomedical Treatments (Have We Done Everything We Can For This Child? Individuality in an Epidemic)*; Autism Research Institute: USA, 2005.
BARTLETT, J.V. *Handy Farm and Home Devices*; Cornstalk Publishing: Australia, 1980.
BAUGHMAN JR., MD, Fred A. *ADHD: TOTAL, 100% FRAUD*; 1992 http://psychrights.org/Research/Digest/ADHD/DHD100percentfraud.htm.
_____. *The ADHD Fraud: How Psychiatry Makes 'Patients' of Normal Children*; Trafford Publishing: USA.
BEYERL, Paul. *The Master Book of Herbalism*; Phoenix Publishing: Washington, 1996.
BUSHBY, Tony. *The Bible Fraud*; Joshua Books: Australia, 2001.
CALLINAN, Paul, *Australian Family Homeopathy*; Lifetime Distributors, Australia, 1995.
CHILDRESS, David Hatcher. *Lost Cities of Ancient Lemuria and the Pacific*; 328 Adventures Unlimited Press: Illinois, 1988.
CHOPRA, Deepak, MD. *Perfect Health: the complete Mind/Body guide*; Harmony, NY, 1990.
CLEARY, Thomas. (translated by) *Buddhist Yoga*; Shambhala: Boston and London, 1995.
CUNNINGHAM, Scott. *Encyclopedia of Magical Herbs*; Llewellyn: St. Paul, 1997.
EISNER, Elliot, W. *Educating Artistic Vision*; Macmillan Publishing: NY, 1972.
FARRAR, Janet and Stewart. *Eight Sabbats for Witches*; Robert Hale: London, 1981.

FLAWS, Bob. *Keeping Your Child Healthy with Chinese Medicine: A Parent's Guide to the Care and Prevention of Common Childhood Diseases*; Blue Poppy Press: USA, 1999.
GRANDIN, Temple. *Animals in Translation: Using the Mysteries of Autism to Decode Animal Behaviour*; Scribner – an imprint of Simon and Schuster: UK, 2004.
HOWARTH, Tony. *Twentieth Century History*; Longman Group: UK, 1979.
KING, Scott Alexander. *Animal Dreaming*; Circle of Stones: Australia, 2003.
_____. *Animal Messenger*; New Holland Publishers: Australia, 2006.
KOHANOV, Linda. 'The Tao of Equus: *a woman's journey of healing and transformation through the way of the horse'*.
KUSACK, James. *A Treasury of Natural First Aid Remedies from A-Z*; Parker Publishing Company: NY, 1995.
LITTAUER, Florence, *Personality Plus*; Fleming H. Revell: Michigan, 2005.
LOWENFELD, Viktor and Brittain, W. Lambert. *Creative and Mental Growth* (sixth ed.); Macmillan Publishers: NY, 1975.
MARES, Theun. *The Quest for Maleness*; Lionheart Publishing: Sth. Africa, 1999.
_____. *Unveil the Mysteries of the Feminine*; Lionheart Publishing: Sth. Africa, 1999.
MCGRAW, Dr. Phil, *Family First: Your Step-by-Step Plan for Creating a Phenomenal Family*; Free Press: US, 2004.
MELODY. *Love is in the Earth: a Kaleidoscope of Crystals*; Earth-Love Publishing: US, 1991.
MOLLISON, Bill, *Introduction to Permaculture*; Tagari Publications: Australia, 1991.
MORRISON, Judith. *The Book Of Ayurveda – A Guide To Personal Wellbeing*; Gaia Books: London, 1995.
NULL, Gary. *The Drugging of our Children*; a Gary Null Production (DVD) www.garynull.com: 2005.
OLIVER, Susan. *Hunting for Power*; Fire Dragon: Australia, 2005.
PITCHFORD, Paul. *Healing with Whole Foods: Asian Traditions and Modern Nutrition*; North Atlantic Books: USA, 2002.
REQUENA, Yves. *Character an Health*; Paradigm Publications: Massachusetts, 1989.

RICHARDS, P.D and ENGLISH, F.W. *Out of the Dark: a History of Medieval Europe*; Thomas Nelson Australia: Australia, 1985.
RYAN, Anita. The Goddess Guide to Chakra Vitality; www.goddess.com.au. Australia, 2006.
SEYMOUR, John. *The Complete Book of Self-Sufficiency*; Corgi Books: Great Britain, 1981.
SPEIGHT, Phyllis. *A Study Course In Homeopathy*; C.W. Daniel: USA, 2004.
SVOBODA, Robert. *Prakruti – Your Ayurvedic Constitution*; Geocom: USA, 1998.
VIRTUE, Doreen. *The Crystal Children*; Hay House Australia: Australia, 2003.
VITHOULKAS, George. *Homeopathy – Medicine of the New Man*; Fireside: USA, 1985.
WILLIAMSON, Larry. *A Short History of Lemuria*; http://homepages.hawaiian.net/larryw/html/lemuria.html, 1997.

Leitura Recomendada

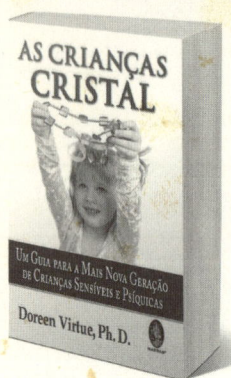

As Crianças Cristal
Um Guia para a Mais Nova Geração de Crianças Sensíveis e Psíquicas

Doreen Virtue, Ph. D.

As Crianças Cristal são a nova geração que chegou ao plano terrestre após as Crianças Índigo. Suas idades vão, aproximadamente, de recém-nascidos até 5 anos, embora alguns membros da primeira onda de Crianças Cristal tenham até 7 anos. Essas crianças são como as Índigo – altamente psíquicas e sensitivas –, mas sem o lado considerado hiperativo e a energia de guerreiros.

Crianças Índigo e Cristal
A Ponte Arco-íris de Novas Dimensões e Vibrações
A Educação do Novo Tempo

Tereza Guerra

O livro *Crianças Índigo* está sendo agora lançado sob o título *Crianças Índigo e Cristal*, com mais informações sobre as crianças da Nova Era, incluindo, entre estas, as crianças Cristal. Trata-se, portanto, de uma edição ampliada pela autora, que é especialista no assunto e discorre sobre a educação do novo tempo, a já chamada Nova Educação.

Poder Índigo e Evolução Cristal
Autoconsciência Índigo para Jovens e Adultos

Tereza Guerra

Depois do sucesso de vendas de *Crianças Índigo – Uma Geração de Ponte com Outras Dimensões... no Planeta Índigo da Nova Era* (Madras, 2006), Tereza Guerra, a maior especialista portuguesa em Educação dos tempos modernos, debruça-se sobre a autoconsciência índigo para jovens e adultos.

www.madras.com.br

MADRAS® Editora
CADASTRO/MALA DIRETA

Envie este cadastro preenchido e passará a receber informações dos nossos lançamentos, nas áreas que determinar.

Nome _____
RG _____ CPF _____
Endereço Residencial _____
Bairro _____ Cidade _____ Estado ____
CEP _____ Fone _____
E-mail _____
Sexo ❑ Fem. ❑ Masc.   Nascimento _____
Profissão _____ Escolaridade (Nível/Curso) _____

Você compra livros:
❑ livrarias   ❑ feiras   ❑ telefone   ❑ Sedex livro (reembolso postal mais rápido)
❑ outros: _____

Quais os tipos de literatura que você lê:
❑ Jurídicos   ❑ Pedagogia   ❑ Business   ❑ Romances/espíritas
❑ Esoterismo   ❑ Psicologia   ❑ Saúde   ❑ Espíritas/doutrinas
❑ Bruxaria   ❑ Autoajuda   ❑ Maçonaria   ❑ Outros:

Qual a sua opinião a respeito desta obra? _____
_____

Indique amigos que gostariam de receber MALA DIRETA:
Nome _____
Endereço Residencial _____
Bairro _____ Cidade _____ CEP _____

Nome do livro adquirido: ***Crianças Índigo e Macacos Atrevidos***

Para receber catálogos, lista de preços e outras informações, escreva para:

MADRAS EDITORA LTDA.
Rua Paulo Gonçalves, 88 – Santana – 02403-020 – São Paulo/SP
Caixa Postal 12183 – CEP 02013-970 – SP
Tel.: (11) 2281-5555 – Fax.:(11) 2959-3090
www.madras.com.br

MADRAS® Editora

Para mais informações sobre a Madras Editora, sua história no mercado editorial e seu catálogo de títulos publicados:

Entre e cadastre-se no site:

www.madras.com.br

Para mensagens, parcerias, sugestões e dúvidas, mande-nos um e-mail:

marketing@madras.com.br

SAIBA MAIS

Saiba mais sobre nossos lançamentos, autores e eventos seguindo-nos no facebook e twitter:

@madrased

/madraseditora